東京裁判速記録から読む
大東亜戦争
――三つの戦争――

亀谷正志

展転社

はじめに

日本に弾傷《たまきず》を持つ人がたくさんいたはずなのに、すでに伯父も父も母も黄泉比良坂《よもつひらさか》を越えました。残っているのは戦争後遺症です。長いこと大東亜戦争は「あの馬鹿な戦争」と呼ばれて来ました。負けると知りつつ侵略戦争に突入し予想通り負けた、それで日本が悪かったと云うのです。本当でしょうか。極東国際軍事裁判（東京裁判）ではこの点をどう審理したのでしょう。寄り道しながら『極東国際軍事裁判速記録』（雄松堂書店）の全十巻を辿《たど》るうちに、三つの戦争が見えて来ました。第一次大東亜戦争、第二次大東亜戦争、東京裁判戦争の三つです。時間のある方と一緒に辿ってみたいと思います。

以下、東京裁判速記録引用部分の頭部には、カッコ内に四個一組の数字があります。右の速記録の目次として作ったものですが一番目は無視し、二番目以降の数字は、速記録十巻の内の巻数、その巻のページ数、そのページ四段組みの内の段数を表します。引用部分が大体その辺りにあるという意味です。

（二―五―五六六―一）最初の二は無視して、第五巻目、五六六ページ、第一段目辺りにあることを示します。ブレークニ弁護人が、要請した証人が出廷せず反対尋問が出来ない。五百四十六通の口供書に対する反対尋問が出来ず、ソ連側の十七名の証人は口供書が出来たときすでに死亡していたと

「死人に口あり」を抗議している部分です。

目次

東京裁判速記録から読む大東亜戦争——三つの戦争

はじめに　1

第一部　日本が侵略したと云う国の名を考える

第二部　二度あったアジアへの侵略と日本

第三部　判決のために証拠を捏造した東京裁判

第一部

日本が侵略したと云う国の名を考える

一　日本は大韓帝国を侵略したのか

（一）当時の朝鮮と蘭印の比較、蘭印では

東京裁判は現在の朝鮮半島にある二ヶ国には、何も言及していません。終戦までは日韓併合条約によって日本だったからです。連合軍はそこが日本であるが故に、南から米軍、北からソ連軍が占領した訳です。大韓民国は日本に侵略されたと云いますが、東京裁判の審理が終了した直後の時期昭和二十三年（一九四八）八月十五日に出来た国です。北朝鮮は同年九月に出来た国です。

明治二十八年（一八九五）、日本は日清戦争後の下関講和条約では第一条で清国に朝鮮を独立国と認めさせ、さらに朝鮮より清国への貢献典礼を廃止することを認めさせています。日清戦争の結果を受け清国が統治する属領から脱して、始めて支那皇帝以外名乗れなかった文字「皇帝」を使用して大韓帝国皇帝が誕生し、日本はこの独立国を承認しました。

それから十三年半後の明治四十三年（一九一〇）の日韓併合条約に至り大韓帝国は日本と併合しました。世界で最初に、朝鮮を自主独立の邦と認め、下関条約の第一条に掲げた日本が、紆余曲折の結果止むを得ず行なったのは日韓併合でした。告げ口外交である「ハーグ密使事件」や、後に韓国では反日の英雄と称されることになる安重根が、初代韓国統監で日韓併合に反対であった伊藤博文を東清

鉄道ハルピン駅で暗殺した事件など、目的も意味不明なら真犯人も不明なテロ事件を経て、歴史は日本の望まない方向へ進展しました。日韓両国は併合条約により一つの国家になりました。日韓併合は当時の列強も賛同しています。ロシアよりは日本が併合する方が列強にとっては都合がよかった訳です。日本が朝鮮を搾取したという論がありますが、朝鮮国内の奴隷を廃止させ、日本と同じ教育制度を作った事実が最も重要な反対証拠です。西欧列強がそうしたように、収奪が目的であれば、奴隷を無教育のまま強制労働させれば収奪に有利ですが、エネルギー資源はおろか山に木さえもない土地から何を収奪できるのでしょう。朝鮮総督府は収奪とは逆の政策を施行しました。

初期には反日暴動で朝鮮人に一万数千人の死者を出したと云われていますが、これは古くからある構造が改革されると、既得権益を奪われると考えた両班《やんばん》階級（貴族）と解雇された旧式軍の兵士達が暴動を起こしたのです。守旧派の激しい排外行動の本質は、親日的改革派に対する政権内部の権力闘争でした。これに対して朝鮮総督府は、最初は武断的手段を取りましたが、民衆を強制収容所に押し込めるようなことはしていません。そしてみるべきもののなかった朝鮮の社会基盤を整備するため、長期的に努力し継続して資金を注ぎ込んでいます。明治政府が北海道開拓を進めたことに似ています。

ジョージ・アキタ、ブランドン・パーマー著『日本の朝鮮統治を検証する　１９１０—１９４５』によれば、特に土地の所有者を台帳化し、地籍図を作るため八年程度を費やしています。これを研究した学者エドウィン・Ｈ・グラガートを引用して、「五つの村に関して調査した結果として、日韓併合から大正七年（一九一八）までの間、朝鮮人の土地所有権の大きな変化はなかった、また昭和十年

（一九三五）までの全体では日本人の手に渡った土地は十パーセント未満であり、その大きな理由は世界大恐慌であった」と述べています。おそらく金に困って土地を手放す人があったのでしょう。国民が自分の土地を効率よく使うことを望みこそすれ、反発を招くような土地の強奪をする理由などありません。

さて、日露戦争の直前に結成された政治結社一進会は、李容九を会長とし会員百万と自称しましたが、この一進会の「韓日合邦を要求する声明書」にあるように多くの朝鮮人も望んだ併合でした。勿論併合反対派は日韓両国にいました。初代統監伊藤博文でさえ併合には反対でした。

一進会は大韓帝国が近代化し、ロシアに呑み込まれるのを阻止したいが、自力では不可能なるが故に日本と協力することが良いとし、韓日合邦を皇帝に請願しました。清国軍、ロシア軍、日本軍の所業を体験し比較するにつけ、軍規風紀厳正な日本と合邦した方が朝鮮の発展には良いと考えた訳です。一進会の会員数は諸説があるようですが、日露戦争では日本に大きく協力し、中村粲著『大東亜戦争への道』（展転社）によれば確実なのは、十一万五千人の会員が、背負子《しょいこ》で行なった物資運送と十五万人が協力した京義鉄道敷設工事でした。しかも大部分は彼らの自費で行なったのです。鉄道工事では貰った金額二万六千四百十円に対して、会員の自費は十二万二千七百四円でした。

日韓併合の後、政治結社解散の命令により解散しましたが、一進会の方針は当時の実情からして、朝鮮の将来のためより良い選択をしたと考えられるでしょう。

大韓帝国の独立維持は本来なら自力で達成すべきことでした。伊藤博文が合併に反対し第二次日韓協約交渉においても、保護国化は大韓帝国が強国になるまでとメモに書いて高宗に示していたのです。結局は伊藤博文が朝鮮人に暗殺され、合併という事態を招いたのは大韓帝国にその自覚がなかったからではありませんか。日本と合併しても日本が収奪すれば大韓帝国の富国強兵は望めません。日本が大韓帝国を合併して行なったことは、明治維新のなかった朝鮮に朝鮮版明治維新を発動することでした。早急に富国強兵化し、李氏朝鮮が列強から借りた莫大な借金を返し、ロシアに対抗出来る強い国家を作り上げるための施策であったと考えられます。

永久に朝鮮を併合して置くつもりがなかったことは、伊藤博文のメモ、朝鮮教育令に加えて古代から日清戦争までを記述した、朝鮮史編纂事業でも明らかでしょう。本編三十五冊に目録、索引を加え、昭和七年から刊行開始され昭和十五年に総索引が刊行されました。これは刊行に先立ち大正十三年以前より東京帝国大学等の有志研究者が始めていたことを引き継いだ事業でした。日本が朝鮮の歴史、文化の消滅など願っていなかったことは明らかではありませんか。朝鮮の歴史を残すことは、民族の自己確認に役立ち、自立する民族の歴史的身分証明として支えになるではありませんか。朝鮮人の自己の帰属意識崩壊を将来に亙って防止することにもなる事業でした。

オランダを始め西欧列強が行なった植民地経営と比較すれば、日本が朝鮮で行なったことは完全に逆です。相手から取れるものは全てを収奪する経営と、相手の国力育成に共同して進もうとする経営の違いは、朝鮮半島並びに台湾では七十年後になってもその他の諸国と歴然たる国力の差を生みました。一番重要な国語を教育し歴史を調査保存しようとしたのはこの違いの現れです。しかし現在の韓国はアイデンティティ・クライシスの国になってしまったようです。

ほぼ同時期の蘭印《らんいん》（阿蘭陀《オランダ》領 東印度《ひがしいんど》／現在のインドネシア）の状況と比較すると、蘭印では教育は殆ど支配者であるオランダ人のもので、白人以外で小学校に進学できるのは極めて一部の裕福なインドネシア人子弟のみであり、現在の鉛筆とノートに当たる石筆《せきひつ》や石板《せきばん》（スレート石板）などの学用品は、全て学校から購入する仕組みで、さらに卒業証書は印紙として税を払わなければ無効でした。

日本軍の蘭印作戦はオランダからの宣戦布告を受けて約一ヶ月後、昭和十七年一月十一日にボルネオ島のタラカンとセレベス島メナドへの上陸から始まり、スマトラ島のパレンバン油田の無傷占領のため落下傘部隊降下へと続きました。この時の降下高度は通常約四百メートルであるところ、約百二十メートルであったと云われています。

昭和十七年三月一日、今村均中将の第十六軍はオランダ軍本拠地ジャワ島に上陸し、九日間で降伏させたのでした。そして今村は蘭印に甘すぎると参謀本部から批判されるほどインドネシアに親和的な軍政を施行しました

台湾や朝鮮で行なったように、インドネシアでも小学校を新設し日本人教師も派遣しましたが、ある日本人教師は生徒から、卒業証書の印紙を何処で買うのか質問されて、最初は意味がわからず驚いたと書き残しています。

（四一・三一・四一・七一・一）ローガン弁護人、インドネシアの人口は七千万人、白系蘭人が五万乃至《ないし》十万、混血児十五万という答えを引き出している。

（四—三—四一九—二）ローガン弁護人、ヴェールト証人反対尋問、日本軍占領前の蘭印の識字率は七％から十％、小学校開設は四月二十九日の天長節であった。

（四—三—四二八—四）レヴィン弁護人、ヴェールト証人反対尋問、昭和十七年（一九四二）の日本軍政開始により、それまでの就学率十二％から、翌年の昭和十八年（一九四三）には三十三・五％程度まで向上したのは事実かと質問している。

ヴェールト証人は、数字は知らないと答えている。

オランダにとって現地人向け小学校は植民地維持のための一手段に過ぎず、同時に現地人を教育から遠ざける一石二鳥の手段でした。西欧列強による植民地住民の教育制度は、英領インド、米領フィリピンを除く殆《ほとん》どの植民地では無きに等しいでした。

そしてオランダ支配下で絶対行なわれなかった教科は「蘭印の歴史」でした。自国の歴史を知ることは、侵略をうけ植民地になってしまった事実を知ることになり、異民族による支配に甘んずることが出来なくなるからです。

日本が蘭印に小中学校を始め、各種の学校を作って教育を始めたのは、将来の独立国家運営のためです。自国防衛のため軍隊を持つこと、国民が組織的な行動の仕方を習得することは、自分の国を自分達で経営するために是非とも必要です。何より自国の神話と歴史を知らなければ、民族の由来、誇りや理想がわかりません。これを知らずして親はどのように子供を教育すれば良いのか、またどのように国家を運営するのか方針が出てきません。また誇りや理想がなければ目先の我欲、本能的欲望に流れて行く人が増えるのみです。

歴史を知れば遥か昔の先祖から今を生きている自分まで、一度も途切れることなく命を継いでくれた先祖に対する感謝の念が湧いてきます。この感情が社会、信仰、生活上の習慣風俗を生み、これが伝承されたのが民族の歴史文化です。これが途中で途切れたら、ただの根無し草です。

歴史に目覚めた植民地人にとって現状は、白人に理不尽に翻弄される悔しさであり、それは先祖に対しては申し訳がなく、子孫に向かっては名誉がないのです。歴史文化は民族の求心力であり誇りです。逆に支配者である白人が現地人の叛乱を防ぐには、現地人に歴史を教えず白人優先の価値観だけを刷込むに限ると言う訳です。歴史文化は祖先の生きた知恵の宝庫ですから民族の誇りも理想もここから出て来ます。これを教えないのは民族最高の宝物に気付かせずに捨て置くと云うことです。国語と歴史を奪うことは最大の虐待です。民族まるごと生きたまま絶滅させることです。

(二) 当時の朝鮮と蘭印の比較、朝鮮では

他方朝鮮では、朝鮮総督府は日韓併合翌年の明治四十四年(一九一一)八月「朝鮮教育令」を公布し、朝鮮の初等科教育に力を入れました。これは明治天皇の教育勅語の精神と内地延長主義に基づき朝鮮の教育機会の増大を目指したものでした。三十五年間に就学率は十%から六十五%に上昇しました。

最初は三面一校（面は村の意味、全体で二千五百程の面があった）を目標として出発した小学校の設立数は四年後には達成され、大東亜戦争中にも拘らず昭和十七年には一面二校が達成されました。これで朝鮮には約五千の小学校が出来たことになります。教育政策は校舎を作れば終わりとはなりません。師範学校も教科書印刷も必要、その教師の給料や経費支払などの事務組織も銀行も必要であり、そのための法整備も必要、なにより社会が安定し貨幣制度が確立していなければ出来ないことです。

それ以前に於いては両班が庶民から搾取するのは金銭ではなく、直接的労働力や農産物、工芸品などでした。殆ど物々交換のような社会では貨幣は役に立たず、教育も停滞したままです。教育政策の進展と雖《いえど》も、社会制度の基盤がじわじわと底上げされ整備されていかなければ出来ません。そして何より親の経済状態が良くなければ、児童を学校にやるよりは働かせる方を選ぶでしょう。

明治二十七年（一八九四）発行の書籍を復刻し解説を加えた本間九介著『朝鮮雑記』（祥伝社、平成二十八年発行）に依れば当時の朝鮮の実情がわかります。この本が最初に発行された年に注目して下さい。この著者が旅をして体験し実感したのは日清戦争が勃発した年の朝鮮です。日韓併合は明治四十三年（一九一〇）ですから、併合の十六年ほど前で清国の属国であった時代の朝鮮見聞録です。

この中に日本の紙幣を見た朝鮮人の感想があります。当時は朝鮮には重い穴開き銭しかなかったため、日本人はこんな印刷物で我々を騙そうとしているのではないか、またこのように軽いと泥棒に大量に盗まれるので危険だ、さらにこのような紙であれば金があるように見えないから官人に目を付けられて取り上げられる心配がないだろうなどなど。紙幣に対する不信は政府に対する不信です。

一人のお代官が出ればその一族は孫の代まで遊んで暮らせるという程ひどい官の賄賂でしたが、その硬貨でさえ、官が銀貨を鋳造したが流通はしないまま事業は停止したと記載されています。馬一匹で運べるのはわずか二十貫約三十円分の通貨でその駄賃が一里あたり十四、五銭もすると記載されています。この貨幣の不都合については殆ど同時に朝鮮を旅したイザベラ・バードも旅行記に同じことを書き残しています。

これでは経済が成長しないでしょう。貨幣があまりに重いため、砂金や鷺の羽が代用通貨として高騰しているとも記しています。また経済の停滞は海賊、山賊の多いことや賄賂優先社会であることにも原因があり、賄賂を贈る財産がなければ科挙に合格したり役人になったり出来ず、役人になっても役職の出世が出来なかったそうです。これでは出世や財産の増加のために、役人はより多くの賄賂を取ることが肝要だと思うでしょう。このような社会では進歩とか発展とかあるのでしょうか。

(三) 朝鮮のハングル教育、西欧列強植民地の教育

『昭和史研究所會報四十五号』に掲載の、京城帝国大学教授であった鈴木武雄論文抜粋によれば、昭和十七年(一九四二)の朝鮮における公立私立の初等学校数は、五千四百七十七校で児童数は内地人九万八千八百三十二名、朝鮮人百八十七万六千四百五十五名、その他二十七名、合計百九十七万五千三百十四名です。なお朝鮮人生徒数は併合直後の明治四十五年(一九一二)の

四万四千六百三十九名に比べると四十四倍の増加ですが、就学率は推定で五十五％であったと記録しています。

朝鮮に在住する児童三百六十一人に一校の割合です。参考までに平成二十七年度の文部科学省調査では国公私立併せて日本の小学校数は二万六百一校です。児童数は六百五十四万三千百四人で、児童三百十八人に一校です。約七十五年前の朝鮮における小学校の普及率は、現在の日本の普及率と殆ど同等です。

就学率五十五％達成後の政策としては昭和二十一年に、六年制の義務教育の施行が予定され就学率は百％になるはずでした。これは内地の義務教育制度達成速度より数年早い速度でしたが、完成直前に日本は終戦を迎えてしまいました。大学も創立され、国立大学である京城帝国大学は大正十三年（一九二四）に、日本で六番目の帝国大学として創立され、今ではソウル大学となっています（その後は台北帝大、大阪帝大、名古屋帝大の順で設立）。高等学校も千校程度開校されました。

また『日本の朝鮮統治を検証する　１９１０－１９４５』によって以下要点のみを並べますが、昭和十四年（一九三九）当時では、朝鮮の単科大学と師範学校の学生数は六千三百十三人、京城大学では二百六人、内地の大学で六千七百七十一人が学んでおり、この他に七千人弱の朝鮮人が日本内地の大学に通っていた。

比較のため台湾をみると、昭和十八年（一九四三）に初等教育の就学率は九十％以上になっていた。時期は少し早いのですが、昭和十年（一九三五）の米領フィリピンでは就学率は三十五％であった。

昭和十九年（一九四四）の仏領カンボジアでは学齢期男子児童の二十％以下しか学校へ行けず、女子児童はさらに少なく、大学は無い。

同じく仏領ベトナムでは学齢期児童の就学率は十％程度。

英領インドでは高等教育も実施されたが、それは英国のために働く現地人エリート養成のためであって、大正三年（一九一四）の時点では、人口三億人のうち大学生は五万人で、識字率は十二％。

ポルトガル領の学校では極端に高い学費を取り、アンゴラ、ギニア、モザンビークを五百年間にわたって植民地とし、この間文明化して来たと云うが、モザンビーク人の医師を一人も養成せず、東部アンゴラの平均寿命は三十歳以下であった。

ベルギー領コンゴでは中等並びに大学教育はほぼ無視された状態。

またアジアの植民地時代が終わった段階で、各国の識字率を比較すると、

蘭領東印度……………八％（インドネシア）
仏領印度支那…………十％（ラオス、ベトナム、カンボジア）
米領フィリピン………五十％強
朝鮮……………………五十％弱

と記述されています。

一方、朝鮮の小学校では日本語もハングルも授業で使用され、日本語とハングルを等分に記載した

教科書が残っています。貴族階級である両班《やんばん》は支那の文化を崇拝し、儒教の中でも朱子学を学び漢字漢文を使い、庶民はハングルを話すのみでしたが、朝鮮総督府ではハングルの読み書きを小学校で教育する方針を採りました。今や韓国ではハングルが完全に国語となって漢字を使用しないのですが、これは朝鮮総督府の教育政策の結果です。

このようなハングルの普及は、昭和七年（一九三二）から朝鮮放送協会が行なったハングル放送、その後第二放送としてハングル専用放送を行なったことが良い効果をもたらしたと考えられます。朝鮮語ラジオ放送は大正十四年（一九二五）の実験放送開始からで、始まったのは朝鮮、台湾と内地は殆ど同時です。この初期のラジオ受信機の値段は百二十円と云う資料があります。昭和二年には半額の六十円に下がっています。国民の懐具合が良くならなければラジオは普及しなかったでしょうが、受信料金は初期では一円、十年後には半額の五十銭になっています。ラジオの一戸一台運動などもあったとされています。

また漢字の使用を廃止したのは朝鮮総督府ではありません。戦後の民族意識の高揚熱狂により朝鮮人自ら廃止したのです。それ以前では新聞は漢字ハングル交じり文です。また日韓併合初期には朝鮮人の方から朝鮮語を廃して日本語に統一したいと云う運動があったのですが、朝鮮総督府は民族固有の言葉を大切にする観点からハングルの普及を図りました。蘭印その他の植民地に対する教育政策と比べてみて下さい。アジアの各植民地では、教育政策はないも同然で、初等教育以上の高等教育は英語、オランダ語、フランス語など植民地宗主国の言語でなければ出來ません。高等教育の学校がなく翻訳された教科書もない訳です。相当の資金がある家庭ならヨーロッパ本国の学校へ留学できたでしょう。そう云った環境のせいで植民地人の中には宗主国の言葉を流暢《りゅうちょう》に使う人も出て来た訳です。日本人は英語を始め外国語が下手だと云うのは、幕末から明治維新以降に必死で西洋の言葉を日本語に翻訳した先人の努力の結果、日本語でも最先端の知識を得ることが出来たからです。ノーベル物理学賞を受賞した益川敏英博士は英語が苦手で、日本語で受賞スピーチをしました。

朝鮮総督府がハングル普及政策を採ったのは国力の基礎となる朝鮮文化を基礎に持った人材を養成するものでした。朝鮮が日本の植民地ではなかった証拠の一つです。

日露戦争勝利の直後、明治三十八年（一九〇五）の第二次日韓協約の特派大使、伊藤博文が残したメモを見つけたと九州大学が発表しました。メモを所持していた人物が寄贈したとあります。その内容は、大韓帝国保護国化は韓国が強国になる迄とするメモを交渉の場で伊藤博文が自ら書いて高宗皇帝に示したと云うものです。伊藤博文は高宗皇帝を脅迫して協約を押し付けたと云う説がありますが、そうではなく大韓帝国がロシアに対抗できる強国になってほしいと云う願望を持っていた証拠です。日韓共同してロシアの南下を防止すること、それが日本の切実なる希望でした。ハングル普及政策は伊藤博文の考えの延長線上にあると云えるでしょう。

西洋の帝国主義時代の植民地とは、奴隷を狭い本国に連れて来るより、出かけて行って国ごと奴隷とし、白人は奴隷管理組織を設立し、生産した物品を西欧へ運んで利益を得る仕組です。農産物、鉱産物は労働量が生産量を決定しますから、効率を上げるには多くの労働人口を必要としたわけです。効率をより高めるために軍隊の派遣は絶対に必要でした。逆に土地が広すぎる米国では、アフリカから奴隷を連れて来て自国で使役したのです。

効率的支配のためには奴隷の教育などはしない方が良いと云うことになります。部族語以外に共通語や標準語を持てば、植民地人の意志の統一や計画的行動に好都合ですから、オランダは組織的な反オランダ運動を恐れ、三百二十以上あると言われたインドネシアの言語をまったく放置状況に置きました。

先にも述べたオランダ人弁護士でもある砲兵少佐クラース・アー・ヴェールト証人は、日本軍占領前のインドネシアの識字率は、人口七千万に対して七〜十％であったと証言しました。証言には無いのですが、この識字率はオランダ語の数字であると思われます。蘭印では数万人のオランダ人男性と現地人女性との間に混血児十数万人を作り、これを中間の地位に着けて、統治のために利用しました。混血児達はオランダ語を理解出来ねばオランダ人の役に立ちません。混血児を使うためのオランダ語教育の結果がこのヴェールト証言の識字率に表れているのでしょう。

日本は占領後多数あった部族語の中からインドネシアの国語を選択、これを教育し普及させました。この標準語が対オランダ独立戦争に於いて、基礎的な武器となったことをＰＥＴＡ（祖国独立義勇軍）の幹部が述べています。「言語の統一によって我々は意思の統一ができた。これが大変有難かった」

また、ヴェールト証人は、蘭印ではオランダ人にはオランダの法律、インドネシア人には現地の習慣法が適用されていたが、日本占領後は全部単一の社会制度に統一され、日本が平等公平な社会制度を適用したと証言しました。

大正八年（一九一九）二月十三日、国際連盟の発足会議に於いて日本代表の牧野伸顕《まきののぶあき》伯爵が連盟規約に人種の平等公平を加えるべしと主張し、賛成が過半数にも拘らず否決されましたが、日本軍政下のインドネシアで理想は実現されたと云うことになります（牧野伸顕伯爵は薩摩藩士大久保利通の次男、麻生太郎元総理は曾孫）。

（四）朝鮮に於ける殖産振興

清王朝の支配から独立するよう日本が朝鮮を支援し、日清戦争の戦果として独立した大韓帝国ですが、ロシアからも影響を受ける地でした。日本は日清戦争には勝利したがロシアは圧倒的に強大な軍事力を以て朝鮮半島を狙っていました。

日清戦争翌年の明治二十九年（一八九六）、露館播遷《ろかんはせん》といわれる事態が起こり、大韓帝国皇帝の高宗はロシア公使館の中に居を構えて政治を行ない、各種の条約を締結、貿易地、貿易港を開放し、内河航行権を与えており、鉄道敷設権、鉱山採掘権、森林伐採権、土地租借権を与えるなど、事大《じだい》主義国の過去に倣《なら》ってか強大なロシアに靡《なび》いていました。

当時の列強は日韓併合をむしろ良い選択と賛同していました。朝鮮半島が力の空白地帯になれば確実にロシアが占領すると考えたのです。ロシアがさらに強大になって太平洋まで手中に収めるよりは、小国日本の方がまだ御し易いと云う認識です。

また朝鮮で布教していた或るキリスト教宣教師は、両班が男女住民を恣意的に使役し、殺害し、掠奪し、売買している現状に対して、異教徒ではあるが日本が朝鮮を支配すればこのような非道なことはすぐに止めさせるであろうと述べています。朝鮮では同じ民族内で奴隷制度があったことを示しています。

ヘレン・ミアーズは知るや知らずや、このような大韓帝国と併合した日本時代の朝鮮では、例えばオランダが国家予算の四十％程度を蘭印から得ていたような収奪が起きていたでしょうか。実際には逆のことが起きていました。朝鮮総督府の予算は朝鮮自体では全部を賄うことが出来なくて、日本からの資金を投資しました。この資金で教育制度を始め、医療、貨幣、経済制度、法制度の整備、国土測量、治山治水のための数億本の植林、農業振興、電力ダムや発電所、道路建設、鉄道敷設、港湾整備、鉱工業振興等、国家の基礎を整備しました。

一例ですが、併合三十年後の昭和十五年（一九四〇）の予算は五億六千四百六十五万七千円でした。この中の朝鮮語奨励予算は四万八千円です。朝鮮語はこの時期に到っても奨励予算が必要な状態であったことがわかります。翌年に負債は十億三千五百万円となっていて、予算の倍額になる負債を見ると、朝鮮近代化は日本人の税負担によって行なったと云うことも出来るでしょう。これでは日本の侵略や植民地統治と云うことは出来ないでしょう。西欧列強がヨーロッパ本国の税金を白人のためでなく植民地人のために投資するなど考えられません。オランダの例ではインドネシア独立後にオランダが作った社会基盤の費用を返却せよと要求しました。

台湾総督府は食料安定のため稲作と資本主義的経済発展のため、明治三十八年（一九〇五）からサトウキビ生産及び砂糖産業に資本を投入し、これが台湾総督府予算を黒字化し社会の発展をもたらしました。しかし朝鮮総督府は一度も収支が黒字になりませんでした。日本国民の税金を以って、朝鮮に毎年一千数百万～二千万円の補填を継続し、最後まで赤字でした。少なくとも西欧列強と同様な植民地経営ではありません。利益を吸い上げることが目的でなかったと考えなければ理解出来ません。日本はまるで未熟児保育器でした。戦後の日本はこの巨大な未熟児負担から解放されたため、経済復興が素早く出来たと云う経済人もいます。

京城日報昭和十六年（一九四一）八月二十六日の記事によれば、当時世界一、二を競う規模であった水豊ダム発電所は、処女送電を開始したとあります。このダムは今でも北朝鮮と満洲の国境で発電し続けています。これによって電力をたくさん必要とする近代工業が開始されました。また産業振興の基礎となる鉄道は約六千キロを新規に敷設《ふせつ》しました。

英国人イザベラ・バードが記録したように、紙幣が流通しない国、人が歩いてやっとすれ違える程度の小径《こみち》しかなかった国を近代化するために投資は継続されました。

社会の基盤が整うにつれ企業が進出し、学校で教育を受けた朝鮮人は次第に増加し、役所や企業はこれらを雇用するようになった訳です。昭和四年（一九二九）から昭和十三年（一九三八）までの九年間に近代産業の企業は、四百八十四社から千二百三社まで二倍半に増加、化学、食品、繊維、金属産業の労働人口は四万六千人から二十三万一千人と五倍に増えました。これだけ雇用を創出した訳です。鉱業、農業関連、製造業、建設業を加えて、これらの産業で働く人口は二百十万人程度となりました。

農奴として生きる以外なかった庶民は、教育を受け新しい産業の企業に就職し、別の生き方が選択出来るようになりました。

国家基盤の建設を行い、近代的産業を促進するための金融機関として朝鮮殖産銀行も作られました。この銀行は一部の農工業者に対しては無担保貸し付けも行ないました。明治維新の体験を朝鮮で急いだ訳です。比べて西欧列強の植民地では、本国の生産品と競合する現地産品の出現を、暴力的手段で妨害していたのとは大きな違いです。日韓併合から百七年経た今日、韓国は工業先進国になって日本企業を多くの部分で追い越したではありませんか。

明治四十三年（一九一〇）の日韓併合から十四年後には朝鮮の貿易額は十倍増、三十年後には四十倍増の二十四億円に成長しました。朝鮮経済が年平均十三％程度で成長を続けた証拠ではありませんか。これが朝鮮にとって収奪でしょうか。

併合時代に耕地面積なかでも水田面積は倍増し、朝鮮の人口も二・二倍増の二千五百万人と、耕地面積に比例して増加しています。収奪があれば人口は増加するでしょうか。雨水に頼る農業から治山治水、溜池、農業用水路整備、農法改善、肥料農薬産業推進、道路と鉄道整備、医療防疫衛生推進などの各種政策で食料が増産され、乳幼児死亡が減少し、人口増加に功を奏したのです。こうして都市生活者も年を追って増加しました。朝鮮総督府の調査では、都市人口の割合は、二十年間に四倍強と増えています。

大正九年（一九二〇）…………三・四％
昭和五年（一九三〇）…………五・六％
昭和十五年（一九四〇）…………十四％

新しい産業社会が出現し成長したため工場勤務のサラリーマンが増加し、新しい階層と社会風潮が生まれました。京城の鐘路一丁目から三丁目には五百四十二軒の商店があり、そのうち五百二軒（九十二％）が朝鮮人の経営でした。これは満洲国建国に依る満洲景気の上昇によるものと、儒教に従って労働を卑《いや》しいとして全く働かず、農民から欲しい物を奪うだけだった両班《やんばん》の支配する国から、国民の行動様式がようやく変化し、労働に対する認識が変化した結果です。

昭和五年（一九三〇）以降には次第に百貨店が人気となり、三中井、三越、丁字屋などがありましたが、その中で和信百貨店は朴興植が経営していました。顧客は六、七割が朝鮮人であったと推定されています。韓国人の購買力がなければ、百貨店は成り立たないでしょう。和信百貨店は催し物会場や食堂なども導入し、消費生活を楽しむ場所でもあり、昭和の終り頃まで営業を続けていました。

田中秀雄著『朝鮮で聖者と呼ばれた日本人物語』によりますと、重松髜修《まさなお》は農村改善運動として農家に対して、餌代が少なくて済む鶏の有精卵を最初に十五個貸し付け、孵化させて育てた鶏の卵を種卵とする以外は買い取り、都市住民や会社、日本軍、陸軍病院などに販売してその売上は卵貯金とさせました。日本軍はこれに賛同し卵を大量に買入れました。貯金が増えたら次は仔牛や仔豚を買って肥育《ひいく》して後に販売し、得た利益で両班からの借金の抵当になっている農地を買い戻し、また子供の学資として使用するなど農村の生活改善が進みました。卵貯金で医者になった若者の例もあります。この方法は各地の村に広がりましたが、この元は二宮金治郎の報徳精神（至誠《しせい》、勤労《きんろう》、分度《ぶんど》、推譲《すいじょう》）であり、この実践であったと推察します。

篤志家個人の行動だけでは朝鮮全体の農業発展は図れません。朝鮮総督府は米の増産計画を実施してゆきました。第一次として耕種法改良、土地改良事業、第二次は昭和元年に始められた大規模な低利融資資金の投入でした。これにより米の生産量が激増し、内地農民からは朝鮮米の移入禁止を求める声が強く上がり、後には中止されたくらいです。

地道な努力が実を結んだのかこの時期に朝鮮では飢饉がありませんでした。逆に現在の北朝鮮に大規模な飢饉が繰り返し発生し、秋に収穫した米を春までに食べ尽くした後、秋に播《ま》いた麦が晩春になって収穫出来るまでの端境期《はざかいき》に食糧難になる「春窮《しゅんきゅう》」と云う言葉が北朝鮮では未だに生きており、餓死者も多いと云うことに注目して下さい。どちらが国民にとって良い政治でしょう。

大東亜戦争後に大きく発展した韓国と台湾ですが、ソ連を含む西欧列強の旧植民地国はなかなか発展していません。自国への収奪を目的としたのか、その民族の発展を願ったのかという基本的な差が現在まで影響していると思われます。

インドネシアの例では、天保元年（一八三〇）から明治三年（一八七〇）の間、米の三期作が可能な地でありながら、米不足でたびたび餓死が起きていました。嘉永三年（一八五〇）、明治維新の十八年前には、ジャワ島で三十万人が餓死しました。オランダは自国経済が苦しくなると、タバコ、コーヒー、インディゴ、砂糖などヨーロッパで高く売れる農作物の作付面積の拡大を強制しました。原則として住民は保有土地の二十％を提供し、加えて一年間に六十六日（一年の十八％）をこの作業ために割《さ》かねばなりませんでした。オランダの収奪は自国の経済的利益しか考えておらず、砂糖より甘い利益のまえに、現地人の命はタバコの煙より軽かったのです。強制栽培、強制労働は英、独、仏、ポルトガル、ベルギー等も同じようにアジア、アフリカで行ないました。これら産業のために西欧列強が資本投下をして利益は白人ものです。原住民には餓死がその報酬でした。

（五）朝鮮に於ける自治制度

さて朝鮮人の政治的自治に関して、朝鮮半島には道議会、面議会の普通選挙はあったのですが、徴兵制度も国会議員の選挙権もありませんでした。しかし昭和十九年に徴兵制度が適用され、一年後これに併せて国政選挙制度が施行されました。

通例その国の徴兵制度と選挙権は、一枚の紙の裏表となって施行されます。スイスの例では男性には兵役義務と選挙権があったのですが、女性は兵役義務がなく昭和四十六年迄選挙権もありませんでした。

昭和二十年（一九四五）四月、帝国議会衆議院に朝鮮半島二十三名、台湾五名、樺太三名の議員を割り当てました。実際には終戦により選挙は出来ず終いでしたが、次の国政選挙では朝鮮半島から国会議員二十三名が誕生する予定でした。しかしすでに内地在住の朝鮮人は選挙、被選挙権があり、実際に東京の本所、深川選挙区に朴春琴衆議院議員が朝鮮名のままで昭和七年から十七年までの間に二回当選しており、ハングルで選挙運動を行うことも投票をすることも出来ました。この他に帝国議会貴族院議員として朴泳孝侯爵が勅選されています。

『日本の朝鮮統治を検証する　１９１０―１９４５』の中に、中国共産党大幹部で天安門事件に際して失脚し、軟禁状態のまま死亡した趙紫陽元首相が極秘のうちに残した回顧録に述べた内容が引用されています。

「先進国はすべて議会制民主主義を採用している。韓国と台湾は日本から議会制民主主義移行の契機を得たのである。従って先進国になることが出来た」。

さらにニューヨーク大学法学部教授で、中国の法及び政治体系研究の世界的権威であるジェローム・コーエン教授の言葉を引用して、

「不幸にして中国は、双方向的な思考を激しく拒絶し、責任は常に相手側にあると断ずるのである」

と述べています。

中華人民共和国では現在まで一度も普通選挙が実施されたことはなく共産党王朝の独裁政治が続い

ています。軍隊は人民解放軍と名乗っていますが、共産党の利益を守ることを目的とする弾圧軍隊であって、国土と国民の生命財産を保護する国民軍ではありません。これをみると中華人民共和国は国民がおらず、支配する独裁王朝とその下に生命まで支配される住民が居る国と云う訳です。

平成元年（一九八九）六月四日の天安門事件が良い例です。ネット上には、タンクマンと呼ぶらしいのですが、たった一人で素手の青年が人民解放軍戦車の隊列を通せんぼしている写真、動画があります。他にもこのような人民の権利を求める青年達が、戦車で轢《ひ》き殺され自転車と人体が合い挽《び》きミンチのように、路上に散乱した凄惨な写真がたくさん残されています。これは中国共産党にとって敵である人民を消し去ったと云うことです。支那大陸は中国共産党の植民地のようです。参政権どころか僅かな人権さえ持たない植民地住人が民主化を求めデモをしたところ、戦車で轢き殺された図です。

ジョージ・オーウェルの小説『一九八四年』そっくりに、マスメディア、ネット通信まで常に思想検閲され、無法な逮捕監禁や強制入院などが行なわれています。また共産党を脅かすような宗教団体はキリスト教、ウイグル人のイスラム教、モンゴル人やチベット人の仏教その他の宗教的団体なども禁止され、例えば法輪功の主張では、法輪功信者は見つかれば逮捕され、他の死刑囚と同じく入院させられた後、臓器を分割して、一度に複数の患者に販売されました。法輪功信者は飲酒も喫煙もしないため生体移植するには臓器が良好であり、病院と刑務所が結託して利益を狙ったものだと伝えています。もちろん共産党の下部組織である裁判所、警察はこれらの疑惑の存在さえ認めたことはありません。利益を前に植民地原住民の生命など煙草の煙より軽い、現在進行形の中華人民共和国のやり口は、蘭印のオランダ人より上手《うわて》です。中華人民共和国のような独裁は、日韓併合時代の朝鮮を含む日本国内で、その真似さえ出来る訳がないのです。

終戦時、連合軍は朝鮮を日本国として占領しました。朝鮮総督府が、どうせそうなるだろうと気を利かせて朝鮮独立勢力の主張する朝鮮国旗に変更して掲げていたところ、占領軍としてやってきた米軍は　慌てて日本の国旗を掲げさせて占領し、その後で改めて米国国旗を掲げました。その直後から東京裁判が行なわれていた時期、朝鮮半島は連合軍（実質は米軍とソ連軍）の占領軍政下にあり、昭和二十三年（一九四八）八月十五日に朝鮮半島の南半分は、大韓民国として米国軍政下より独立しました。

東京裁判では被告達の犯罪期間を昭和三年（一九二八）一月一日～昭和二十年（一九四五）九月二日までと指定していますから、日韓併合条約締結はこの昭和三年より十八年前のことです。

（六）朝鮮人皇軍兵士、志願した義勇兵の誇り

台湾と朝鮮半島は終戦まで日本帝国でした。青年達は皇軍兵士として祖国のために命を落とされました。靖國神社に台湾と朝鮮出身の義勇兵が四万数千柱の英霊が祀られています。また東京裁判以外の所謂B級、C級の戦争犯罪裁判で被告となった台湾人、朝鮮人が少なからず居たことも、朝鮮人が皇軍またはその軍属として戦った証拠でしょう。

朝鮮には昭和十九年（一九四四）四月から徴兵制度が施行されましたが、実際には徴兵されても訓

練を受けねば兵士としては使えません。結局、訓練中に終戦となりました。

前線に出て実際に戦闘に加わったのは朝鮮人義勇兵です。軍隊では差別などなく、朝鮮人上官の下に日本人兵士がいる部隊もありました。中でも高位にまで出世した例は洪思翊《こうしよく》陸軍中将ですが、マニラ裁判で死刑とされ殺害されました。

朝鮮に於ける義勇兵募集は昭和十三年から始まりましたが、朝鮮半島ではこの年の募集四百名に対して志願者二千九百四十六名で、七倍以上の競争率でした。この時期に朝鮮人の義勇兵志願が彼ら自身から強く要求されたのは、その前年昭和十二年七月の盧溝橋事件の約三週間後、通州に於いて支那保安隊に日本人と朝鮮人の婦女子を含む約二百六十名が虐殺されその半分が朝鮮人であったからでした。死体まで切り刻むなど、支那人独特の猟奇的虐殺事件です。この通州事件の後、特に朝鮮人の間にも暴支膺懲《ぼうしようちょう》（乱暴をする支那を懲《こ》らしめる）の気運が高まりました。

昭和十四年には、前年の四倍強の一万二千五百二十八名が軍に志願しました。昭和十七年には募集三千名に対して、志願者二十五万一千五百九十四名で競争率は約八十四倍でした。朝鮮出身の英霊は日本で差別されるどころか、靖國神社参拝の人々は頭を垂れて礼拝するではありませんか。彼らの出身地では軽蔑されるのでしょうか。

序《ついで》ながら台湾の例では、昭和十七年（一九四二）に義勇兵が約千名募集された時、倍率は四百倍になり、翌年は六百倍でした。

もし日本が朝鮮を侵略して日本領にしたのなら、この義勇兵応募者は祖国に対する裏切り者となるところでしょうが、実際は、昭和十一年ごろから自分達朝鮮人も、同じ皇国臣民として皇国のために戦いたい。朝鮮人を皇軍兵士としないのは差別であり、「内鮮一体」「内鮮融和《ないせんゆうわ》」の建て前に反するではないかと云う運動が起こり、血書嘆願まで伴う運動に押されて出来た志願制度でした。ブランドン・パーマー著『検証日本統治下朝鮮の戦時動員1937―1945』によれば、血書嘆願は昭和十六年（一九四一）二月までに二百九十三通あり、大韓民国朴槿恵前大統領の実父である朴正煕元大統領（日本名、高木正雄）は「私は肉体的にも精神的にも日本人になる用意が出来ており、天皇陛下のために喜んで命を捧げます」と血書嘆願しました。満洲国軍官学校の日本人枠への受験を嘆願した訳です。昭和十四年（一九三九）三月三十一日付け満洲新聞によれば、この時彼は小学校訓導《くんどう》（先生）で二十三歳でした。その後は成績優秀者の特権で、帝国陸軍士官学校へ入学が許可され陸士五十七期でした。

志願兵制度が出来たのは近代的な教育制度普及により、軍事教練を受け得るだけの基礎知識を持った青年たちが育ったからです。農民一揆は烏合の衆に過ぎず、竹槍を持って暴動を起こすことは出来ても戦争は出来ません。兵士は強健な心身もさることながら、読み書きが出来、愛国心が強く兵器を扱えるだけの知識と、科学を理解する合理的思考を持っていて、統制のとれた行動が出来る忍耐強い人でなければなりません。

志願して兵士となるのは多感な青年達であり、また同胞愛の強い民族ですから、仮に日本人が朝鮮半島で強権的、弾圧的な行動を取っていたとすれば、叛乱が勃発することはあっても、多数の青年が義勇兵に志願することはあり得ないでしょう。
彼らの志願は死ぬかもしれない危険以上に、日本文化や皇軍に魅力があったからでしょう。皇軍兵士となることは心底から日本人になり、命懸けで日本人になることです。さらに軍では安いとはいえ給料を貰いながら知識が身に付くし、除隊後は得た知識技術によって就職に有利でしょう。さらに大きな理由は、朝鮮人は支那人に軽んじられ侮蔑されてきた長い歴史があるため反撥心が強く、いま現に支那軍と戦っている日本軍が強いことから自分もそうなりたいと思う気持ちもあった訳です。さらに大東亜共栄圏建設の大義名分がある訳でした。創氏改名を朝鮮人が望んだのと根は同じです。しかし一方には日本軍に入隊して武器の扱い方を覚えようとする反日勢力もいたと云われています。ともあれ言語風俗習慣の異なる混成部隊は運用が難しいと思われます。

韓国繁栄の基となった大東亜戦争に、勇んで志願した朝鮮人は祖国の誇りではないのでしょうか。朝鮮人は台湾人、東南アジア諸国の独立義勇軍と共に、アジアの西欧列強植民地の解放を目指して戦ったではありませんか。戦闘に於いて日本軍は降伏しましたが、肉を切らせて骨を断つ如く、多くのアジア人と共に自由、平等、公平、自由貿易、民族独立のため朝鮮人も共に戦い勝利したではありませんか。米軍爆撃機B29に体当たりした朝鮮人航空兵が何人もいます。また神風特別攻撃隊員として出撃した朝鮮人兵士もいます。世界の進むべき未来を変革した偉業は誇りではないのでしょうか。日本では英霊の祀りを忘れていないのですが、大韓民国は昭和二十三年八月に米国軍政下から独立した国家故に、独立以前の勇士らを祀る思想がないのでしょうか。

仮に大東亜戦争は侵略戦争であると云うなら、その時日本国民であった朝鮮人、特に日本軍に志願した朝鮮の若者や軍属として働いた人々は、その片棒を担いだ侵略者と云うことになります。朝鮮人の日本軍兵士を朝鮮人の内部で、どのような地位に置くのかという問題は、現在の韓国では問題にならないのでしょうか。

靖國神社には朝鮮人の英霊も祀られています。放火しても、爆発物を仕掛けても朝鮮人の名誉について何の解決にもなりません。このような反日はすればするほど同時に祀られている朝鮮人に対して侮辱反韓自傷行動となることに気付かないのでしょうか。これを行なった犯人は自分自身が先祖と朝鮮民族を貶め、自己否定したことになると考えが及ばないのでしょうか。

朝鮮半島の二つの政府と中国共産党政府以外のアジア各国は、大東亜戦争に感謝すると何度も述べています。毛沢東でさえ建国出来たのは日本のお陰であると述べています。西欧列強の中にも大東亜戦争は日本の勝利とまでは認めたくないが、世界史上の大変化、すなはち白人優先神話を永久に葬り去った。大東亜戦争は有色人種の幸福のために戦われたと発言する人が何人もいます。これこそ大東亜新秩序建設として有色人が望んだ世界の誕生でした。台湾人と共に朝鮮人はこの偉業に参加した民族ではありませんか。

（七）国民徴用令と強制連行、併合国家と植民地の法

ありもしない朝鮮人の強制連行を今頃になって日本の犯罪であると云う人々がいますが、日韓併合と云う状況下にあったことを故意か偶然か忘れています。朝鮮は日本の奴隷ではなかったのですから、国民が政府から強制されたと云うならば、国民を対象とする立法による強制です。むしろ朝鮮に対しては国民の義務であった徴兵も徴用も緩和されて来たのですから、むしろ内地より優遇されていました。このような発言は植民地と併合国家を区別していないためです。

通称イギリスは併合国家の一例です。国旗も各王国の旗のデザインを取り込んで合成しています。東京裁判原告としては「グレートブリテン・北アイルランド連合王国」と名乗っています。連合とはグレートブリテン島部分はイングランド王国（ロンドン）、ウエールズ王国（カーディフ）、スコットランド王国（エディンバラ）の連合王国の意味です。カッコの中はそれぞれの王国の首都です。アイルランド島北東部の北アイルランドの首都はベルファストです。アイルランド共和国と北アイルランドは分裂し北アイルランドはグレートブリテン島の連合条約へ加盟した訳です。分裂したのはカトリックとプロテスタントの間に宗教戦争があったためです。

最近では、平成二十六年（二〇一四）、スコットランド王国が連合王国から分離独立するか否かで国民投票を行いましたが、結果は否決され、連合内に留まることになり、合併国家は維持されましたが独立党は相当な勢力を維持したままです。さて連合王国が戦争をしている時、各王国人は徴兵された

ら強制連行と云うでしょうか。自分で自分を奴隷ですと罵《ののし》るようなものではありませんか。

これはアメリカ合衆国でも同じです。独自の州法、州軍を持ち独立国家に近い存在である各州は合意したうえで、州政府の上位組織として連邦直轄地ワシントンＤＣに連邦政府を置いています。日本語ではアメリカ合邦国と呼んだ方が実態に即した表現でしょうが、日米の戦争に於いて参加しなかった州があったでしょうか、徴兵されて強制連行されたと主張する米国人がいたでしょうか。

西欧列強の植民地では白人と現地人とでは別々の法が適用されました。簡単に言うならば西欧列強植民地の原住民はまるまる土地ごと奴隷ですから、白人と同じ権利と義務があるはずがないのです。しかし当時大韓帝国は併合して日本の国内です。民族は朝鮮であっても日本の国民であって、植民地原住民ではありませんから権利と義務は原則的に同等になります。但し併合したその瞬間にすべてが完全に変えられる訳ではないと云うことも人間社会の常識であると理解せねばなりません。

古代史を見ると朝鮮半島の国と日本は交流があって遺物が少なからず残っています。西暦六六〇年、天智天皇の母である皇極天皇が重祚《ちょうそ》され斉明天皇となられてのち、唐と新羅《しらぎ》の連合軍が朝鮮半島南部にあった百済《くだら》を攻撃し、要請を受けて斉明天皇は援軍を出し、九州福岡県朝倉までお出ましになったのですが、西暦六六一年ここで崩御（六十八歳）されました。後に三十八代天智天皇となられる皇子は、それでも救援軍を出撃させ給いましたが、日本軍は白村江で敗れ、百済は滅亡しました。それ以降日本と朝鮮半島の交流は激減したのですが、朝鮮と日本の交流は回復し、現在の滋賀県長浜市雨森出身で対馬藩に仕えた雨森芳洲《あめのもりほうしゅう》は日本と朝鮮を往復し双方の辞書を作るなど、また外交の連絡をよくし、朝鮮からは江戸時代に十二回、平均すると二十一、二年毎に朝鮮通信使が来訪していたのですから、明治になって急に日本の植民地にしようと考える日本人はいないでしょう。

日本政府が強制的に何かをするには国会に於ける立法を以てする以外にありません。また法にないことを国民に強制することは戦争中と雖も違法であり不可能です。

もし法に依らざる強制を官組織が行なうならばそれは犯罪です。犯罪を取り締まるのも官組織ですから、相互に矛盾を生ずるような立法は不可能です。戦争中であっても法治国家は法治を怠ることは出来ません。また軍隊と雖も官組織の一つですから、戦闘中でも原則的には法と軍紀風紀を守り国際法に従わねばならない訳です。軍隊内に憲兵組織があり、法務官が存在し、軍律による裁判があり、軍隊内に犯罪者を収容する監獄があるのは当然です。話は横道ですが、国際法の云う戦争犯罪は特殊な犯罪ではありません。平和な時でも犯罪となることを戦争中の兵士が行なったことを指し、逆に戦闘に於いて傷害致死、殺人、器物損壊、家屋焼失などが生じても犯罪としないと云うことです。非戦闘員に対する攻撃はもちろん違法ですが、逆に非戦闘員が敵兵を攻撃することも違法なテロ行為となり、国際法の保護対象とはなりません。従って便衣兵は保護されません。

戦争中の日本には法に依る厳しい国家統制はありましたが独裁国家ではありません。戦争中の国家はどこでも勝つためには国家統制を行ないます。普通選挙によって議会を運営する独裁はありません。

国民が強制されたのは、昭和十三年四月の「国家総動員法」による産業の統制、昭和十四年七月の「国民徴用令」によって始まった徴用や、戦争末期の昭和十九年八月の「女子挺身勤労令」による徴用です。オカッパ頭に作業帽の少女が、大きな旋盤やボール盤などを動かしている写真を見ると、これを国家による強制と捉えるか、国民の義務と考えるかの差があるかも知れませんが、国がなければ自由も人権もありません。西欧列強から仕掛けられた総力戦に対して、日本が自衛のため一丸となって必死の働きをしている時、少しも協力しないのは日本国民としては裏切り者でしょう。

国民が徴用されて軍需工場を始め、さまざまな所で仕事をしている写真やニュース映画はたくさん残っています。徴用令では往復の旅費、給料、本人が病気などで働けなくなった場合の家族への補償、徴用免除などの規定を制定しています。現在でも多くの会社で行なわれている出張規定と大して差はありません。国民が強制されたということは、国会でその法案が通過したからです。危急存亡の秋《とき》、生存をかけて戦争している国民が国民自身に強制したのが「国家総動員法」「国民徴用令」ではありませんか。

（八）徴用令に従った朝鮮人、今日の在日朝鮮人

さて国民徴用令は朝鮮では実施緩和措置があり、最初は自由応募から始まり官斡旋へと進み、昭和十九年九月から二十年三月の半年間に本来の徴用が実施されました。それ以後は船がない上に往復の

船が米軍潜水艦に攻撃される危険が大きくなって内地への渡航は中止となりました。この時本来の徴用で日本本土へ来た朝鮮人は約三十万人ですが、そのうち二百四十五人だけが日本に残留を希望し、それ以外は連合国総司令部（ＧＨＱ）が帰還させたのです。これは反日の朝日新聞でさえも、国会での質疑答弁を記事にした昭和三十四年七月十三日の紙面に掲載しています。

徴用に応じれば自費で密航せずとも日本に入国できることから、一旦は決められた就職先に行き、頃合いを見計らって逃亡すると云う事例もあったようです。逃亡の理由は共産勢力の日本国内潜入のための利用、反日意識による抵抗行動、賃金や業務内容の不満、差別扱いを受けたとする反抗、在日の友人に他の働き口を紹介勧誘されたなどでしょう。

終戦時に日本国内にいた二百万人のうち百四十万は終戦直後から半年の間に帰還しました。戦争も空襲もなく食糧難でもなかった朝鮮の方が暮らしやすいと考えた訳です。昭和二十一年（一九四六）ＧＨＱの命令で帰還希望調査が行なわれ、残っていた六十五万人の希望を聞きましたが、六十五万人のうち朝鮮に帰還したのは八万人、残りの六十万人は日本で暮らす方を選びました（国会答弁にある外務省調査資料の数字が、算数的に合わず変ですがそのまま）。

結論として、終戦翌年から現在まで在日朝鮮人は全員が自由意思で日本に住んでいる者とその子孫と云うことになります。国民の義務としての徴用で来た者も帰りたい者は全員が朝鮮へ帰還したのです。麗澤大学の八木秀次教授によると、強制連行されて来て帰りたいのに帰れず日本に在留していると云う説、また強制連行されて来たので日本人より格段に安い給料であるとか、全く支払われなかったと云う説も、東京都小平市にある朝鮮大学校の教師であった朴慶植が云い始めた捏造歴史で、反日毎日運動の一つです。

平成二十九年（二〇一七）四月十一日の産経ニュースにこの朝鮮人賃金格差を調査した朝鮮人研究者の報告書が掲載されています。当時の炭鉱労働者の記録文書を調べた結果、賃金は労働者個人の採炭量に応じて支払われ、日本人も朝鮮人も賃金差はこの採炭量に左右されるものでした。熟練したため日本人より多く稼ぐ朝鮮人がいた記録もあります。

国民徴用令は民族の違いを視点にとれば異民族が強制した労働となるかも知れませんが、民族は異なっても同じ国家の国民という視点からすると、運命共同体の危急存亡に際して勤労奉仕することは当然でしょう。家が火事の時家族はもちろん、近所の人も助け合うでしょう。

徴用などなかった昭和九年でもすでに百万人、昭和二十年には二百万人の朝鮮人が内地に居住していました。彼らは稼ぐために内地へやってきた訳です。

このような朝鮮人が増加するにつれて食料不足問題を始め犯罪も増えたため、治安悪化を恐れて半島から日本本土への渡航は制限されたのですが、賃金にひかれて密航が多くありました。

終戦により日本人から元の朝鮮人に戻って在日朝鮮人となった人々を、連合国総司令部は食糧難の日本からどんどん帰還させたのですが、昭和二十五年の朝鮮戦争勃発により、朝鮮半島から逃げて来た密航者は三十万人以上と、在日朝鮮人の数が増加した原因と云われています。またもう一つ別の原因として挙げられるのは、朝鮮国内では地方差別が激しく、差別される地方に生まれた人々の社会的成功はおぼつかず、いっそ日本へ行って一旗揚げようとして来た人もあったと云われています。

少し横道ですが、桂米朝師匠の落語「代書屋《だいしょや》」はその師匠であった四代目桂米團治《よねだんじ》がこの「代書屋」を作った昭和十四、五年当時の原型に戻して演じた型があります。米團治は本名の中濱《なかはま》を名乗って代書屋を営んでいたことがあり、この経験を活かした話しです。

この「話し」には、朝鮮から妹が紡績工場で働くために日本に渡航するに付き、渡航証明書が必要ということで、「リ」という済州島翰林面《かんりんめん》出身の男が代書屋で書類を書いてもらう場面があります。この渡航証明書には本籍を記入せねばならないのですが、出生届や死亡届が全く不備というより、元来朝鮮には家族の「氏」を単位とした戸籍制度がなく、渡航する人物の戸籍を遡って作り直すにあたって、誰それは虎に喰われたので死体がなく死亡届が出来なかったなど、トンチンカンな話しになります。そして代書料金を払う段になると、急に日本語がわからなくなり逃げてしまいます。この代書を頼みに来た朝鮮人の男、「リ」の妹は徴用でないことは明白ですが、「リ」本人はどういう手段、なんの目的で日本へ来たのでしょう。

（九）創氏改名、氏名と姓名

日本式戸籍は血の繋がりを絶対とせず、夫婦親子関係の少人数集団を嫁や養子も含めて一家族として、行政で扱う最小単位とするために、家族の識別として氏を用い、その中で個人を区別するために名を用います。

これと異なり朝鮮では支那同様に男系血統集団である宗族が絶対視され、男系だけが重要とされその姓の記録は族譜《ぞくふ》に残されて来た訳です。従って結婚しても夫も妻も元の姓のままです。姓は血統ですから変えようが無い訳です。創氏改名《そうしかいめい》は族譜には手を付けずに残したまま、氏を新たに創《つく》る手続きでした。姓や族譜を撤廃し日本式の氏を名乗れという命令ではありません。「姓」は残したまま日本風の「氏」を新たに登録してもよいと云うものです。それが嫌なら従前の「姓」をそのまま「氏」と見做《みな》すと云うことです。

裁判所判決を経由しないで、新たに創った氏を届け出のみで許可する簡易な無料登録制度は、落語「代書屋」が作られた頃に法が制定され、届け出の特例期間は昭和十五年二月十一日から八月十日迄の六ヶ月間施行されました。ただし、名まで変更する必要はないと云うことで、届け出用紙には名も併せて変更するならば五十銭の手数料が必要と記してあります。

この創氏改名届出事業は実際のところは現状の追認でした。満洲にはたくさんの朝鮮族農民が存在し、支那人に嫌がらせを受け小競り合いをしながら生活していましたが、昭和六年（一九三一）七月二日、長春北西の万宝山で鮮支双方の農民同士が用水路掘削を巡って大きな衝突となりました。これが万宝山事件です。死者は無かったと云う説と、百名以上の死者があったと云う諸説があります。しかし、これを誇大報道した朝鮮日報の影響で朝鮮半島及び内地でも朝鮮人による中華街襲撃など暴動に発展し、平壌だけでも百名以上の死者が出たと云われています（清朝の長春は満洲国首都の新京、現在は長春）。

この事件に見るように朝鮮人は常に支那人から華夷秩序により差別され下位に見られていたため、一文字の姓ではなく日本式の二文字の氏を真似て、日本風の氏名を勝手に名乗る者が増加していました。支那人に日本人と思わせて上位に立ちたいと云う訳です。これがそれ以前から続いていた日本式氏名要求運動の大きな背景でした。よって日本風の名乗りを公式に朝鮮総督府に認めさせたのは朝鮮人にとっては誇らしいことでした。また万宝山事件は裏で朝鮮と支那双方の共産主義勢力の策動もあり、日本と蔣介石政権の敵対意識が強くなったとも云われています。このような社会的下敷きがあるため、氏の届け出無料の六ヶ月間に約八十%が創氏改名を届け出ました。日本人風の氏名を許可することに警察を始め大反対もありましたが、朝鮮人の要求運動が大きくなり、内鮮融和のため紀元二千六百年記念事業として半年と期間を限って実施されました。しかしこの弊害は当時の警察が予想した通り現在の日本にまで尾を引いています。

(十) 従軍慰安婦、売春婦、女子挺身隊

さて「従軍慰安婦強制連行」説ですが、本来「従軍」とは仕事として軍に付いて行くことを云う俗語です。「従軍慰安婦」と言う言葉は戦後四十数年も経ってから、反日日本人が日本を非難するために作った反日造語であって慰安婦に肩書など付きません。軍の要請で働く場合は「軍属」となります。元従軍慰安婦と名乗り出れば日本政府に慰謝料を請求出来るなどと、大韓民国で焚きつけた朝日新

聞社員、弁護士などの反日日本人グループが始めた反日行動と云われていますが、これらの人々は大韓民国だけではなく、インドネシアでも同様な計画を実行しました。しかしインドネシア政府は毅然とした態度で話に乗りませんでした。

東京裁判速記録中にインドネシアで日本軍が強制売淫させたとする証言が僅かにあります。それは朝鮮人ではなくオランダ人の婦女子に関する証言です。それ以外にはオランダ人女性に対する強姦事件があったと云う証言がありますが翻訳のせいでしょうか具体性がなく要領を得ない証言で、被害者人数はごく一部を除いて証言にありません。名前が出ている夫人だけでも反対尋問を受けさせるべきだったでしょう。この点、南京の件でも同じで要領を得ない証言の口供書のみでした。

(四—三—六四九—一)　ダムステ検察官、S、林の陳述書、検察団書類五三二六号、ポンチアナクに於いて幾多の婦人は何らの嫌疑なきにも拘らず唯日本人との性的関係に強制的に従わせるために逮捕され、投獄された。

(四—三—六七四—一)　ダムステ検察官、検察側文書五七六七号、エイ・ホルスト夫人（旧姓ミッデルカンプ）供述書、中部ジャワのチエポエに於いて日本軍が侵入した後指揮官の是認の下婦人たちは度々暴行を受けた。強姦されたのは二人の少女と、名前を挙げている七名の夫人である。

(四—三—六七五—四)　ダムステ検察官、検察部文書第五七七〇号、ビールマン夫人の宣誓書、中部ジャワのモエンチランに於いて、婦人、少女の暴行、強制売淫は憲兵隊員によってとり計らわれた。

(四―三―六三九―三) から (四―三―七六八―三) まで、ダムステ検察官、ノーラン検察官、モネーヌ検察官による蘭領印度に関する証言が記載されている。その殆どは俘虜虐待に関するものであって、女性に関するものは右に挙げたものが全てと思われる。

この多くの証言中には、「白人だからまた生粋のオランダ人だから死ななければならない」と日本兵が述べたと云う証言がありますが、双方の意識の中にこれは人種戦争であると云う意識があったと思わせます。オランダと日本の間にあったのは石油を廻る経済的問題でしたが、実は有色人種差別と云う根から生まれた問題でした。右のオランダ人婦人強制売春問題は日本軍上層部の知る所となり一、二ヶ月後閉鎖され、関係した軍人は処罰を受けています。

「慰安隊」などと軍属風の呼び名ですがその現実は、遊郭の経営者が慰安婦を連れて上客である軍の後をついて回ったのです。米軍に収容された慰安婦は尋問され、記録は後に予期される戦争犯罪裁判で証拠とするために米軍によって保管されていました。この記録には慰安婦は「プロフェッショナル・キャンプ・フォロワー」と記されています。軍の駐屯地を追いかけて稼いでいた者と云う認識です。元々キャンプ・フォロワーとは、米国では南北戦争頃すでにあったといわれ、酒、博打、売春が主な商売でした。

また毒々しい「性奴隷」という言葉は、平成の初めころ反日日本人によって作られたようですが、イメージ操作が目的のため日本語としては違和感のある奇妙な造語です。

三百三十三メートルの東京タワーが出来た年、昭和三十三年三月迄、女性を自家で管理しながら売春させる遊郭は合法でした。そこへ女性を売り込むのが女衒《ぜげん》の仕事です。現在でも管理買春、客引き行為は検挙の対象ですが、自ら相手を探して意気投合したとする単純売春は実質的には検挙されていません。ヨーロッパ諸国でも殆どが単純売春を違法としていません。

さて韓国では、平成十六年（二〇〇四）に性売買特別法により強力な売春取り締まりが始まったため、平成二十五年（二〇一三）になって韓国人慰安婦達が、売春取り締まりは憲法違反であるとして韓国の憲法裁判所に提訴し勝訴しました。取り締まり強化によって稼ぎを失った女性達が、職業を奪うなと叫んで街頭デモを行い、また国内で稼ぎ難くなった十万人とも云われる女性たちがノービザで入国出来る国へ出稼ぎに行き、相手国で風紀上の問題になっているようです。さらに平成二十七年九月二十四日付け産経新聞には、ソウルの中心部で売春婦を正当な労働者と認め、生存権を認め、社会福祉政策の対象とせよと訴えて、憲法違反の性売買特別法の廃止を叫び八百名が行進したデモがあったと、報道されています。

昭和二十五年（一九五〇）に始まった朝鮮戦争ではどうだったでしょうか。産経新聞のネット記事中の「iRONNA」によると、平成十四年（二〇〇二）二月に韓国の慶南大学の金貴玉客員教授が、朝鮮戦争中に韓国軍専用慰安婦がいたと云う報告を、立命館大学で行なわれた国際会議席上で発表しました。このニュースは韓国の主要メディアも報じました。根拠は昭和三十一年（一九五六）の韓国陸軍本部編纂の公式資料『後方戦史・人事編』の記述です。これが発表されると直ぐ一般人は該当資料の閲覧が禁止になったそうです。兵士の生理的要求、士気高揚のため「特殊慰安隊」を置くとして、韓国軍はこれを公式部隊として運営していました。九ヶ所に八十九名の慰安婦が動員され、少なくとも昭和二十六年（一九五一）から五年間、運営されたことが公式資料からわかるとしています。このうち四つの慰安隊の昭和二十七年（一九五二）の実績は、最も多い八月で二万二千名が利用し、年間では延べ二十万五千名が利用したとなっています。

これとは別に移動式慰安隊もあり、要請のあった部隊へ行き一定期間テントを張って運営されました。この慰安婦達は「第五種補給品」と呼ばれた軍の補給品でした。日本軍の例と異なり、彼女らこそ軍による組織的管理売春の実例で「性奴隷」により近い存在でしょう。朝鮮戦争の間もそれ以後も韓国軍と米軍は「第五種補給品」を大いに利用したのでした。そして朴槿恵韓国大統領の実父、朴正熙元大統領は、慰安婦諸君は外貨ドルを稼ぐ愛国者であると賛辞を贈りました。韓国政府は彼女達に謝罪と賠償をしたのでしょうか。

また平成二十六年（二〇一四）八月号の『ＳＡＰＩＯ』誌が巻頭で報じていますが、ベトナム戦争で米軍の一部として延べ三十万人出兵したと云われている韓国軍兵士が、ベトナムの約百か所で強姦殺人虐殺放火を行ない、非戦闘員のベトナムの老人、女性、幼児、子供たちに推計で一万から三万人の犠牲を出した。記事によれば女性と子供の犠牲が圧倒的に多く、妊婦は腹を裂き子供は手足を切断して火中に投げ込む、武功の印として耳を切り落とすなど、残虐な殺し方でした。

さらに元朝日新聞サイゴン支局長の井川一久氏の証言として、韓国人ブローカーは戦争難民となった若いベトナム人女性を売春宿に売り、韓国軍高官の夕食会では超ミニスカートのベトナム人少女たちが給仕していたが、彼女らは出席者へのお土産であったことも報告されています。またニンホアの韓国軍白馬部隊基地では軍民一体で管理売春が行われていた。ベトナム女性との間に出来た子供はライダイハンと呼ばれ、放置されたままであり、その全体の数は千五百名から三万名という説まであることなど報じられています。戦時強姦による妊娠率は約十％と云う説は、パリ市がドイツ軍に占領された時の計算例だと云われていますが、ベトナムでも同じでしょうか。

これらのことはタブーにされていましたが、平成十一年（一九九九）五月、長い沈黙を破ってハンギョレ新聞が発行する週刊誌『ハンギョレ21』で報道されました。しかし翌年に「枯葉剤戦友会」と名乗る二千四百名の団体がハンギョレ新聞社を包囲襲撃し、事務所を破壊し、書類に放火して燃やし、送電を遮断し、車に放火した。しかもこの団体は朴槿恵大統領の強力な支持基盤だそうです。ここに出てくる枯葉剤とは猛烈な生殖毒、催奇形性を持つダイオキシン類でしょう。たくさんの発症例の一つがベトちゃんドクちゃんと呼ばれた一体二頭の奇形児でした。

国外で戦争中の日本軍駐屯地へ遊郭経営者に連れられて慰安婦が来ていました。明日は命がないかもしれない若い兵士がたくさんいる戦地は、需要に対して供給が極端に少ない場所でしたから、兵士等は慰安婦を大変優遇し、移動、撤退の時などには慰安婦は傷病兵と一緒に最初に後送されると云った具合でした。多少の危険と不便を我慢すれば、賃金相場は内地の数倍から数十倍と手っ取り早く稼ぐには良い場所でした。

この中には運命共同体的、愛国的な考えを持つ女性もいたと推測されます。インド北部の町レドからビルマ北部山岳地帯を通り支那の昆明に至る米英による援蒋ルート（ビルマ公路とも云う）を遮断するためにビルマと支那の国境辺りにある拉孟《らもう》、騰越《とうえつ》の戦いでは、兵力四万八千の大軍に囲まれる中、千三百足らずの守備隊が約三ヶ月も戦い、玉砕しました。昭和十九年からここにいた慰安婦は十五名の日本人、五名の朝鮮人でした。隊長が脱出を勧めても承知せず、弾薬運びや負傷兵の手当てなどに活躍、最後には脱出した五名の朝鮮人慰安婦を除いて全員が兵士と共に玉砕しました。命を懸けて国のために戦っている兵士に対して、同胞として身を以て奉仕することで愛国の気持ちを表わそうとしたのではないかと思われます。この中には玉砕直前に重傷を負った兵士と結婚した慰安婦もおり、彼女の希望は、一生に一度は妻と呼ばれたかったそうです。

また日本軍が降伏した後、各地で敵軍兵士が日本女性を餌食にしようとした時、彼女ら慰安婦が進んで身を挺して、一般女性に被害が及ばないように計らったと云う話も幾つか残されています。

当時朝鮮で発行されていた新聞、京城日報昭和十九年七月二十六日、毎日新報昭和十九年十月二十七日の広告に、慰安婦募集の求人広告があることを雑誌『諸君』二〇〇七年五月号で秦郁彦氏が記しています。ネット上で見ることが出来ます。

軍の関与と云うのは、昭和十三年三月の陸軍省兵務局通達にあるように、このような募集業者の中に軍の諒解があるなどと、軍と関係があるように思わせて募集する者、誘拐まがいの方法を取る者がいるから、軍の名誉のために業者の選択はこれを統制すべきであると云うものでした。「業者の選択」を「統制」と記しています。以前より遊郭を営む業者と軍側の間に需要と供給の調整の仕組みとして業者選択があったこと、また軍と関係があるように見せるなど、軍には国民の信頼があったと云うことでしょう。しかし誘拐まがいの方法とは当時でも犯罪です。これを見ると大変利益が期待できる商売であったことが推測されます。

朝日新聞は、慰安婦連行に軍が関与した証拠はこれだとして、この通達を一部分使用して記事を掲載しました。一部だけつまみ食いして使用することによって文章の意味を逆転させ、逆方向へイメージ操作をした訳です。朝日新聞の目的は読者を誤解させることであって真実を知らせることではなかった訳です。

右の広告には、『軍』慰安婦急募、行先○○部隊慰安所、年齢十八歳以上三十歳以内身体強健者、募集期日十月二十七日から十一月八日、出発日十一月十日頃、契約及待遇本人面談後即時決定、募集人員数十名、希望者は京城府鐘路□□□町一九五、朝鮮旅館内、光□二六四五、（許氏）。□は文字不鮮明で判断できません。「許」の広告は軍との関係を濃く匂わせています。各地の旅館を移動しながら慰安婦希望の女性を集めていた朝鮮人の女衒に違いないでしょう。

また今井紹介所の広告には、前払い三千円（換算は約三千倍か）まで可能とも記載しています。もちろん三千円は親が手にする訳です。政府高官の年俸に近い前払い金で、少女が騙されたと云うならば、騙したのは暮らしに困窮した親でしょう。

中支那派遣軍第百十六師団参謀の証言によれば、慰安所がある場所は戦地であり、利用者は兵士であることから、軍が関与しないで済ますことが出来なかった、干渉はあっても慰安所は軍の営業ではなく民営であった。その証拠に店毎に宣伝看板を出していた。軍の経営ならば看板など必要ではない。看板は慰安所どうしで客の取り合いがあったので、必要となったのであると述べています。当時の写真には「聖戦大捷《たいしょう》の勇士大歓迎」、「身も心も捧ぐ大和撫子のサーヴィス」など、大きな看板が出ています。

こんなに遠く戦地まで来てくれた慰安婦達を粗末には出来ないから、宿舎、移動、健康維持、食糧供給、病気治療等に最大限の保護や便宜供与をして、また恋愛あり結婚もありで性奴隷などという言葉と正反対の認識であったことが兵士の証言にあります。

水間政憲著『一目でわかる日韓・日中歴史の真実』（PHP研究所）によれば、朝鮮で発行されていた朝日新聞は、女性を誘拐して妓楼《ぎろう》に売り飛ばす犯罪がたくさんあったことを報じています。何度も転売され、最後は数百ウオンで満洲方面に売られた女性の被害など、一件の検挙で百名以上の女性被害者がいた事件の記事が、複数掲載されています。また田舎娘を甘言で騙し自分が親権者になり済まして、娘を妓楼に売って前払金を手にすると云う犯罪もあり、検挙された犯人は朝鮮人の男女です。

看護婦の仕事だと聞いていたのに、騙されて慰安婦にされたと云う話も順序が逆で、女衒《ぜげん》に売られた時に看護婦、寮住まいの事務員、住込み女中だとか、納得し易い話を聞かされたのです。その後大金を持って帰郷する時、危険な戦地で看護婦の仕事をしていたと云い訳をしたのです。第二十五軍司令部参謀であった方の証言によれば、「終戦による英蘭軍の日本女性凌辱暴行を防止するため、いち早く慰安婦をスマトラのブキチンギ陸軍病院の看護婦の身分とし白衣を着せて病院内で勤務させた」。このような事例もあった。奴隷であるならばこのような細工をして助けようとするでしょうか。一緒に戦った同胞意識がそうさせたのでしょう。慰安婦は戦地にだけいたのではありません。内地に来て鉱山などで働いた朝鮮人もたくさんおり、その鉱山の宿舎付近には特殊飲食店が出来ました。そこには日本人慰安婦も朝鮮人慰安婦も相当数いました。やはり心から言葉の通じる相手でなければ情が通わないのです。また支那人、台湾人、日本人、ロシア人、オランダ人等の慰安婦もいたのですから、朝鮮人慰安婦だけが性奴隷と云うのは朝鮮人を蔑視したことになるのではありませんか。

次のような話もあります。仲良くなった慰安婦から、私は女学校まで出ているのに親のためにこんな所に来ていると、カタコトの日本語で涙ながらに語る身の上話しを聞いて、親孝行に同情した兵士から、規定料金以外に余分のチップを取る輩もいたそうです。騙される兵士が純情過ぎたかも知れません。

兵士の平均給与が十三円の頃、その使い途は食べ物、郵便貯金、慰安所が三分の一ずつとなっていて、殆ど全員がそのような割合で給与を使っていたと云う、小野田寛郎少尉の談話があります。

陸軍の輸送部隊である輜重兵《しちょうへい》第十七連隊の兵士の証言によれば、「支那杭州に来ていた朝鮮人慰安婦の中には、友達に呼ばれたから来た者も居り、また兵隊さんのおかげで多額の収入があり慶尚南道の実家や親戚まで潤っていると話してくれた者もいた」そうですから、高給であり奴隷状態ではなかった証拠です。そうであればこそ友達を呼ぼうと思ったのでしょう。

当時の朝鮮で仮に奴隷狩りのように連行された女性がいたとしたら、その家族や親族また近所の人々は黙って見ていたのでしょうか、その家族は何の怒りも記憶していないのでしょうか。二十万人ともいわれる若い女性が、家族や近所の誰も知らないうちに居なくなっても、周囲の人々は不審と思わず、捜索願も出さず、抗議もせず、記憶もしておらず、社会問題にも暴動にもならないというような朝鮮民族ではないでしょう。今日でも慰安婦像設置について、まるで国ぐるみで暴力的な行動をとる朝鮮人を見るにつけ、暴動の記録がないことは女狩りなどなかった証拠になるでしょう。当時朝鮮半島には自治制度が施行され選挙で選出された議員による道議会や面議会がありました。朝鮮総督府にも朝鮮人官吏はたくさんいました。そして内鮮一体は当時の日本政府の基本的方針でした。女狩りが起きれば朝鮮の議会でも朝鮮総督府でも日本政府内でも大問題になったはずです。もし犯行が日本軍の組織的行動であったなら、重大極まる軍規違反事件であり、司令官一人の切腹では済まなかったでしょう。

また先にも述べたように、日本軍の中には朝鮮人志願兵も居たのですから、慰安婦を性奴隷と云うのであれば、朝鮮人慰安婦は同じ朝鮮人からも性奴隷として扱われたことになります。さらに慰安婦は朝鮮人女性だけではなく、現地人の慰安婦もおり、およそ八割が日本人であったと云われています。この場合日本人や現地人慰安婦は朝鮮人兵士から奴隷の扱いを受けたと云うことにもなるでしょう。これらの場合は朝鮮人が加害者側になる訳ですが韓国はこのことについては沈黙しています。

東京裁判速記録の中に、従軍慰安婦などと云う用語は出て来ません。支那大陸に出征した吉橋戒三大尉（支那派遣軍参謀、その後、大佐時代に侍従武官）の証言があります。

「漢口への入城は戦闘もなく、掠奪《りゃくだつ》暴行強姦その他殺傷事件もなく昭和十三年（一九三八）十月二十七日に終わった。その後十一月一日に数名の日本人慰安婦を連れた遊郭の親方が来たので、忌《い》むべき犯罪の発生を予防する施設が出来ることになった。余り早いので驚いたが、軍紀風紀の違反者は厳罰に処すとともに慰安隊の設備には充分注意した。不祥事予防のため少数の軍隊しか城内に入《い》れず、漢口で自分の知る限り殺害、強姦などは絶無であったが、放火は支那の便衣隊が侵入して行なったので随分悩まされた」と証言しています。この便衣兵による放火は南京市でも女性の放火犯が現行犯で逮捕された事例が証言の中にあります。

漢口に関してこの他に数人の証言があるが、入城は平穏の内に行なわれ、支那兵が退却する時に日本租界を爆破して行っただけで、死体は見られなかったこと、また揚子江上には巡洋艦八重山が到着、その他の小船もたくさんついて来たことなどの証言がありますが、これらは検察側が主張する漢口大虐殺を否定するための証言です。

（四―五―一九二一―一）ローガン弁護人主尋問、吉橋戒三大尉証人、漢口攻略戦に関する証言、便衣隊の放火の件、検察側反対尋問なし。

このように軍参謀は慰安所の存在が、現地女性の強姦という犯罪を防いでいると心得ていた訳です。強姦が起きれば病気の蔓延《まんえん》が心配され、住民の反発を招いて敵地で住民までも敵に回すことになり、敵の便衣隊の活動を助長し、直接間接に日本軍の安全に跳ね返る訳です。日本軍は民間の遊郭経営業者と話を付け慰安婦確保に努め、経営者や女性達は給料が数倍から十数倍とよい上に、客数に困らないことから割り切って稼ぎに来ていた訳です。

日本軍は前例のないほど戦地の住民の安全や人心把握に配慮し、風紀に厳しく且人間心理をよく知り酸いも甘いも噛み分け、三方一両得を行なった軍隊ではありませんか。

皇軍兵士と雖も血気盛んな若い男の集団ですから、占領した町で女性を見れば不祥事が起きることが予想されます。それを放置すれば住民の反日感情が高まり、自分で自分の首を絞める事態になると考えるのもまた当然です。日本から危険な戦地へ来てくれる女性がいれば、現地住民の反感を防ぎ占領はより安全になるでしょう。同じ言葉で話しが出来る女性の出現に、有難い気持ちになるのはこれもまた自然な感情です。そのような有難くも勇気ある女性を売春婦等と呼ぶことに抵抗が生ずるのが人情でしょう。兵士はこれら女性たちに助けられている一面があることをよく判っているから、売春婦などといわず慰安婦、慰安隊と呼び奉《たてまつ》ったその呼び名に感謝の念があると云うことでしょう。この証言の中には日本軍が慰安婦に感謝の気持ちを持つ理由が滲み出ていることに気付きます。

また彼女らの方でも内地より大変に稼げるうえに皇軍兵士を慰め、その力になれると云う訳です。戦地で死に向き合う兵士との同民族一体的愛国心を抱いた女性も各地にいたのではないでしょうか。

以下は「昭和史研究所會報」にたくさん収録されている体験談ですが、証言者の住所や氏名は割愛し要旨のみ列記します。

慰安所の件に付き隊長に相談したところ、兵が現地の女性との間に事件を起こすと困るから面倒を見てやれと言われた。花柳病が蔓延しては一大事であるため、軍医を度々派遣して健康維持に気を付けさせた。彼女らに仕事の強制がないよう、また給金の支払いに付いても楼主が約束を違えて暴利を取らないように気を付けた、とあります。

ビルマのミートキーナにも日本軍がいました。先に述べた玉砕の地、拉孟《らもう》、騰越《とうえつ》の近くです。昭和十八年（一九四三）六月頃、ミートキーナの第十八師団歩兵第百十四聯隊にいた陸軍軍曹の証言によると、自分の任務の一つに慰安所管理事務があった。三軒の慰安所があったが店の名前を忘れたので、楼主の出身地にちなんで仮に「信州屋」とする一軒と、慶尚南道出身の楼主が経営する「花屋」、そして「漢進楼」の三軒であった。このうち漢進楼は京都出身の楼主であったが、広東辺りの姑娘達を十数名置いていた。ある日彼女らの食事を見たら他の二軒の食事より粗末である。女将に聞きただすと軍の経理室から配給が少ないと云う。女将はただ稼ぎたい一心でそうしているようであるが、食事改善の押し問答をして経理室からの配給も増やしてもらい、食事を他の二軒と同じようにさせた。また病気の検査は週一回必ず行い、生理中や病気の者は登楼禁止とさせた。ここの姑娘達は好きな兵士が来ると料金を取らず大喜びで自分も逢瀬を楽しんでいた。普段もニコニコとしていて、とうてい強制連行と考えられないと述べています。

軍曹の証言に出てくる「漠進楼」は、昭和十九年（一九四四）八月十日頃にミートキーナ付近で米軍に収容された慰安婦の調査報告書にもその名前が出て来ます。名前が挙がっている四軒の遊郭の内の一軒で、他の三軒は「共栄」、「錦水」、「桃屋」（いずれもローマ字表記から、筆者の推測で漢字に置き換えてみた。本当の店名表記は不明）ですが、軍曹の話と異なるのは遊郭の数が一軒多いことと、「漠進楼」以外の遊郭の名前です。遊郭も入れ替わりがあったのか軍曹の記憶違いと思われます。この米軍の調査報告書にある日本軍守備隊司令官の名前であるＭａｒｕｙａｍａは、軍曹の話では丸山房安大佐となっていて、同一人物であると思われます。

また軍曹の話によると、八月一日に転進することになったが、自分は彼女らの護衛の任務とはならなかったので、再会したのは三日の朝であった。リュック一杯の軍票を担いでいたので落伍者が続出した。彼女らが米軍に保護されたことを知ったのは戦後で、ミートキーナで保護された慰安婦の写真を掲載した雑誌を見たことがあり、その中に顔なじみの女性がいて安堵《あんど》したそうです。彼女らは米軍に収容されたあと事情聴取された訳ですが、米兵、支那兵、インド兵など連合国軍の兵士は、日本兵より感情的で粗暴であるとして恐怖感を持っていると述べました。この部分を見ると、日本軍が居なくなってから慰安所を利用したのは米兵、支那兵、インド兵もいたと云うことになります。

ここの慰安婦たちは、ビルマの平均的な住宅より立派な家に住んでいて、外出の自由があり、休日には街へ出て買い物をしたり、兵隊さんと一緒にピクニックに行ったり、私物の蓄音機でレコードを聞いて楽しんだり、演奏会やパーティーに参加したり、嫌な客は断る権利もあったそうです。逆に客である兵士には値切る権利はなく、階級が上になるほど料金は高く、将校は兵の倍額でした。また米軍の報告書には、前借があるため半年或は一年間拘束されたが、昭和十八年（一九四三）後半になって、日本軍は前借債務を返却した者は必ず帰還させるよう指示したため、多数が韓国に帰ったとあります。

産経新聞平成二十六年十月六日付、櫻井よし子「美しき勁《つよ》き国へ」によれば、慰安婦であったと云う文玉珠の貯金通帳を見ると、彼女は二年間で二万六千百四十五円の貯金を残したことが明らかですが、ほぼ同じ時期の東條英機首相の月給は八百円です。文玉珠の稼ぎは現在の貨幣価値に換算してみると、約六千万～一億円近い金額と思われます。彼女らが奴隷ではなかったことを明確に示しています。

またこれは米軍の調査ですが、陸軍大将の年俸が三千円、二等兵の月給が七円程度の時代に、彼女らは三千円以上の貯金を持っていて、戦地の軍事郵便局に貯金をしていました。後に朝鮮人従軍慰安婦として強制連行されたと訴えた女性は、この時の郵便貯金通帳を証拠に返金せよと主張したのです。

（十一）「ナチス戦争犯罪と日本帝国政府の記録の各省庁作業班（ＩＷＧ）米国議会あて最終報告」と「世界抗日戦争史実維護連合会」の正体

月刊誌『ボイス』平成二十七年（二〇一五）二月号の記事中、米国人ジャーナリストで戦場報道の経験豊富なマイケル・ヨン氏が引用する米国戦時情報局資料には、日本軍将軍の平均年収が六千六百円の時代に、慰安婦は年平均で一万八千円稼ぎ、その半分の九千円が純粋な手取り額であったと記載されているとのことです。

また平成二十六年（二〇一四）十一月二十七日の産経新聞に掲載された、ワシントン駐在古森義久特派員の記事には次のようにあります。

『米政府がクリントン、ブッシュ両政権下で八年かけて実施したドイツと日本の戦争犯罪の大規模な再調査で、日本の慰安婦にかかわる戦争犯罪や「女性の組織的な奴隷化」の主張を裏付ける米側の政府・軍の文書は一点も発見されなかったことが明らかとなった。当時の米軍は慰安婦制度を日本国内の売春婦制度の単なる延長と見ていたという。米政府の調査結果は「ナチス戦争犯罪と日本帝国政府の記録の各省庁作業班（ＩＷＧ）米国議会あて最終報告」として、平成十九年（二〇〇七）四月にまとめられた。米側で提起されることは殆どなかったが、慰安婦問題の分析を進める米国人ジャーナリスト、マイケル・ヨン氏とその調査班と産経新聞の取材により、慰安婦問題に関する調査結果部分の全容が解明された。調査対象となった未公開や秘密の公式文書は計八百五十万ページ、そのうち十四万二千ページが日本の戦争犯罪に関わる文書であった。日本に関する文書の点検基準の一つとして「いわゆる慰安婦プログラム＝日本軍統治地域女性の性的目的のための組織的奴隷化」に関わる文書の発見と報告が指示されていた。だが、報告では日本の官憲による捕虜虐待や民間人殺傷の代表例が数十件列記されたが、慰安婦関連は皆無だった。

報告の序文でIWG委員長代行のスティーブン・ガーフィンケル氏は慰安婦問題で戦争犯罪の裏付けがなかったことを失望だと表明。調査を促した在米中国系組織「世界抗日戦争史実維護連合会」の名を挙げ、「こうした結果になったことは残念だ」と記した。ヨン氏は「これだけの規模の調査で何も出てこないというのは『二十万人の女性を強制連行して性的奴隷にした』という主張が虚構であることを証明した。日本側は調査を材料に、米議会の対日非難決議や国連のクマラスワミ報告などの撤回を求めるべきだ」と述べた』。

ここから見えて来るのは、慰安婦達は戦場で大変な勢いで稼ぐ実利に敏《さと》い女性であり、奴隷でもなんでもなかったその姿です。

さて在米中国系組織「世界抗日戦争史実維護連合会」の正体ですが、ここに関係する人々は支那事変から続いている反日侮日を執拗に進める人物達です。フライング・タイガーズのシェンノート大佐の妻アンナ・シェンノート（陳香梅）またその孫娘なども関与していると云われています。

米国で八年間の時間と三千万ドルの費用を使用できるような、大規模な調査を仕掛ける中国系反日組織の行動が米国を舞台に執拗に継続されている事実に驚きますが、日本の犯罪となるような事実が無いとなれば、彼らは何か別方面の捏造に邁進するでしょう。日本人はこれに対抗する継続的な事実の発信が必要です。この点、最近では「史実を世界に発信する会」が英語でネットを使って、実際にあった事実を発信し対抗しています。

これは孫子の昔から支那人が得意とする情報戦争です。通常は戦争と云うと戦火を交えることを想像します。しかし支那人の戦争は事態を知らない人々に情報操作し、自分の敵側に嫌悪感を持たせ、自分側に同情的になるよう誘導するのが戦法です。いつの間にか敵が孤立するように仕向けるわけです。孫子の言う勝利は戦わずして敵を屈服させることを上とし、軍同士が戦うことを下としていることはよく知られています。

情報戦に負けるならばそれは敗戦です。日本は朝鮮人女性二十万人を強制連行し性奴隷として働かせた野蛮人という謀略情報が世界中に広がり、先祖の名を汚すのみならず、やがて日本は友好国を減らして四面楚歌に陥り、子や孫がこの問題を放置していた現在の日本人を怨むでしょう。

支那事変以来、国民党政府の情報戦として「南京大虐殺」の捏造宣伝報道が白人と英語を使用して仕込まれ、そんな非道な日本に対してなら原子爆弾を使って非戦闘員を皆殺しにしても良心が痛まないと云う、米国人の心理状況を作っています。そして同時に日本人自身に原爆を落とされても致し方ないというような、迎合的負け犬心理をもたらしています。この心理が日本と戦争したこともない中華人民共和国に対して、負けたような気分を醸し出し、ついには日本が本当に負け犬になるでしょう。

南京にはカメラがたくさんありながら、また証言にある死体の山の写真が一枚も無いのに、南京陥落一ヶ月後には住民が二十万から二十五万に増加しているにも拘らず、東京裁判を舞台にした国民党の大虐殺情報戦争は日本に甚大な被害をもたらし続けていて、日本は無かったことを謝罪せよと要求されています。一旦これに日本が従うならば永遠に謝罪と賠償金支払いが待っています。類似の漢口虐殺、長沙虐殺などのありもしなかった歴史が将来提出され、その度に謝罪し賠償金を払うようなことになります。日本が住民虐殺をしたとして、東京裁判に持ち出したが注目させることに失敗した、南京以外の都市の虐殺情報戦が息を吹き返すかもしれません。

（十二）朝鮮道議会、面議会と朝鮮人女性二十万人強制連行説

水間政憲著『一目でわかる日韓日中歴史の真実』の中に昭和八年（一九三三）五月十一日の朝鮮朝日新聞が写真で掲載されています。「半島地方自治制度の確立上記念すべき、最初の道会議員選挙が行なわれ、全鮮の白熱的興味を集めた」としてその選挙結果を掲載しています。朝鮮民族初の普通選挙です。

当選者は八十一パーセントが朝鮮人です。同じ一面に棄権率は少なかったこと、選挙違反は三十八件の摘発があったことも報じています。序《ついで》ながら、農村では改良苗代《なわしろ》が普及していることも載《の》っていますｌ。朝鮮総督府の行なった耕種法改良、農地改良事業が日韓併合の二十三年後も地道に進められている証拠です。

昭和十六年（一九四一）五月七日の記事では、全鮮で道議会の立候補者は、総数七百九十六名で定員二百八十三名のところ各地で二〜三倍の競争率であることを報じています。任期四年とすれば三回目の選挙で、候補者のうち朝鮮人の割合は九十一パーセント強です。道議会以下の自治体の選挙でも、朝鮮人の比率は同じ程度に日本人を圧倒し、立候補者全員が朝鮮人と云う自治体もありました。

このような朝鮮人議員の割合は、名前が朝鮮名で紙面に記載されていることから計算出来るのであって、昭和十五年二月から八月迄の創氏改名により、強制的に日本式の氏名に変更させられ、変えなければ警察が暴力を振るったとか、配給や就職などに不利益を受けたとか云う歴史捏造を否定する証拠にもなっています。これを見てもまだ二十万の女性が強制連行されたと云うならば、朝鮮人道議会や面議会議員は全員が、町や村で起きている事態に目をつむり女性の悲鳴も聞かず、何も云えない臆病者だったと非難するに等しいことです。その時代の最善を選びつつ命を繋げてくれた先祖を、子孫がここまで馬鹿にしてよいのでしょうか。

朝鮮の地方自治体で職員をしていた日本人の話では、自分の上司にも部下にも朝鮮人がたくさんいたが、和気あいあいで仕事をしたとあります。

横海道海州府で生まれ昭和二十年まで現在の北朝鮮で生活して来た方の証言によれば、朝鮮では行政単位の道、郡、面の首長の相当数は朝鮮人で、末端の面の首長は全員が朝鮮人であったと思う。また道庁、郡庁やそれ以下の事務所などの職員は殆どが朝鮮人であった。また警察は署長だけが日本人で署員は朝鮮人と云うことが多かった。警察官の多くが朝鮮人であり、裁判所関係にも朝鮮人は居たと思うと述べています。別資料では朝鮮の警察官は約八十五％が朝鮮人でした。警察は女性の捜索願を受け付けなかったのでしょうか。

彼らは若い朝鮮女性が女狩りされていた時、何をしていたのでしょう。昭和十九年まで徴兵がなかった朝鮮に、たくさんいた青年達は、若い女性が日本軍に拉致されるのをぼんやりと見ていたのでしょうか。

朝鮮には道議会を始め自治体に約八割の朝鮮人議員、官吏、警察官がいて、ハングルの新聞も、ハングル専用ラジオ放送もあったのに、若い女を騙して売り飛ばしたと云うような犯罪の新聞記事はあっても、軍や官憲による強制連行の記事はありません。もし女性の強制連行があれば、各地の自治体の議会は朝鮮人の方が圧倒的に多数でしたから、その問題で大いに紛糾したでしょうが。仮に官憲が女性の強制連行を行なったと主張するのであれば、犯人の八割程度が朝鮮人警察官だったと云うことになるでしょう。

ブランドン・パーマー著『検証日本統治下朝鮮の戦時動員１９３７―１９４５』によれば、日本が動員した女性を従軍慰安婦にしていると云う噂を流したのは、反日的朝鮮人が抵抗のために行なったことであると述べています。これは反日組織の情報操作、情報戦争でしたが、戦後七十年以上も経ってまだ韓国と日本に被害をもたらしています。

朝鮮人反日活動家が活躍可能な社会であったことに付いてブランドン・パーマーは、日本は朝鮮を支配するのに失敗した、若しくは徹底的に武力に頼ったのではない証拠と捉えています。これは日本が大韓帝国を植民地支配したのではなく、日本国内として扱っていた証拠とも云えるでしょう。そのような締め付けが厳しくない社会であったのに、若い女性が拉致連行されても抗議の一つも出なかったのでしょうか。

蘭印スマトラ島のブキチンギ憲兵分隊兵士の証言によれば、「朝鮮人慰安婦のいるピー屋街があり、その路上で朝鮮人慰安婦と兵士が喧嘩していた。憲兵分隊へ連行し事情を聞いたが、慰安婦の云い分は、この兵士はピュー、ピューと二回出したが料金を一回分しか払わない。と云うものであった」。

朝鮮人慰安婦の威勢のいいことはどうでしょう、ちゃんと二回分払えと奴隷が追加料金の不足を追求し、路上まで追いかけて喧嘩するのでしょうか。

（ピーは英語 prostitute 売春婦の隠語でしょう）

昭和十三年一月、関東軍独立歩兵第十一聯隊（満洲熱河省彰徳）へ入隊した兵士の証言によれば、「昭和十四年に一、二等兵六円六十銭、上等兵八円八十銭の手当てであった。支那人ピーは四十分で一円。昭和十六年張家口近くと思われる包頭市、厚和市には支那人の妓楼六軒六十名、朝鮮人娼家一軒十名、他に私娼多数、給料は警察官の身分であったので百五十円の手当てであったが、朝鮮ピー屋では泊まりが八円から十円、支那人ピー屋では泊まりが四円八十銭。当時は支那人警察官の給料は巡査、巡査部長で十二円から十五円、署長で二十五円から三十円であった。

また南京市では、空き家となった軍所属の家を警備するため泊まり込んでいたところ、支那人私娼が押し掛けてきて断るのに苦労した。戦前から朝鮮人慰安婦は大連、天津、上海などには何千人も居た。友人から聞くところ昭和十二年の上海では朝鮮人私娼が、鎮江では日本人慰安婦がおり一回一円五十銭であった。当時普通の支那人の一日の手当ては女が二十銭、男が三十五銭という時代であった。安慶では慰安婦はたくさん居たが海軍用、将校用と別れており将校用には美人が多かった。日本人慰安婦は一円五十銭、朝鮮人、支那人は一円であった。

あちこちの町のどこにでも出稼ぎの私娼がたくさんおり、南京市にはポーランド人、ロシア人の私娼も居り一回二円であった」と云うことです。


日本は朝鮮を侵略し収奪したと云うが、そのような日本軍に、数十倍の競争率で朝鮮人青年が義勇兵に志願したのは何故でしょう。

また日韓併合によって朝鮮王室は廃止されたのでしょうか、廃止したのは後に朝鮮人自身が廃止したのです。実際には李垠《イウン》皇太子は日韓融合の象徴として日本の皇族で美人と云われた梨本宮方子《まさこ》女王と結婚され、日本の皇族として遇されています。この上なく皇室を崇拝する日本人にとって、この事実は精神的に大変に重みを持っています。侵略したのであれば皇族として遇されることはあり得ないでしょう。のちに夫と死別された方子様は一人の韓国国民として、殆ど放置状態であった韓国の知的障害者教育に誠心誠意努力をなさりつつ、平成元年ソウルで逝去されました。

さらに昭和天皇の御妃候補として取り沙汰されたことのある皇族の女王が嫁がれた朝鮮。また昭和天皇陛下の母君にあたる貞明皇后陛下は、昭和五年から癩《らい》病患者救済のため事業を行なっている官公立、私立の諸団体、内地六施設、朝鮮半島三施設、台湾一施設へ補助金を下賜されました。しかも資金はご自分の衣服、食事を御節約になったのでした。その朝鮮で日本国民である女性に対して、女狩りの命令書を書く日本軍司令官、警察幹部が居るとは想像出来ません（貞明皇后陛下の部分「朝けの空に」川瀬弘至、平成二十九年八月十一日産経新聞による）。

そして強制連行した女性達の衣食住はどの様にしたのでしょう。生活道具、日用品などはどの様に調達するのでしょう。戦闘中も逃げられないようにして奴隷を連れて歩くのでは突撃するより大事《おおごと》でしょう。

歩兵操典にあるように「軍の主する所は戦闘なり。故に百事皆戦闘を以て基準とし…敵の圧倒殲滅《せんめつ》に力を集中発揮せしめる」ための組織には不可能なことと考えます。

女性を集め妓生《キーセン》に売る朝鮮人の女衒《ぜげん》はたくさんいました。一説に、朝鮮人の女衒たちはそれぞれの地区に独自の縄張りを持ち、その縄張り内に女児が誕生するとこれを手帳に記し、他者が縄張りを侵して娘を遊郭に売ることは掟破りだそうです。女児の親が経済的に困窮すれば、直ぐに女衒がやって来ると云う仕組みです。見かねて十六歳未満の娘を妓生に売ることを禁止したのは朝鮮総督府でした。

結局、利を求めて民間の遊郭経営者が女衒の集めた女性を連れて、稼ぎの良い戦地へ出張して商売に励みました。戦地で起こり得る不祥事防止のためにも、軍は民間業者に頼り業者は競争相手が少なく利益が大きい訳で、互いに利益が一致しました。

日韓基本条約交渉の時に、慰安婦に関して何の問題も提出されず、随分経ってから始まった反日運動は、日韓米の離反に利益がある勢力が行なう情報戦争と思われます。三国志にある「離間の計」でしょう。

古代から朝鮮半島の国は他国の、特に支那から強い支配を受けて来ました。昨今の日本非難は外交問題、歴史的事実の問題ではなく、本当は彼ら自身の精神の問題であり、充分精神分析の対象になり得る症状でしょう。いくら他を非難しても自己の平安は得られず、嫌いだと思っている相手からは学ぶことが出来ません。靖國神社の英霊となっている朝鮮人義勇兵の精神を偲ぶことも出来ないことになります。日本を基準にして自己の優位を求めても結局は求め得ず、七情激発《しちじょうげきはつ》の繰り返しは自分に幸せをもたらす何ものもありません。大韓民国政府は日本が謝罪することが大切だと主張するのですが、何を謝罪するのかと云う原点が捏造された記憶では解決不能です。日本に勝って己を誇りたい、しかし虚構の思い込みに日本は付き合ってくれず、満たされない克伐怨欲《こくばつえんよく》に引きずられた妄想《もうそう》はさらに過激な妄想を生み、七情激発《しちじょうげきはつ》を繰り返す妄想執着《しゅうちゃく》の悪循環です。

答えのないことに答えを求めるのは妄想です。右の有り様はまさにこの例と云わねばなりません。謝罪してもしなくても無関係に彼らの妄想は日本に固着し、彼ら自身もう何が問題なのかよくわからない状態でしょう。彼らの憑物《つきもの》が落ち自分自身の心の内奥に気付き、精神的問題を克服するまでは歴史問題、慰安婦問題と云う被害妄想は終わりません。浜の真砂は尽きるとも世に妄想の種は尽きまじ。

妄想に注ぎ込むエネルギーは哀れなほど無駄としか云いようがありません。

先に引用した、明治二十七年（一八九四）出版の『朝鮮雑記』の娼妓《しょうぎ》について記述の部分には、朝鮮では娼妓になれるのは妻か妾のみである。夫の生活費は妻や妾が稼ぎ、夫は自ら妻の客を引き、また揚げ代の請求にもやって来る。日本では妓夫《ぎう》と遊女は無関係であるのに比べ朝鮮では夫婦だ。従って娼屋に二人の娼妓が居ることはなく、日本のように酒肴を出すこともない。まことに獣欲のみで換算すれば一回で三十銭、一夜で約一円、ただし梅毒持ちが多い。亭主に金さえ出せばどこの家でも妻や妾を客人に侍らせ、日本人の商人で長期滞在する者の中には、ひと月に十円も費やす者がいるそうだと記しています。

朝鮮では大変に売春に対する垣根が低く、慰安婦を力ずくで集める必要など全くなかった社会といえるでしょう。このような歴史を勘案すれば、仮に二十万人の女性が慰安婦として親元から連れて行かれても、その親にきちんと金を支払っていたため、親も周囲の人々にも何らの異常とは思われなかったのでしょう。もの云えば唇寒し韓《から》の風。

二　日本は中国を侵略したのか

（一）支那、チノ、シーヌ、チャイナと中国

日本が中国を侵略したと云う人がいます。しかし、支那《しな》事変と云い中国事変とは云わないように、「中国」と云う名の国は歴史上に存在したことがありません。

大雑把に、支那大陸には二千五百年の間に秦《しん(ちん)》、漢、隋《ずい》、唐、宋、元、明、清と覇者が変遷しました。しかも一つの王朝が支那大陸の全部を支配していたことはなく、同時に複数の覇者が並び立っていました。その地を日本人は支那と呼びました。蔣介石政権が名乗った中華民国、或は毛沢東政権の中華人民共和国の略称として中国と云うことはあるでしょうが、支那の元《もと》は紀元前四百年頃の始皇帝の「秦」です。発音は「シン」、「チン」と思われます。秦は紀元前二百二年に、前漢の劉邦《りゅうほう》に滅ぼされましたが、中近東、ヨーロッパ方面へは「シン」または「チン」の発音が伝わりました。その発音の変形が「チノ」「チーヌ」「シーヌ」「チャイナ」などです。シルクロードに沿ったアフガニスタン、ウズベキスタンなどには「チノ」「チーノ」が残っています。朝鮮半島に高麗《こうらい》があった故に英語等ではこれをコリア（Korea）と呼ぶのと同じです。現在では支那は新浪網 sina.com/ また中華網 china.com/ にも使われています。支那人の云う中国とは、ここが世界の中心で素晴らしい所だと自慢する

中華思想に基づく美称です。日本に於いても豊葦原《とよあしはら》の瑞穂《みずほ》の国、大八洲《おおやしま》、敷島、秋津島（アキツはトンボの意）、日《ひ》の本《もと》、大和などの別称、美称がたくさんあります。

江戸時代初期の儒学者、山鹿素行《やまがそこう》は寛文《かんぶん》九年（一六六九）『中朝事実《ちゅうちょうじじつ》』を著し、日本こそが中国であると記しました。満洲人が万里の長城を越えて侵攻し、明王朝を滅ぼし清王朝を立てた二十五年後のことでした。支那では王朝が易姓革命《えきせいかくめい》によって代わり、皇統は一貫していない上に、臣下が皇帝を殺して帝位を奪う弑逆簒奪《しいぎゃくさんだつ》も多い。加えて多くの場合に新しい王朝は異民族だ。清王朝も北方の異民族ではないか。これにくらべて日本では神武天皇から万世一系男系男子の天皇陛下があらせられ、皇統は一貫し君臣の礼も保たれている。儒教がいう理想的な国家とは支那大陸にはなくて日本にある。従って日本が本当の中国、世界の中心である朝廷として「中朝」と云うべきであると述べています。言葉の本来の意味で真の中国は日本だという解釈です。

さて日中戦争という最近になって始まった呼び方ですが、日本政府は宣戦布告もしておらず、支那事変と呼んでいたのですからこの名称は歴史的事実に即しておらず、この場合相手は中華民国と名乗った軍閥の意味です。昭和二十年七月二十六日のポツダム宣言に参加してもおらず、後には国共内戦で敗北し、台湾へ逃げ込んだ蒋介石軍閥の意味です。東京裁判速記録でも中国と記されているのは中華民国と名乗る軍閥です。共産主義の中華人民共和国は昭和二十四年（一九四九）十月一日に建国されましたが、東京裁判はすでに一年ほど前に終わった後で、日本は軍を解体されていて、中華人民共和国と戦争することは不可能です。日中戦争と云うのは中華人民共和国と日本の間に戦争があったかのように誤解を誘う物云いであり危険です。

（二）日本が支那及びロシアに侵略された証拠、米政府公文書

清王朝との間にあった日清戦争（明治二十七、八年戦役とも、明治二十七年〈一八九四〉〜明治二十八年〈一八九五〉）は、朝鮮を独立国と認める日本と、朝鮮は清の属領であると云う立場を譲らない清国の戦争でした。

日清戦争から五年後の明治三十三年（一九〇〇）に宗教結社義和団の騒乱が起き、北京の各国公館や外国人宿舎などが義和団の暴徒に包囲され、皆殺し寸前になり、北京城内外で民間外国人が殺されました。日本人外交官も一人が犠牲になっています。この義和団の乱は扶清滅洋《ふしんめつよう》を叫びました。清を扶《たす》け西洋を撃滅すると云うスローガンの通りに、外国人の排斥が目的でした。この暴動に際して、清王朝は外国人の生命財産を保護するどころか義和団の尻馬に乗って諸外国に宣戦布告までしました。これでは各国とも在支自国民を駐屯軍によって保護する必要を主張します。

自国民が皆殺しになる危機に際して、西欧列強は軍隊を送るに遠すぎるため、結果的に日本とロシアが多くの兵力を送りました。二ヶ月後八ヶ国連合軍側が勝利し、北京議定書（辛丑《しんちゅう》条約）により講和が成立、これに従い日本軍は自国民保護のため議定書に認められた兵力を残して引き上げましたが、この時初めて日本は他の七ヶ国と共に清国に駐兵権を得た訳です。

時こそ違え、事件の内容は義和団事件、昭和二年の南京事件、済南事件、満洲事変、盧溝橋事件、郎坊事件、広安門事件、通州事件、昭和十二年の南京事件その他無数の事件に至るまで金太郎飴のように同じ遣り方で起きています。支那人のやり方は、自国が結んだ条約が不利であったから即座に権益を返せと叫び、協議する暇もなく外国人に嫌がらせを行ない、外国人の商業を妨害し、外国人に協力的な支那人を襲撃殺人し、外国人に対するテロ、暴動、皆殺しへと進むわけです。

東京裁判でブルックス弁護人は次のように述べています。「日本の行動は、『自己保存は自然界の第一法則である』という検察側の意見と同様、元首相小磯国昭被告の意見も全く同じで喰い違いがないのであり、その説どおり自衛のための行動であった。而《しこう》して国際条約を無視してこの第一法則を破ったのは支那側であり、ソヴィエット・ロシアであった。日本の合法的権益に対する侵略を行った支那側に、反撃するのは自衛行動に他ならない。自衛権発動は戦勝国にのみ有利に適用される法則ではない。検察側は、『共栄圏建設』を侵略の意味に解釈しているが、それは、正しくは近隣国間の相互援助と相互発展のために協力しようと云うものである」。

（六—九—七七—一）　ブルックス弁護人による小磯國昭被告最終弁論。

ロバーツ弁護人は米国政府の公文書を証拠として提出しましたが、判事の多数決により検察側の異議が認められて証拠は却下されました。

ロバーツ弁護人は次のように述べています。「昭和六年ころ以後、中国に存在した悲しむべき事態は、同国の国内状態の結果であって外国勢力の侵略の結果ではなかったと云う弁護側証拠をあげました。さらに日本人の生命財産を危険に陥れた中国における内乱、匪賊及び共産主義の活動の結果日本が行動を起こした証拠も上げました。しかしこの証拠に疑念を持つ向きもあるので「米国の外交関係」という文書から抜粋した公文書を提出いたします」。

この公文書の内容は検察側異議申し立ての前に朗読されてしまった部分しか、速記録には残されていませんが米国は、支那及び満洲の現状は日本が原因ではないこと、支那側の行為は日本、米国、英国、フランス、ノルウエーに対する侵略であると認識していたこと、日本以外の四ヶ国は権益を保護するために支那と交戦も辞せずと考えていたことが明らかにされています。日本の認識と同じです。ただ日本は支那に大規模な投資を行なって進出したため妨害を受けても引き上げは困難であったわけです。以下に公文書七項目の一から四を全文引用し、五から七までは要旨のみを記します。

『(一) 中国政府は太平洋地域に関する永く続いた協定を破って、一方的に奉天事件以前に、中国における日本のあらゆる治外法権を撤廃し、関東州租借地、満洲鉄道及び同鉄道付属地を接収し、日本人に対する排日主義および差別待遇を継続する意図を発表した。

(二) 一九三〇年（昭和五年）及びそれ以前に中国政府が、米国、英国、フランス、ノルウエー及び日本の全ての治外法権を、無効にしようとする強硬な非妥協的態度を採り、そのような前提に基づいて中国政府が、右のごとき全ての治外法権を無視するためにその国内法を修正したこと。

(三) 日本は米国及び英国の態度と同様に治外法権の漸進的《ぜんしん》撤廃には賛成であったが、これを一挙に放棄することは出来ないため、全ての治外法権は中国における在留民の生命財産を保護するに足《た》る堅固な政府を組織し、法律、秩序を維持する中国国民の能力に正確に比例して撤廃すべきであると考えておったこと。

（四）中国は太平洋地域に関する多くの協定を破って、昭和六年（一九三一）奉天事件以前に昭和七年（一九三二）一月一日より効力を発する命令を発布した。この命令の箇条により、日本、米国、英国、フランス及びノルウエーの全ての治外法権は昭和七年（一九三二）一月一日現在をもって無視され、それ以後は右の諸国民は無制限に中国の法律及び訴訟手続きに服することになっておった。この命令は決して撤回されなかったが、その実施が昭和七年（一九三二）一月一日ごろ、中国の国民政府部内及び満洲の事態がまったく分裂し、不安定だったため一時的に延期されたこと。』

（五）から（七）では、中国政府が不安定不統一かつ非協調、非妥協的で外交交渉に異常な困難があり、日本は中国に日本人が多く居住し財産上の権益も多いため外交交渉上非常に困難に陥ったこと、この一方的な中国政府の行動により九ヶ国条約は事実上死文化されてしまったこと、日本は中国側の一方的行為を無視したが、治外法権の漸進的撤廃に関していつでも快く交渉を進めようとしていたこと、などが記載されています。また中国及び満洲を真に侵略したのは誰なのかと云う疑問、さらに重要なことは米国以外に英国、フランス及びノルウエーも自国の権益を保護するため昭和六年（一九三一）に中国と交戦も辞さずとしていたこと、が明確に記載されています。

これは当時の支那大陸の状況を分析した結果です。米国公文書と表示されているので多分米国外交官が本国へ送った状況分析であろうと推測出来ます。

（五一―六―五四六―三）　ロバーツ弁護人による米公文書「米国の外交関係」朗読。

この米国公文書に云うように日支間の紛争は国家間の戦争ではありません。中華民国と名乗っても実際には支那の軍閥の一つです。一九一一明治四十四年に孫文が辛亥革命を起こした後、主に蒋介石の国民党政権、毛沢東の共産党政権、張作霖と張学良父子の満洲軍閥政権、汪兆銘（汪精衛）の作った南京国民政府、その他の諸軍閥が入り混じって、我こそはと覇を唱えた時代でした。最大規模の国民党政権さえその中に小軍閥を幾つも抱え込んでいました。日本の明治時代から昭和二十四年十月までの半世紀は、支那の歴史上何度も繰り返された群雄割拠の戦国時代であり、それ以前の政権の全てを否定し去る易姓革命の時代でした。リットン・レポートにも支那の不安定は世界の平和及び経済に対する脅威であると述べています。現在でも変わらない支那の本性です。

東京裁判で日本は九ヶ国条約を遵守しなかったと追及されていますが、「支那にあるのは本当に国家なのか」が不明確なのにそれを保護すると云うような奇妙な条約です。どれか一つの軍閥を国家と決定することさえも出来ないのでは意味のある条約とはならないでしょう。米国公文書にさえ、支那自身の行動により死文化したと記されている状況では条約を守ることは不可能です。

条約を重視すると云いながら実際には全く無責任であった日本以外の八ヶ国、英米蘭仏伊白葡中（白は白義耳《ベルギー》、葡は葡萄牙《ポルトガル》、中は中華民国）は日本に対して、たとえ僅かでも責任を追及する権利などありません。

ジョン・マクマリーは『平和はいかにして失われたか』（原書房）の中で、日本は九ヶ国条約を忠実に守ったが、支那自身が守らなかった、この状況のもと被害者は日本であったと述べています。

（三）支那事変と共産勢力

支那事変に際して、日本は宣戦布告を行なっていません。支那には日本が宣戦すべき国がなく、あったのは大小の軍閥でした。軍閥とはある人物が皇帝を真似《まね》して私兵を養い、武力を背景に住民を支配し税金も取りたてるのです。満洲軍閥と云われた張作霖、張学良親子の例では、何十年も先の税金まで徴収していたそうですが、その約八割が軍事費となりこの資金でたくさんの兵器工場をドイツから輸入し兵器を生産していました。早く云うと張軍閥は、暴力団が戦車、飛行機を持つまで巨大化したようなもので、挙句の果てに張作霖は支那全土の皇帝になろうとして大軍閥蒋介石と衝突した訳です。

軍閥同士の権謀術数が渦巻く支那大陸で、共産党員は昭和の始め頃から国民党内に浸透潜伏しており、昭和二年（一九二七）の南京事件で日本大使館などを襲撃した例は、ネット上の神戸大学付属図書館の新聞記事文庫によって見ることが出来ます。

昭和二年三月三十日の大阪朝日新聞は、犯人の即時銃殺と共産党南京支部の解散を蒋介石が命じたと報道されており、その四日程前の記事には「米国が最後通牒、南京市は戦闘地域、米国人の撤退令」

とあります。日本人の被害も記載されていますが、支那人は殺人強姦掠奪放火をワンセットで繰り返します。記事はまるで小説『三国志演義』や『水滸伝』を地で行くようです。実際に起きた「通州事件」「南京事件」「天安門事件」などは支那では特別なことではなく、支那の文化に人命尊重の考え方、ましてや他人に対する信頼や憐憫の情は無きに等しいと思われます。

瑞金の中華ソビエト共和国臨時政府は昭和七年（一九三二）四月二十六日に、一方的に対日宣戦布告を発しています。さらに昭和十年（一九三五）七月から約一ヶ月間、ソ連で開催された第七回世界共産主義者会議（コミンテルン大会）で日本、ドイツ、ポーランドを攻撃し共産革命を起こすこと、これには米英仏を利用すること、密かに敵組織へ潜入し、大衆を巻き込んだ暴動などを起こし、内部崩壊を図り混乱させることを決議しました。この後支那共産党は同年八月一日に「八・一宣言」を出し、対日宣戦布告をしたのと同じような反日《はんにち》侮日《ぶにち》のテロ頻発状況を作り出しました。これに対して危機を感じた日本とドイツは防衛のため結びつきを強め、約一年後の昭和十一年（一九三六）十一月二十五日、日独防共協定を締結しました。東京裁判でソ連側はこの協定が日本の侵略意図を表すものだと主張しました。しかし八・一宣言後、昭和十二年には盧溝橋事件、郎坊事件、広安門事件、通州事件、大山大尉事件、第二次上海事変から南京戦、昭和十三年にはソ連軍による張鼓峰事件、昭和十四年にはノモンハン事件へと、その対日侵略が息つく間もなく連続で勃発します。

法廷に於いて、ブレークニ弁護人はオッペンハイム著作の『国際公法』を引用して、純然たる主権国家のみが交戦権を持ち、それ以外の半主権国は交戦権を持たないと述べています。これに従えば、検察側の主張するように、インドとフィリピンは日本と戦争した訳でもなく、未だ植民地であって独立国家ではない。また支那大陸にあったのは中華民国と名乗る蔣介石軍閥以外にも、同じ中華民国と云う名称の汪兆銘軍閥、毛沢東の共産党軍閥などであるから、蔣介石の中華民国には原告となる資格がないと主張したことになります。軍閥は国家ではないと云う訳です。

（一一一二三一四）ブレークニ弁護人、『国際公法』を引用して弁論。

支那事変は、反日勢力によって連続多発する対日テロ事件に、日本が自衛のために反応せざるを得ないところへ追い込まれた結果でした。昭和二年（一九二七）の南京事件や、昭和三年（一九二八）五月四日の日本人虐殺の済南《さいなん》事件、昭和七年（一九三二）の上海事件、親日の支那人に対するテロである河北事件、昭和十年の中山水兵射殺事件、昭和十二年の事前連絡をした上で夜間演習中の日本軍に対する幾度かの不審な発砲事件である蘆溝橋事件、日本人と朝鮮人虐殺の通州事件、通信線切断を種にした待ち伏せテロである廊坊事件、特に日本軍との間の約束を平気で破った支那軍のゲリラである広安門事件などなど。公安門事件では、自分も足を撃たれ城壁の上から飛び降りて命拾いした櫻井徳太郎証人（当時は陸軍中佐）の証言が現実の支那のやり方を生々しく伝えています。

（四一五一一二二一一三）川邊《かわべ》正三《まさかず》証人、盧溝橋の奇妙な射撃の証言（当時は北支那駐屯歩兵旅団長）不法射撃は頻発し、調べると日支双方のいずれにも属さない第三者が、両軍の中間地点より射撃していることが判明した（不法射撃は夜間に多発）。

（四―五―一二六―四）　櫻井徳太郎証人、日支間の状況、盧溝橋事件では駆け付けたこと、広安門事件では自身が撃たれ、城壁から飛び降りたこと。

海軍和知恒蔵少佐の法廷証言は、盧溝橋事件は直後に現地解決を見たがそれは見せかけであって、実はその裏で支那側は日本軍をテロ攻撃する計画を進めていた証拠です。

「盧溝橋事件解決約二日後の昭和十二年（一九三七）七月十日（土曜日）午後三時過ぎ、北京の合衆国海軍武官（略語ＷＩＦＥ）から本国海軍作戦部（略語ＯＰＮＡＶ）宛てに一つの暗号電報（至急信）が発せられたのを埼玉県大和田受信所にて傍受した。

内容は、『信ずべき筋の情報によれば第二十九軍（宋哲元）の部下は現地協定に満足せずして今夕十七時?を期し日本側に対して攻撃を開始すべし』であった。

のちに聞くところでは、この傍受電報は海軍省を通じて陸軍省副官に伝えられたが、陸軍では当日すでに協定が成立していたので信用しなかった。しかし事態は傍受電報の通りに進み、十日夕方から支那側が攻撃を始め協定は破られた」。

（大和田受信所は現在の埼玉県新座市本多と西堀付近、真珠湾攻撃成功またポツダム宣言も受信、現在は米軍通信所）

（四―五―一二九―一）　和知恒蔵証人。

（四）日本人は信頼し、支那人は裏切る、通州事件、侮日テロ

支那側が利益を前に約束を破るやり方は、ほとんどの場合日本軍兵士及び日本人に対する残虐なテロですが、盧溝橋事件の停戦協定締結直後の夜間発砲に日本軍が応じないでいると、七月二十五日の郎坊事件、翌二十六日の公安門事件と日本軍に対するテロ攻撃が続き、その後、さらに凄惨極まるテロ事件が発生しました。

昭和十二年（一九三七）七月二十九日に起こったテロは通州事件と呼ばれています。中村粲著『大東亜戦争への道』（展転社）も東京裁判における証言を引用して詳しいのですが、通州事件に集中して詳しく記述しているのは加藤康男著『慟哭の通州　昭和十二年夏の虐殺事件』（飛鳥新社）です。

主として民間人の日本人及び朝鮮人約二百六十余名の猟奇的嗜虐的殺害、衆人環視下強姦殺人死体凌辱毀損事件です。東京裁判では直後に救援に向かった陸軍中将萱島高証人その他複数の証人により詳細な証言がなされています。日鮮合せて七、八百人がいた通州を日本軍が出払ったあと襲ったのは、冀東防共自治政府所在地にいた、親日であったはずの保安隊約三千人でした。この残虐行為は昭和二年の南京事件、昭和三年の済南事件その他の事件の場合と瓜二つです。銃による射殺もあるが即死させるのではなく、死ぬまでに如何にして永く苦しませようかと、急所を外して苦しむ姿を見て楽しむ殺人です。そして死んだと見ると今度は周囲で見物していた支那庶民が死体に群がり、下着までも奪うと云うのが常でした。

昭和三年（一九二八）の済南事件でも残された詳細な検死結果によると、西条キン二十四歳女性の場合は、全顔面及び腰部にかけ皮膚及び軟部の全剥離さらに女陰に約二センチ平方の木片深さ二十七センチの突刺しがあった。全剥離《はくり》とはその部分の肉を切り剥《は》がしたと云うことでしょう。古代から支那には皮膚を何日もかけて少しづつ、薄く剥《む》く刑があるそうです。

また何人もの腹部を縦に切り裂いて腸を引きずり出す、これも昔から腸を引きずり出してその長さを賭ける博打《ばくち》があるそうです。また多くの女子は陰部に刺傷を受け、箒の柄や木片突刺しの例が多く、男根を切断しその死体の口に咥《くわ》えさせ、眼球抉《えぐ》り出し、焼けた針金を鼻に通し、掌に穴をあけ針金を通して数名を数珠繋ぎにして引きずるなどの殺害方法や、子供も含めて身体を切り刻むなどを行ないました。

特に女性に対しては、妊婦の腹を裂き腹に手を突っ込んで赤子を取り出しボール投げするような支那人の行動は性的玩弄《がんろう》、快楽的殺人、快楽的屍体《したい》破壊、性衝動的快楽殺人とでも云うような、また他人が苦しみのたうつのを見て楽しむような、日本人には考えが及ばないやり口です。このように支那では日本人が同じ手段で繰り返し被害を受けました。善良と信じられていた支那人が豹変した姿です。「君子豹変」の真意はこれでしょうか。

（四―五―一七〇―二）萱島高証人、通州救援の際の目撃証言、当時支那駐屯歩兵第二連隊長。

加藤康男著『慟哭の通州　昭和十二年夏の虐殺事件』（飛鳥新社）によれば、日本軍が別の兵乱鎮圧に出かける時、親日である冀東防共自治政府麾下《きか》の通州保安隊に後を任せていたが、豹変して通州市内の朝鮮人を含む日本人だけを襲ったのはその保安隊でした。実は二年前から準備され、その時を待っていた同時多発テロでした。

盧溝橋事件のほぼ一ヶ月後、通州事件の十一日後、昭和十二年（一九三七）八月九日に上海の虹橋《ホンチャオ》飛行場付近で始まった事件が第二次上海事変です。これが南京攻略戦にまで日本軍を引きずり込んで続いて行きます。海軍陸戦隊の軍人に対する虐殺テロである大山大尉事件（当時大山中尉、死後特進）は、乗用車運転手の斎藤與蔵一等水兵と共に虐殺されたのですが、銃弾を受けて蜂の巣のようになった死体をさらに刃物で断ち割るなど、凄惨な殺され方でした。また大山大尉の所持品は靴まで奪われていました。支那側は大山大尉の方が先に発砲したため応戦したのだと主張、日本側が支那側の関係者と第三国の新聞記者を連れて再び現場検証のために行くと、先ほどまでなかった支那兵姿の被弾死体が転がっており、支那軍側はこれが大山大尉の拳銃発砲による被害者であると主張しました。双方立会いの下で被弾死体の盲貫銃創《もうかんじゅうそう》（弾丸が体内に留まる）を解剖して調べたところ体内の弾丸は拳銃弾ではなく、大山大尉も斎藤水兵も所持していなかった小銃弾でした。

この大山大尉事件は、船津辰一郎《たついちろう》和平工作を吹き飛ばしました。天皇陛下の仰せにより軍部も賛成し、支那側の言い分を思い切って全部呑んだくらいに、大きく譲歩をした案を以て和平交渉成功寸前であったが、ちょうど会談開始の当日にこの事件が起きて取りやめになってしまいました。

（四―五―一二三八―四）ロバーツ弁護人、武田勇証人、上海海軍特別陸戦隊首席参謀、昭和十二年の上海事変に到る状況。
（四―五―二四二―二）　武田勇証人、大山大尉事件に関して。

（五）支那は日本に武力行使させたかった

支那全体で少なくとも三千件以上と云われる、日本人に対する大小の虐殺テロ事件がありました。政府間で平和交渉が進むと何故か事件が起こり、交渉が振出しに戻る場面が執拗に繰り返されました。また列車を停め強盗したうえ、乗客を誘拐し身代金を奪取するなどの行為に見るように、排外思想と共産主義思想に染まった勢力に集中攻撃を受けた在支日本人が、同時多発的ゲリラ（馬賊、匪賊、農匪、共匪）に襲われて略奪強姦殺人放火され、身の代金目的で誘拐され、市内を子供連れで通行中の民間人が銃撃されても、事件解決の交渉相手が誰か明確ではなく、支那軍閥政府は自己勢力の利益拡大以外に関心はありませんでした。

こんな状況にあるにも拘らず日本政府は日支友好を建前としているために、自縄自縛状態に陥りました。政府の基本方針と、現地で邦人の悲劇を見ている軍の間に齟齬が生じ、政府と軍部の喰い違いが多くなりました。結果として現状転換のために行なうべき決定、計画、実行の空白を生み、何も決められないまま事態だけがずるずると悪化し、対症療法的手段が小出しに実施されるような最悪の外交となりました。このような兵力の逐次投入によって、支那側は日本の力を舐めて掛かり、事態はさらに悪化し戦闘は拡大して、南京攻略で終わるはずであった戦争は終わりが見えない状態になって行きました。終わりが見えないのは日本人に支那人を見る目がなかったと云うことです。日本人に対するテロは日本側にその理由が不可解でも、共産勢力には自分たちが漁夫の利を得て支那大陸、アジア全体、最終的には世界全部を共産主義化するためには必要な戦略でした。日本人がどうなろうと考慮の外です。

この苦境について広田弘毅外相の演説記録が証拠として提出されています。昭和十年（一九三五）三月一日の第七十六回帝国議会に於いて、支那が日本を他の外国と同じように権利を与え、公平に扱うよう希望する旨を述べています。この広田演説の意味するところは、中華思想によって日本が東夷であるとして軽視軽蔑し差別していたこと、また共産主義と云う思想によって革命を遂行するためには日本人の犠牲など構わないと云う戦法に不満を述べたものと云うことになるでしょう。しかし支那人に外国人を保護すると云う考えはなく、特に日本人を侮辱し差別的に扱いました。

昭和十二年当時、南京領事館参事であった日高信六郎証人は、「七月十二日に日華英米独仏伊の代表が上海で会議を行ない、上海における兵力引き離しの件で王外交部長と会ったが、王氏は抽象的なことばかり云い、話をはぐらかすような態度であった。その後に長沙の高井領事代理から電報を受け取ったが、その内容は、湖南省主席である何建氏の参謀から聞くところによれば、何建氏に対して南京から次のような密命が来ている。その内容は『上海で日華両軍の衝突が起きたら長沙に停泊中の日本軍艦に大砲を撃ち込めと云うものであった。何建氏の参謀は日本の軍艦が早く撤退するように懇請した』」という趣旨を述べています。

事態はこの一ヶ月後の八月十三日に奇妙な密命の予告通り、上海を包囲するように配置されていた推定六万の国民党軍が、日本海軍陸戦隊約四千五百に対して一斉に攻撃を始めました。日本はこの第二次上海事変勃発でやっと陸軍の上海派遣を最終決定しました。

七月七日の盧溝橋事件から第二次上海事変までの間には、七月二十五日郎坊事件、七月二十六日広安門事件、七月二十九日通州事件、八月九日大山大尉事件、これでもかと云うほど反日テロ、日本人虐殺事件が続きました。七月二十八日、日本政府から揚子江沿岸の日本人に引き上げ命令が出され、八月九日には完了したとされています。別地域の日本人も引き上げが始まりました。

八月九日に日本政府は四相会議と臨時閣議で事変不拡大方針確認をしていたことを記憶して置きたいと思います。七月七日の盧溝橋事件については、支那に対する侵略の切っ掛けを作るため日本軍が夜間銃撃したと云う論がありますが、そのようなことをするつもりではなかった証拠です。

この時期、南京からの密命といえば蒋介石の国民党政権です。その中には共産勢力がたくさん潜入していたと云われていますから、奇妙な密命は誰が出したかはわかりません。国民党軍将軍でありながら中国共産党スパイであった張治中《ちょうじちゅう》が画策したと云う説もあり、その行動は、なんとかして蒋介石と日本を戦争させ、双方が疲弊したところで漁夫の利を得ようとしたと思われます。

（六―六―八―八―四）　日高信六郎証人、盧溝橋事件について。

午前中に結んだ停戦協定をその日の午後には発砲によって破ると云うような、一片の信頼もない行動が繰り返され、その度に日本人が被害にあうような事態に対しても、政府の日支友好方針のために日本軍は攻撃命令を出せず、目の前で悲惨な被害を受けている在留邦人を見殺しにする。この有り様に怒声が上がりました。「腰の軍刀は竹光か！」。

これは日本が軍国主義で軍部は政府など無視し、軍の望むように日本を引っ張り、行きついたのは原爆投下と敗戦であったと云う軍部独走論を否定する証拠です。盧溝橋事件に際しても参謀本部からは事件が拡大せぬよう戦闘を避けよと電報を打っています。靖國神社境内の博物館である遊就館《ゆうしゅうかん》にこの電文の現物が展示されています。在留日本人を見殺しにしてまでも在支日本軍は本国の指示命令に従っているではありませんか。支那に於いて平和を唱えることは日本人が虐殺されることを意味しました。支那側は、日本軍は腰ぬけだから同胞日本人が目の前で殺されても、支那軍を恐れて出て来ることはないと侮蔑した訳です。平和が成就するのは、相手も本気で平和を望んでいる場合だけです。その日本軍が我慢出来なくなった時、満洲事変となりました。このあたりの事情は『東京裁判却下未提出弁護側資料』（国書刊行会）の中にある西欧諸国の新聞を見るとよく理解出来ます。日本の忍耐を称賛し、また日本の反撃は当然と云う論調の記事がたくさんあります。

歴史が教えてくれるのは、戦争から逃げる者の方へ、戦争が近寄って来るという逆説です。「平和主義者が戦争を招く」は現在のところ人間世界の常識です。

日本を戦争に引きこもうとして支那共産勢力は在支日本人に対するテロと云う手段を頻繁に用いま

した。こうして支那事変が明確な合図もなく始まりましたが、日本にとっては、訳のわからない受動的自衛行動にならざるを得ず、戦争目的や場所が絞れないままずるずると戦場は拡大し、戦力は分散し補給線は延び、国力は減衰するのに停戦できないという事態に落ち込んで行きました。停戦交渉がまとまると、それを合図のようにテロが開始され日本軍は翻弄される訳です。罠にはまり侵略されたのは日本でした。

日本は支那事変に於いて領土の要求をしていません。それどころか満洲事変の後始末である塘沽《タンクー》停戦協定の昭和八年（一九三三）五月末より以降、昭和十二年（一九三七）七月の盧溝橋事件まで日支関係は、日本と蔣介石政権の間では双方の公使を大使に昇格するなど友好的でした。ただし、同時に日本人に対するテロ事件が発生していたことも事実です。親日勢力は日支友好に動き、反日勢力はそれを阻止しようとしてテロを起こすと云う情勢であったと思われます。親日も反日も利益によってコロコロ変わるのが支那軍閥です。

日支友好を願いつつも現実のテロ被害に対しては自衛する以外ありません。実際は戦争のような状態になってしまっていても、日本には領土獲得への執着が無く終点が見えない訳です。平和を望みつつ目的もなく果てしない支那大陸で自衛戦争をせねばならない、日本は言行の一致が出来ない股裂き状態だった訳です。このような状況を狙って作り出し、これに依って一番利益を得たのは共産勢力でした。

（六）満洲国建国

検察側は日本が中華民国の領土を奪ったとして、満洲事変と呼ばれる謀略を行い、満洲を侵略して傀儡《かいらい》の皇帝として溥儀《ふぎ》を据えたと主張したのですが、満洲はもともと満洲族の故地であり、満洲人が創った清王朝は万里長城の北側を漢民族立入禁止の場所にしていました。

（七─一〇─五四七─一二）　検察側最終意見、土肥原被告による溥儀の誘拐。

東洋史学者宮脇淳子の著作によれば、万里の長城の北側は漢人が北狄《ほくてき》と呼んだモンゴル人遊牧民の住む地でした。そのうちの一部である女真族は自らをマンジュと呼ぶようになりました。

清王朝はチンギスハーン一族の末裔である満洲人が、寛永十三年（一六三六）に作った王朝であり、万里長城の南にある漢人の土地は満洲人の植民地になった訳です。「清王朝」は時代的に日本の江戸時代と殆ど重なります。寛永二十年（一六四三）、北京に「清王朝」を立てた太宗崇徳帝はホンタイジ、その父はヌルハチと云うのが本名です。満洲人は長い三ツ編お下げの辮髪《べんぱつ》を漢人に強制し、チャイナドレスも騎馬民族の風習でした。

清朝の終わりを告げる辛亥《しんがい》革命は滅満興漢《めつまんこうかん》をスローガンにしていました。滅満せられた清朝最後の皇帝溥儀は、革命後には地位を失って暗殺に怯えていました。しかし自分が満洲人の先祖の地に帰って国を復興し、皇帝になれば満洲国は立派に治まると考えました。事実満洲には独立の志を持つ満洲人がたくさんおり、その組織もありました。

（二―九―四二七―二）　一九三一昭和六年九月、十月に起きた満洲独立運動について、リットン・リポートでは運動の有力者として次の名前を挙げている。奉天の趙欣伯博士、東北政務委員会副委員長の袁金凱、治安維持委員会副委員長の于沖漢、奉天省主席の藏式毅、吉林省首席代理の熙洽、哈爾濱《ハルピン》東省特別区行政長官の張景恵その他、奉天に集合した奉天、吉林、黒竜江、熱河各省及び東省特別区の要人、蒙古旗人などで新国家の胚芽を構成したものは中国人、満洲人、蒙古人のみであった。

そのために日本の支援を期待し、強い砂嵐で視界が悪い日に、長い間家庭教師であった英国人レジナルド・ジョンストンと共に、密《ひそ》かに日本公使館へ逃げ込みました。芳澤《よしざわ》公使は溥儀が公使館に到着してからそれと知ったため、あわてて自分の部屋を提供したと、レジナルド・ジョンストンが著書『紫禁城《しきんじょう》の黄昏《たそがれ》』の中で記しています。この書籍は東京裁判で弁護側が証拠として何度も提出しましたが全部却下されています。

話は横道に入りますが、中山理翻訳・渡部昇一監修『完訳・紫禁城の黄昏』（祥伝社）の中で、渡部昇一上智大学名誉教授は「溥儀が自《みずか》ら日本を頼って出かけて行った」件《くだり》は、岩波書店版『紫禁城の黄昏』

（平成元年出版）では全部省略されていると述べています。不完全に翻訳することは岩波書店及び翻訳者の思惑でしょうか。この部分を省略し読者に知らせなければ原作の歴史的事実とその背景になった意味は逆転し、日本が溥儀を満洲へ拉致して傀儡皇帝に据えて国家樹立したと主張する、中華民国検察官にとっては非常に都合が良い証拠となります。

では岩波書店と翻訳者は東京裁判の検察側に有利になるようレジナルド・ジョンストンの文章を改変したのかと云うと、それにしては不思議なことですが岩波書店版が発行された時期、東京裁判はすでに四十年以上も前に終わっていました。

それにも拘らず省略する目的があったとすれば東京裁判判決を維持継続するため、または中華民国政府のために改変したのでしょうか。東京裁判の原告側であった中華民国政府は、国共内戦に敗北し台湾に逃げ込みました。それでも最初は連合国の主要五ヶ国で作る安全保障理事会に入っていたのですが、昭和四十六年（一九七一）に中華人民共和国にとって代わられ、以後は台湾の一政党に過ぎないことを考えると一層不思議なことです。

むしろこれは日本が満洲を侵略して偽満洲国を作り上げたが、それを奪回したのは共産党だと云う中国共産党の捏造歴史宣伝を、出版を通じて何百年後までも歴史的事実として固定しようとする遠謀が働いているのではないかと疑われます。これでは満洲国を侵略し滅亡させたのがソ連と支那の共産勢力であったことが、後の世代に伝わりません。

さて、紫禁城を脱出し、天津の日本租界内で暮らしていた溥儀は、日本を訪問して天皇陛下に拝謁したい旨、南次郎陸軍大臣宛ての手紙で要請しました。昭和六年（一九三一）九月一日附けのこの手紙は後に東京裁判に於いて弁護側証拠として提出されました。満洲事変は直後の九月十八日に起きたことを記憶しておくべきでしょう。満洲建国が成れば満洲族の正統な皇帝として復辟《ふくへき》（再度皇帝に即位）することは、溥儀と満洲人が強く望んだことであり、日本はその援助はしたが、満洲国は日本の傀儡国家ではないと云う弁護側主張を証明する手紙です。

この手紙は検察側主張を完全に否定するものです。弁護側からの反対尋問に於いて自分の書いた昔の手紙が証拠提出された溥儀証人は大変うろたえたように、自分の筆跡ではない、誰かが偽造したものだと必死に否定しますが、結局筆跡鑑定で真贋《しんがん》の判定をすることになりました。日支双方の鑑定人が溥儀の真筆《しんぴつ》と判明している筆跡を基に鑑定を行ないました。弁護側鑑定人となった高村巌氏は警視庁鑑識課に昭和四年から勤務した人物。高村氏は手紙を真筆と判定し、検察側鑑定人の張鳳與氏は贋《がん》作《さく》と判定したため、今度は鑑定人の能力判定が必要となりました。能力試験が行なわれ高村鑑定人は法廷の試験に合格しました。張鑑定人は筆跡鑑定能力が低かったか、偽造と云うだけが役目の人物であった可能性があります。但し肩書は北京大学教授、パリ大学講師、中華民国駐日代表団専門委員などと立派です。

（四―一―六三二―二）　ブレークニ弁護人、溥儀証人登壇。

（四―一―六六八―三）　ブレークニ弁護人、溥儀の手紙を自筆ではないと否定。

（五―四―一七―一―一）　向検察官、張鳳與証人の筆跡鑑定書。

（四―五―七三―一―一）　高村巌証人の筆跡鑑定書。

（四―五―七六―一―二）　名波敏郎証人　南大将副官、南大将に頼まれて、手紙が真筆かどうか鄭考胥《ていこうしょ》に尋ねたところ彼は即座に真筆であると保証し、その場で奥書をして持たせてくれた（鄭考胥は初代満洲国国務総理）。


法廷のこの場面では溥儀に同情すべき点もあるでしょう。彼はソ連の監視下にあり、なぜか他の証言予定者が重病で入院、病死、或いは自殺で出廷出来なくなる等の状況下での証言です。証人に対するソ連の圧迫の一例を菅原裕著『東京裁判の正体』（国書刊行会）に依って示すならば、昭和二十一年九月二十日夜、草場辰巳中将は証言台に立つ直前に隠し持っていた毒薬で自決しました。

（四―五―五四六―一）　ブレークニ弁護人、草場辰巳中将自決。


その他の証人も同様に生殺与奪はソ連に握られていた訳です。また口供書に依る証言が迎合的に誘導されている疑いなどを弁護側が指摘しています。

（二―九―四四五―二）　ファーネス弁護人最終弁護、ソ連の証拠の性質について。


支那とソ連では東京裁判の証人として召喚された証人が、抑留所でよく死亡したり重病で移動不能になったり、召喚《しょうかん》の寸前に別の罪で死刑が執行されりするのです。弁護側はこのような事態は法廷軽視であると抗議しています。

法廷で溥儀は大げさに日本の操り人形であり常に監視され、脅迫され続けていたと証言しました。この証言はソ連の意向であって自分の本意ではないと、自分をよく知る日本人に向かって無言の芝居をしたと解釈することも可能でしょう。

（七）自由貿易の破壊、支那と満洲は日本の生命線

昭和四年（一九二九）に米国で始まった株価の大暴落から世界大恐慌が始まり、昭和五年（一九三〇）米国では自国の産業を関税で保護するためのホーリー・スムート法が成立しました。ホーリー議員もスムート議員も財閥企業経営者でしたから、二万品目の関税を上げて障壁を設け、輸入を抑えて米国内製品を買わせようとするものでした。これに追随するように昭和七年（一九三二）英国はカナダのオタワで大英帝国関税会議（オタワ会議）を開催し、英連邦全部を囲い込んだブロック経済圏を作りました。こうして英米は輸入品に超高率関税をかけて自国産業保護を目論んだのですが、結局他国も報復的に関税を上げ、自由貿易は破壊されました。米国自体も輸出は半減し金融恐慌も回復しませんでした。このような国際状況に直面した日本は支那大陸を生命線とせざるを得なくなりました。地球上の殆どの陸地は西欧列強が支配していましたから、関税を百パーセントから千パーセントに上げて輸

入を閉め出そうとする中、この時代の日本の軽工業製品、日用品などの営業は南米やアフリカの西欧列強植民地まで販路を求めたのですが、その国で努力の末にやっと販売が伸びると、それを待っていたかのように関税が上がるのでした。

東條英機元首相は口供書に於いて次の内容を述べています。昭和十六年（一九四一）七月二十六日、英米蘭は揃って同じ日に日本との通商航海条約を破棄し、日本資産を凍結した。そのため日本の貿易相手は支那、満洲、仏印、タイのみとなりそれ以外の貿易は完全に杜絶し、日本の経済生活は破壊せられんとした。

（六―八―一八九―一）　東條英機元首相口供書、この資産凍結が九月六日の御前会議に於ける帝国国策要領決定の背景となったことを説明、国策要領は交渉妥結に努力しながらも、決裂に備え戦争準備を行うことを決定。

日本が仏政府と交渉の結果、北部仏印へ進駐したのは日本資産凍結の二日後です。東條証言にあるように英米蘭は揃って日本との貿易遮断を決めました。日本は西欧列強の関税障壁のため経済的活路を支那大陸に求めました。そのためにたくさんの日本人が支那大陸に住んでいた訳です。これら日本人に対する無数のテロは日本と蒋介石軍を戦わせ、共産革命を起こすための手段でした。戦争を望んだのはソ連及び毛沢東《もうたくとう》の共産党側であり、米国と結託して容共と反共を繰り返しながら覇権を握ろうとしたのが蒋介石政権でした。そして日本と結んで支那を近代化しようとしたのが汪兆銘《おうちょうめい》政権でした。それぞれが連合と分裂を繰り返し、支那大陸の覇者となろうとして外国勢力を引き込んだ訳です。合従《がっしょう》連衡《れんこう》、遠交近攻《えんこうきんこう》は二千五百年以上も前から支那の得意とする文化です。覇権争いに熱心で在留外国人はその手段の一つとして扱い、その生命さえ保護する思想がないとなれば、日本人保護のため日本軍を派遣してテロ防止を図る以外にないではありませんか。

　蒋介石の国民党政権は米英独に加えてソ連からも飛行機などの兵器、軍資金、大軍事顧問団などの援助を受け、もちろん毛沢東の共産党政権はソ連共産党の丸抱え的援助を受けていました。日本は汪兆銘の南京国民党政権を支持し、日支友好のため支那に持っていた治外法権をはじめ租界など各種特権も昭和十八年一月に率先して放棄しましたが、汪兆銘は支那人の暗殺に倒れ、日支友好は成りませんでした。この友好を望まないのは米英独、蒋介石、ソ蓮、毛沢東の勢力でした。

　この二十世紀の戦国時代を通じて、最終的に支那大陸の覇者となったのは毛沢東の中国共産党でした。敗れた蒋介石の国民党は台湾へ逃亡し、日本軍降伏により力の空白地であった台湾を武力で支配し中華民国と名乗りました。そして一方、支那大陸には昭和二十四年（一九四九）十月一日、共産主義の中華人民共和国が建国されました。

　七十八ページのロバーツ弁護人の発言を振り返ってください。日本は支那大陸への侵略戦争や植民地支配等を行なってはいません。そうする理由がありません。もちろん満洲国は満洲人の独立国です。英米等の超高率関税で日本の貿易が破綻した状況では、日満支友好は日本の自存自衛の生命線として決定的に重要です。仮にも侵略し、また植民地支配などすれば、叛乱を防止するために大軍を駐屯させねばならずそのコストは莫大です。それよりも平和裡《へいわり》に相互の利益のため、貿易を振興させる方が楽であり双方得るものが多いでしょう。しかし日本の足もとを見透かしてこれを陰湿にテロ攻撃するのが共産勢力でした。

昭和三年以降に十五回組閣されたどの政府も、日支関係の平穏を望んで手を尽くしました。満洲事変、盧溝橋事件、上海事変に際しても、攻撃を受けて派兵を決定しながら、直前になって現地軍が停戦すると派兵も中止しています。このようなことは何度も繰り返されたのですが、もし日本が支那を侵略する意図があったなら、絶好の機会を何度も捨ててしまったことになります。

（八）支那軍閥の克伐怨欲《こくばつえんよく》

ソ連共産党は大正半ば頃から、全世界を共産主義化せねばならないとする狂信的使命感を以て、ドイツや日本に共産党支部を作り、米国を含む多くの先進国にも隠れ党員や同調者、スパイを養成し潜入させ、政治や軍事また産業スパイの活動を強力に推し進めていました。これらは歴史の表に出てこないので不明なことが多いのですが、二十世紀は共産主義革命思想が世界中に全く無用な殺戮《さつりく》と破壊を撒き散らした世紀でした。共産主義は、ロシア帝国を破壊し共産主義革命によってソ連を作りましたが、明治三十八年（一九〇五）の日露戦争直後から平成三年（一九九一）までの約七十五年を掛けて、人間を不幸にする思想であることを証明しただけです。これは元和四年（一六一八、大坂夏の陣が終り豊臣が滅亡してから四年目）、ウエストファリア条約が出来た原因と云われるカトリックとプロテスタントの宗教戦争によく似ています。このヨーロッパ三十年戦争と呼ばれる長期の戦争に依って、ドイツの人口は三、四割、場所によっては九割が死亡したと云われています。宗教戦争は最も容赦のない戦争と云われますが、その言葉通り共産主義国は同時に必ずマルクス教独裁国となり、千万人単位で国民の大量虐殺が起きています。しかし共産主義国にはウエストファリア条約は出現しませんでした。

共産勢力は日本に内乱を起こし、それに乗じて畏《おそ》れ多くも天皇陛下をロシアのニコライ皇帝と同様の運命に投げ込み、日本に共産主義革命を起こし、日本を人民共和国にすることを画策していたため日支友好は絶対に阻止しようとしたのです。このため支那各地にいる日本人と資産、権益、また日本人と商売をする支那人などに対して執拗なテロを繰り返しました。さらに昭和十年（一九三五）、共産勢力は一致抗日を呼掛ける八・一宣言を出しました。その後共産勢力を追いつめて大きな成果を収めつつあった蔣介石を、昭和十一年（一九三六）十二月十二日満洲軍閥の張学良を使って拉致監禁した西安事件を起こさせました。張学良は蔣介石の側に立って共産勢力を攻撃していたのに寝返った訳です。ソ連はモスクワに留学しロシア人と結婚した蔣介石の息子を担保にとって、蔣介石軍を日本と戦わせる一方で自分達は勢力を温存させ、漁夫の利を狙う戦略でした。毛沢東は蔣介石を即座に殺害しようとしたがソ連共産党が強く反対しました。その理由は共産政権樹立のために利用しようとしたのでした。この第二次国共合作成功で敵を味方として使う起死回生の合従連衡の妙味を二度味わったのが共産勢力でした。その後共産党との内戦に敗れ、台湾へ逃げる蔣介石により連行された張学良は、蔣介石が死亡した後に、軟禁を解かれてハワイへ移住、西安事件の真相は一切沈黙したまま平成十三年（二〇〇一）に百歳で死亡しました。

日本は支那の諸軍閥政府の攻撃から自衛せざるを得ませんでしたが、戦時国際法の関係から軍需物資の輸入が出来なくなる危惧《きぐ》、また支那の親日勢力を敵に回したくなかったために事変と呼び、宣戦布告しませんでした。そして「事変」であれば「戦争」より解決が早いと思いたい抒情的日本と、あくまでも自分が覇権と利益を握りたいとしか考えていない支那の各軍閥との関係は、七十八ページでブルックス弁護人、ロバーツ弁護人の弁論に云い尽されています。先に日本の条約による権益、資産、在留邦人の生命財産を侵略し破壊したのは支那側です。日本こそ支那に侵略された被害者です。満洲事変、支那事変は日本がテロに堪えかねて反撃したものです。中村粲著『大東亜戦争への道』（展転社）によれば、リットン・リポートは満洲事変のきっかけとなった直近の大事件として、参謀本部中村震太郎大尉、井杉延太郎騎兵曹長及び白露人蒙古人各一名が、興安嶺《こうあんれい》の索倫《そろん》付近にて張学良軍の関玉衡部隊に殺され、金品を奪われ死体が焼捨てられた事件を挙げており、これを支那軍側では日本軍の捏造宣伝であるとしたため、戦争直前の緊迫状態に至ったと認識しています。。紆余曲折《うよきょくせつ》のあと支那側はこの事実を認めたが、満洲全体の事態は過熱していてその日の夜に柳条溝事件が勃発しました。

（三一十一五四六一三）　土肥原被告に対する検察側最終論告、土肥原と中村事件。
（六一九一六一九一一）　土肥原賢二被告　個人弁護、中村震太郎大尉事件。

多数のテロは支那の各軍閥が覇者になろうとして日本を利用した訳です。テロ犯人を自己の敵対勢力に見せ掛けておけば、敵は日本軍が片づけてくれる訳です。自己の覇権と利益の拡大、排外主義、これに加えて日本に共産革命を起こそうとする目論見《もくろみ》が、利益に対する鋭敏な嗅覚と組み合わされ互いに因果となりました。

油田の可能性があるという調査結果発表の直後、尖閣諸島の所有権を主張し、島に押し寄せた中華人民共和国の海上民兵漁船隊と、日本企業や商店の破壊並びに日本人への暴力行為、東トルキスタンのウイグル文化の破壊、内モンゴル自治区、ネパールやチベットの弾圧、またインドネシア、フィリピンやベトナムとの間で起こった岩礁をめぐる非妥協的覇権主義などを見るとき、支那人の思考行動には全く変化がないことに気付きます。

支那人には対等平等という概念がないようです。代わりにあるのは孔子の時代から克伐怨欲《こくばつえんよく》です。対等関係の中で相互に思いやる平安を知りません。常に彼らは相手に自分が上位であることを認めさせようとします。対等友好の関係というのは何かの隙を見つけて相手を撃ち倒す、それまでの擬態に過ぎません。しかし対等でなければ貿易を通じた経済の発展はなく朝貢の再現になるだけです。

何か問題にもならぬようなことでも大問題に作り上げて、相手に譲歩させ利益を得ると嬉しがるのですが、譲歩をしなければ軍事力を以て相手を脅迫し、相手を踏みつけて嬉しがるのです。この嬉しいという精神的満足は、長続きしませんから暫らくすると嬉しさを求めて中毒のように繰り返します。相手をいたぶることを嬉しがる精神は日本人にとっては虫唾が走るのですが、済南事件、通州事件その他たくさんの類似事件、またチベット人、ウイグル人などの弾圧、さらに共産党内部の権力闘争を見ればこれが彼らの真実の文化だと思い知る以外無いわけです。儒教は権力抗争を防いで安定した社会を目指すために考え出された道徳です。しかし儒教は日本には残りましたが孔子の国では滅びました。また仏教も支那を通じて学びましたが支那には残っていません。余りに即物的実利優先的な支那人の精神文化とは懸け離れていたためでしょう。日本国は引っ越し出来ませんから永久に隣り合わせです。大国に滅亡させられないためには「敵を知り己を知ってこれに対処すれば百戦危うからず」でしょう。

三　日本はロシア、ソ連を侵略したのか

（一）日露戦争は日本の自衛戦争

明治三十三年（一九〇〇）ロシアは義和団の乱に際して清へ出兵したのち撤兵せず、満洲、特に満鮮国境方面にはさらに兵力を増強して事実上満洲を占領していました。日本海に面する露鮮国境のすぐ北側にある聖彼得大帝《ピョートルたいてい》湾の軍港ウラジオストックには浦塩《うらじお》艦隊がいました。明治三十六年（一九〇三）、日露戦争の前年に大韓帝国領土内の竜巌浦《りゅうがんぽ》にポート・ニコラスと呼ぶ軍港と要塞を作りました。これは日本から奪った旅順軍港からも近く、満洲との国境になっている鴨緑江左岸の河口です。

大韓帝国、延《ひ》いては日本への侵略が切迫して来ました。日清日露の二つの戦争はともに大韓帝国の独立維持と日本自身の安全保障のために戦ったもので、ロシアや大韓帝国への侵略ではありません。朝鮮側でもこれを理解していた人々がいました。政治団体の一進会（会長は李容九）があり、日露戦争に際して大いに日本軍に協力してくれました。

隣国を攻める前に周辺の国と結んで挟み撃ちを図る「遠交近攻」は支那の常です。日清戦争終結の翌年明治二十九年（一八九六）、清はロシアと軍事同盟である露清密約を結び、さらにドイツ、フランスをも介入させ、日本が下関条約で得た遼東半島を支那に返せと、日本に軍事的圧力を掛ける三国干

渉を起こさせました。

ロシアは日本に返還させた遼東半島に居座り、満洲に駐兵権と鉄道敷設経営権を獲得して東清鉄道を敷設《ふせつ》しました。ロシア東部のバイカル地方からほぼ直線でウラジオストック軍港と結ばれ、また途中のハルビン駅から分岐してまっすぐ南下する南満洲鉄道を敷設したため旅順軍港要塞も最短距離で結ばれ、大量の軍事物資輸送が可能となりました。アジアへの南下、朝鮮侵略の意図はますます明白となりました。このような状況のなか南満洲鉄道完成の約一年後、竜厳浦が直接の引鉄《ひきがね》となり、三国干渉から十年の臥薪嘗胆《がしんしょうたん》を経て、日本は大韓帝国と自国の防衛のためロシアに宣戦しました。

(二) 張鼓峰事件、ノモンハン事件は日本の侵略ではない

東京裁判でソ連は被害者の立場を強調し、日独防共協定締結が侵略であると主張しましたが本末転倒で因果関係が逆です。裁判で具体的には張鼓峰《ちょうこほう》事件（ソ連の呼び方ではカサン湖事件、ハーサン湖事件）とノモンハン事件（ソ連の呼び方ではハルハ河事件）が侵略であるとしていますが、ソ連に対する侵略戦争の告訴が判決に於いては、この二つの国境紛争事件にすり替えられています。何の侵略事実もないため裁判に際して無理やりこれらを侵略とした訳です。

ソ連に関連して有罪とされたのは土肥原賢二大将、平沼騏一郎元総理大臣、板垣征四郎大将の三名で、その判決は右の二つの事件名に於いて有罪とされています。土肥原将軍、板垣将軍は昭和十三年

張鼓峰事件並びに昭和十四年ノモンハン事件を、平沼騏一郎元首相はノモンハン事件を起こしたと云うものです。二人の将軍は絞首で殺害され、平沼騏一郎元首相は終身禁固とされました。

張鼓峰事件は日本海に近い満洲国とソ連の国境、ノモンハン事件は満洲国とモンゴル人民共和国の国境で双方ともに国境が不明瞭な場所で起きる国境紛争です。東京裁判の中でソ連はこの二か所が侵略されたと執拗に強弁しています。ソ連検察側の証人はひたすら強弁するだけで、証拠提出した地図でさえ何種類もあって国境が確定していないことは明らかです。

事件当時に朝鮮軍第十九師団山砲第二十五連隊長であった田中隆吉少将、その他の証人の証言にあるように、日本はソ連と紛争が起きることを大変に恐れ、常に日本軍は砲兵隊を満ソ国境から、自軍の大砲の射程距離以上に内側へ配置していたくらいですから、張鼓峰やノモンハンで意図的に越境するなどはあり得ないことであり、国境警備隊が少数いただけの場所でした。

(二一—五一—四一七—三)　ラザラス弁護人、ソ連が、日独防共協定締結は侵略だとしている件。

(二一—五一—四一九—四)　ラザラス弁護人、一九四一昭和十六年に日ソ中立条約が成立し四年以上に亙って有効であったことが侵略を積極的に否認している。国境が不明地帯なのだから、日本がソ連を侵略したとは云えない。

(二一—九—四五一—三)　ブレークニ弁護人、宇垣外相証言引用、戦争防遏《ぼうあつ》（防止）が目的であった。田中隆吉証言引用、すべての砲兵隊は朝鮮側国境内に留め置きされた。三浦証言を引用し日本軍の砲兵隊は百キロ内側に戻され、激戦になるまで朝鮮領内に留め置かれた。

しかもこれら二つの国境紛争はしばらくして外交交渉により、ほぼソ連の主張通りに日本が譲歩し講和が終わっているのですから、一事不再理の原則に反していますが、東京裁判では公訴棄却にはなっていません。棄却すればソ連が検察側として裁判に参加する根拠が全くなくなり、昭和二十年二月四日〜十一日に結ばれたヤルタ協定に反するからでしょう。ソ連検察官発言には強引で奇妙な言い掛りという印象を持ちますが、その理由に関して、平成十二年三月発行の『正論別冊第十号』に依れば、ソ連検察官は常にモスクワの共産党中枢にある東京裁判委員会の指示を仰いで発言しており、ワシリーエフ検察官に対して露清間の明治十九年（一八八六）琿春《ふんちゅん》協定（界約）以外の地図は認めるなと指示したからだと思われます。モスクワの判断が変われば、法廷で行なってきた発言も前提なく変わるのですから、ソ連検察官は強弁以外に方法がないのでしょう。

（二一九一四五七一一）　ファーネス弁護人、ソ連検察官が弁護側証人に対する反対尋問に於いて、本音ではノモンハン事件が日本の侵略ではなく国境紛争だと思っていることを我知らず発言してしまったと指摘。

（五一二一五〇一一三）　ノモンハン地図に関して。

（五一四一一六九一四）　ウェッブ裁判長、琿春協定（琿春界約明治十九年〈一八八六〉）の地図に関して、希望ならば地図を出しなおしてもよいです。

（五―五―五四三―四）ヴァジリエフ検察官、異議あり。東郷モロトフ協定による国境線を記した地図に関して、モロトフとの会談で一〇七五高地まで話がまとまった時の地図、特命全権大使の東郷茂徳が有田八郎外相に送付したもの。

（五―五―六二四―二）ブレークニ弁護人、ソ連側地図が東郷モロトフ協定による国境線を認めていた証拠、橋本証人によるノモンハン事件の国境地図に関して、山縣支隊が鹵獲した地図は日本側主張の国境線が記載されている。従って事件は日本の侵略にあらず、逆にソ連が満洲を侵略したことが証明される。

（五―五―六二七―二）ブレークニ弁護人、矢野光二証人、この時スミルノフ検察官がノモンハン事件は国境紛争であることを前提として、国境がハルハ河であったか、その十五から二十キロ東であったかが問題点であると反対尋問をしてしまった。これをファーネス弁護人が最終弁論で持ち出している。

（三）ソ連のアジア侵略、そのための対日工作

このように東京裁判でソ連への侵略の名称で起訴したものを、ただの国境紛争の名称をもって有罪と判決したことは、日本のソ連に対する侵略戦争はなかったと、認めたのと同じことです。ただ琿春協定の国境線はソ連にとっては大変不利、満洲国にとっては有利な国境線と思われます。そのため

ウェッブ裁判長は、ソ連に地図の出し直しを許可すると勧めたのかもしれません。

そして東京裁判は中国共産党並びにソ連による満洲国侵略、ソ連による樺太や千島列島の島々、北方領土不法占領に対しては完全に沈黙しています。満洲国は当時の国際社会に於いて、日本を含め十六ヶ国の承認を受けた独立国でした。反共産主義であったバチカンも承認していました。承認しなかったが事実上は満洲国を認める態度を取っていた国は、満洲国との協定を結んだ蔣介石政権、ソ連、英国などがありました。

（二一一四一六六二一一四）満洲国の国際的承認、昭和九年（一九三四）三月一日に建国されたがその後日米間に友好親善文書交換、四月ローマ法王、五月サルバドル共和国、十月ドミニカ共和国、七月満ソ水路協定、昭和十年（一九三五）三月満ソ間に東支鉄道譲渡協定、それと同じ時期日華間に㈠不脅威不侵略、㈡防共、㈢経済提携の三原則共同声明、昭和十二年（一九三七）十一月イタリー、十二月スペイン、昭和十三年（一九三八）五月ドイツ、十月ポーランド、昭和十四年（一九三九）一月ハンガリー、三月スロバキア、昭和十五年（一九四〇）ルーマニア、昭和十六年（一九四一）五月ブルガリア、七月フィンランド、八月クロアチア、タイ国、デンマーク、日ソ中立条約の中でソ連は満洲国の領土保全を確認、日米交渉の中で米国は満洲国承認の意図ありと言明。

（六―一〇―一二九―三）満洲国の国際的承認、右と同じであるが、満華代表による大連会議に於いて郵便、通車協定、英国の経済使節派遣が記されている。

国際連合の原加盟国が五十一ヶ国であった頃に、換言すればまともな独立国家が五十一ヶ国しか存在していなかった時期に、その約三割強の国家が満洲国を独立国家として待遇していました。満洲国は日本の支援を受けてはいても傀儡国家ではありません。

近代的な国家運営に不慣れな満洲国には自国防衛軍と行政の官僚組織が必要でした。ソ連に狙われている土地ですから、これがなければ独立維持は不可能でした。日本は満洲国が力の空白と見られることを恐れました。従って満洲防衛は満洲国軍と共に日本軍が負担しました。あたかも日本を急速に繁栄へと導いた日米安全保障条約と一緒ではありませんか。官僚組織も近代的な運営を行なうため行政庁の長官は満洲人が担任し、日本人は副官として内面から指導をする体制となっていました。この制度が戦後日本に復活したのが各省庁の行政指導方式であるとも云われています。結局昭和二十年（一九四五）、満洲国はソ連に侵略占領され、その後には中華人民共和国がモンゴル、東トルキスタン、チベットなどと共に植民地としています。満洲族の故郷の地が漢族の植民地になってしまったと云う訳です。

大東亜戦争の大きな失敗点は、第一に支那が共産主義者の支配下に入り、その後のアジアの不安定要因になった事です。次いで日本の国内に於いては、ソ連が日本に共産革命を起こすために作った日本共産党の勢力が増大してしまったことです。仮にソ連が北海道を占領して共産党が日本人民共和国と称したならば、日本もまた分断国家になり、内戦を繰り返すようなアジアの不安定要因になっていたでしょう。

大東亜戦争直前、近衛文麿首相のブレーンの会合であった朝飯会の会員にも、朝日新聞社の記者でソ連のスパイであった尾崎秀実《ほつみ》、ドイツ人新聞記者リヒャルト・ゾルゲなどのソ連共産党スパイが入り込んでいました。彼らと連絡を取っていたのは、近衛内閣書記官長の風見章や米国へ移民して米国共産党員になった宮城与徳など、また米女性ジャーナリストでソ連のスパイとして働いたアグネス・スメドレーはゾルゲや尾崎と男女の関係があったと云う説もあり、またGHQに呼ばれて憲法作成に参加した元在日ロシア人女性ベアテ・シロタ・ゴードン等についても共産勢力との関係を疑う説があります。

近衛元首相は終戦間際に上奏し、日本軍上層部の中にも共産主義者と呼んで差し支えないような者がおり、これらは天皇を戴《いただ》く共産主義者であり、敗戦の混乱に乗じて、日本に共産革命を起こす危機があると述べています。関東軍司令部付きでハルピン特務機関長でありながらソ連スパイの小松原道太郎中将の例、また関東軍参謀でありながらソ連スパイであった志位正二《まさつぐ》の甥は、現在では日本共産党の志位和夫委員長であり、ソ連共産党の洗脳工作は続いています。

当時の米国政府は、ルーズベルト大統領とその妻でさえ共産主義の同調者として赤に近いピンクであったと云われています。大統領補佐官の地位にいてハル・ノートを実際に書いたハリー・デクスター・

ホワイト、その他ロウクリン・キュリー、アルジャー・ヒス、また原爆の設計図をソ連に渡したローゼンバーグ夫妻、その他にも米国政府内に政府高官二百名を含む約五百名の秘密共産党員や同調者が忍び込んでいました。

　これを日本側で察知して何度も警告を送ったのは若杉要駐米公使でした。しかしこんな状況に鈍感な日本政府はソ連にとってチャンスでした。共産主義者が日米開戦に深く関係しない訳がありません。英米を利用して日本やドイツに共産革命を起こそうという昭和十年（一九三五）のコミンテルン決議の通りに事態は進んだと云う訳です。この工作の一環として盧溝橋事件の約四十日後の昭和十二年（一九三七）八月二十一日、ソ連と蔣介石政権は事実上の軍事同盟に等しいソ支不可侵条約を結びました。さらにこの一週間前の八月十三日には第二次上海事変が始まっていたのであり、ソ連は蔣介石に莫大な金及び重火器、航空機等の援助を行ないました。日本を敵とするソ連は、米ルーズベルト政府、毛沢東、蔣介石とも利益が一致した訳です。合従連衡の見本となる状況です。

　GHQの中にも、ホイットニー、ケーディス、ノーマンなど昭和憲法を作った多数の共産主義者がいました。これらの米国共産主義者は日本占領後すぐ、日本の共産主義者を刑務所から解放し、それまで中央と地方の役所、大学その他の学校などの公職の中心にいた人々、また大企業の幹部たちを追放して、代わりに彼らをその地位に据えました。

　大学は共産勢力の巣窟《そうくつ》になったようなもので、赤色教授の弟子は、また赤色に染まり、逆に染まった者でなければ出世して教授になれないと云うように連鎖し、共産勢力は教育を通じて日本を赤化しようとしました。マスコミ業界、教育業界はいまなおこの連鎖に毒されています。公立学校の歴史教科書の採択を見ても、反保守のリベラルとして反日的思想傾向を持っている教師が多い理由です。前半期のＧＨＱは戦後の日本に共産革命を起こす手段を仕込みました。それは日本の人民共和国化を狙って、憲法第一条に天皇陛下の御存在を国民の合意に基づくと規定して、将来は合意による廃止を可能にしました。また憲法九条では日本に武装を放棄させ、ソ連軍の侵攻を容易にしようとしたものです。

またＧＨＱは労働運動を優遇し、結果として昭和二十二年五月には社会党の片山哲が首相になるような状況さえ生じました。この時の衆議院で行われた首相指名投票では対立候補への票が二票だけと云うような状況で、民主主義を利用した共産主義政権の誕生寸前でした。国会議員にもマスコミにも共産主義、社会主義者達が大勢おり、学生、国民を煽《あお》りました。六十年安保や七十年安保の騒動は、ソ連と支那の共産勢力が莫大な資金と共に日本共産党、日本社会党にテコ入れを行なったと云われている時期でした。ソ連の国家保安委員であったレフチェンコが米国に亡命した後、関西が地盤の日本社会党国会議員である上田卓三がソ連スパイであり、コードネームはウラヌスであると暴露しました。これなどは氷山の一角で、洗脳された日本人の若者は、学生運動やさらに過激な日本赤軍などに集まり幾つかの殺人や爆弾テロ、仲間のリンチ殺人、立て籠もり事件等を起こしました。彼らのいう革命闘争は日航機ハイジャック事件や海外の赤軍と共謀して銃の乱射事件を起こしました。そのうちに日本国民の中にも正気を取り戻した人が増加したのでしょう、共産革命には至りませんでした。しかし共産主義は克伐怨欲《こくばつえんよく》の妄想であり、共産国では決まって大虐殺が起きていたことが明らかになった今日でも、この歴史的事実を直視出来ない日本人がまだまだ多く存在しています。

反共産主義者チャールス・ウイロビー少将が、GHQ参謀として存在しなければ日本でも他のソ連圏衛星国と同様に、日本人同士が血を流す内戦勃発となり、悲惨な運命を辿ったに違いないと考えられます。

米国の隠れ共産党員やソ連スパイの実態は、米議会でマッカーシー議員が相当に暴き赤狩りとまでいわれました。東西冷戦の最中でもあり、極秘中の極秘であったソ連の暗号解読文「ヴェノナ」が根拠であったため、証拠を公開出来なくて限界がありましたが、現在では『ヴェノナ』の書名でPHP社から翻訳出版され、マッカーシー議員はまだまだ暴き足りなかったと云われています。これについては後でも触れます。

当時このように防共が出来なかった後始末として、ソ連崩壊後も日本の愛国者が戦わねばならない敵はリベラル反日日本人であり、日本滅亡を目的とする連中であるという事態になっています。守る気で守らなければ日本文化は簡単に喰い破られてしまうでしょう。日本文化がなくなれば、他人の作った歴史文化、価値観で生きることを強制される人生です。日本の歴史文化を知らない日本人とはあり得ない矛盾《むじゅん》です。日本人の消滅と云わねばなりません。国家が消滅すれば誰も国民を保護出来ません。生命財産や人権も福祉も国家があって初めて守られます。リベラル達は自分の人権や福祉を守れと主張しますが、その基礎である国家を守るべきだとは云いません。そして守るべきものの半分は、目には見えず金では買えない、先祖が生きて来たその日本の精神です。

ソ連が日本及び満洲を侵略し、戦争犯罪を行なったことは明白です。日ソ中立条約に違反して昭和二十年八月九日、長崎市に原爆が投下された日に始まった満洲国侵略占領、ポツダム宣言に違反する推定六十万人以上のシベリア抑留、また八月十五日以降に攻撃された日本の千島列島、北方領土や樺太、その島々の民間人の悲惨、また北海道の占領要求などを見る時、ソ連の戦争犯罪は誰の目にも隠しようはありません。日本が受諾したポツダム宣言を無視したと云うことは連合国の一員でさえないと云うことです。曖昧な侵略の基準に於いても、八月九日以降に日本に対して新たに侵略を開始したのはソ連です。日本の戦争が反共産主義の戦いであると理解していたのは、カトリック法王ピウス十一世でした。法王は世界のカトリック教徒に、共産主義は宗教を心の阿片として敵視している。これに対抗して日本は共産勢力のアジア侵略を防いでいるからこれを妨げてはいけない。カトリックは日本と協力する立場であると通達を出し、バチカンは満洲国を建国直後に承認しました。しかしながら米国はプロテスタントが主流の国でした。そしてこの間も共産勢力はアジア各国へ浸透し、その国の反日愛国勢力を装いながら各国を共産化しようとしていました。大東亜戦争のもう一つの重要な意義は、人種の平等に加えて共産主義のアジア侵略に対して日本が反共防衛戦争を行なったことです。

（六—八—二〇九—三）　ブルーエット弁護人、東條英機被告個人弁護、日本の大東亜政策は三項目、ブロック経済に対処、東亜の赤化防止、日華国交改善による東亜の安定。

四　日本は東アジア諸国を侵略したのか

（一）アジアの植民地化

大東亜戦争の後、日本とタイ、ネパール以外の東アジア諸国は独立し、その時初めて独自の国名を世界に向けて名乗りました。もちろん日本に対する独立戦争はありません。

世界で植民地支配を受けなかった国は、アジアではネパール、タイ、日本の三ヶ国、アフリカではエチオピア一ヶ国、ヨーロッパでは英、仏、西（スペイン）、葡（ポルトガル）、独、伊、墺（オーストリア）、露、丁（デンマーク）、瑞（スイス）の十ヶ国です。全部で十四ヶ国です。このうち植民地支配をしなかったのは日本、タイ、ネパール、瑞西（スイス）、エチオピアの五ヶ国で、白人の国ではスイスのみです。

東アジアの植民地化の歴史を振り返ってみます。スペインとポルトガルは一四九四年に大西洋に関してトルデシリヤス条約を、一五二九年には太平洋に関してサラゴサ条約を締結しました。これは当時の二大強国による新発見領土の山分け条約です。リンゴを縦に切るように地球を子午線《しごせん》に沿って前もって分割して置けば双方の紛争が防止できるだろうと云う訳です。発見した土地の有色人は新領土に付属する奴隷に過ぎない訳です。これによって日本は東経百三十五度の子午線で東と西に予《あらかじ》め分割され、鉄砲を持ったポルトガル人が天文十二年（一五四三）に種子島へやって来ましたが、六年後の天文十八年（一五四九）にはスペイン人のザビエルも鹿児島へやって来ました。サラゴサ条約は、日本では室町時代の終り頃で、天文三年（一五三四）の織田信長の生誕より五年前でしたが、その後アジアの有色人は、白人によって次々に植民地に付随する奴隷の地位に落とされていきました。

各地で繰り返された植民地獲得の手法は、先ず西洋の珍品を持ってやって来た宣教師が現地政権の許可を取り付け布教を始めますが、一神教であるがため現地の既存宗教を排斥し却って反感をかって迫害され、また現地の王権をゴッドより下にあるものとして否定し軽ろんじ、キリスト教信者になった者たちは古来の宗教と王権を軽ろんじ、新たな宗教的権威が突然力を振るい始めた社会は秩序の混乱に陥ります。宗教と政治が密接な現地の歴史文化を破壊するような行為です。このような独善的で協調性のない布教はフランシスコ会、ドミニコ会などのやり方であると云われています。現地の政権の反感によって宣教師が殺されるとキリスト教と自国民保護のため、西欧列強から新しい宣教師と共に鉄砲を持った軍隊がやって来て王権を滅ぼし、新たな白人の植民地が誕生すると云う訳です。ビルマでは英国によって王様は死刑に、王妃や王女は兵士の慰みものにされました。

英国は世界の陸地の四分の一を領土とし、アジア地域の独立後の国名でいうと、イラン、スリランカ、インド、ビルマ、パキスタン、バングラデシュ、アフガニスタン、ブータン、マレーシア、ブルネイ、シンガポール、ニューカレドニア、ソロモン、ニュージーランド、オーストラリア、フィジー、トンガ、ツバル、キリバス、清国の一部を支配しました。米国は西部開拓とインディアン絶滅が目先の課題であったため太平洋へ出遅れ、フィリピンとハワイ、ミッドウェー、ウェーク、サモア、グアム、サイパンなどの島を支配したに過ぎませんでした。オランダはインドネシアを支配しました。フランスはラオス、ベトナム、カンボジア、清国の一部を支配しました。ポルトガルはチモール、清国の一部を支配しました。ソ連は東アジアでトルクメニスタン、ウズベキスタン、カザフスタン、タジキスタン、キルギスタン、モンゴルを支配しました。ドイツはパプアニューギニアの北部一帯、パラオ・マーシャル諸島、ミクロネシア連邦、清国の一部などを支配しました。白人は生まれながらにして一人当たり四人の奴隷を持っていると云われた所以《ゆえん》です。

翻《ひるがえ》って日本人は奴隷制度を知らない民族であり、日本は一度も他国を侵略し植民地支配したことのない国です。それどころか西洋列強の自制のない欲望剥き出しの植民地支配とはまるで逆の文化の国でした。利他あることで自分の利もあると知っている文化の国でした。この歴史文化を以て日本人二百数十万の命を懸け、日本の自衛とアジア有色人のため植民地から白人キリスト教徒追放を実行した国です。

（二）豊臣秀吉の伴天連追放令

天正七年（一五七九）七月、織田信長が安土城に天守閣を完成させた二ヶ月ほど後、本能寺の変で討ち死にする丁度三年前ですが、イエズス会のイタリア人アレッサンドロ・ヴァリニャーノが宣教のためにやって来ました。

彼は故国へ書簡を送りましたが、日本には武士がいて名誉を最も重んじ勇敢で死を恐れない。また国民は子供でさえ礼儀正しく冷静で賢く、貧乏を恥とはしない。勉学に熱心で文字をよく知り、理性に従い争うこともないが、情熱は外部から見えないだけで静かに激しい。西洋人である自分は毎日のように日本人から教えられることが多い。この国は他の国と比較して徳性が格段に優れている。簡単に外国人の支配を受け入れないであろうと記しています。日本に武士や賢い子供達を生んだ日本文化がなければ、言い換えれば日本に日本精神がなければ、兵庫県辺りでスペイン語圏とポルトガル語圏に分割され、インカ帝国の運命をたどることになったでしょう。

このサラゴサ条約の時代、キリスト教布教は貿易拡大と植民地獲得の手段でした。そして彼らの手で、支那人も日本人も奴隷商品としてヨーロッパ各地に売られたこと、長崎がイエズス会の領地になっていることを豊臣秀吉は知りました。

ほぼ同時期に天正遣欧少年使節を派遣することはアレッサンドロ・ヴァリニャーノがその後の布教を有利にしようと企画しました。

徳富蘇峰《とくとみそほう》の『近世日本国民史』を引用したネットの記事によれば、十三、四歳の少年使節四名は天正十年（一五八二）から八年間をかけて西欧各地を巡り、教皇グレゴリウス十三世に謁見《えっけん》し天正十八年（一五九〇）に帰国しましたが、途中行く先々で日本人の娘が奴隷として売られていたことを報告しました。肌白き日本の娘たちが秘所も丸出しに繋がれ、もてあそばれながらアフリカにまで売られていくのを正視できない。西欧文明が同じ人間を奴隷として平然としていることに憤《いきどお》りを感じる。宣教師は火薬の原料である硝石と日本娘を交換するため奴隷としているのだと述べています。これらの娘たちは五十万人とも云われると述べています。

豊臣秀吉の伴天連《ばてれん》追放令は天正十五年（一五八七）六月十九日、少年使節達が帰国する三年前に出されましたが、それはキリシタン大名たちが火薬欲しさに、娘五十人と火薬一樽を交換するため、娘を捕えては南蛮人の船に押し込んでいる現実を防止しようとしたこと、二つ目は日本人キリシタンが古来の神仏を排斥《はいせき》し始め、寺や神社を焼き討ちし、神職僧侶を殺害するなどの事件がたくさん起きたためでした。三つ目に宣教師たちは長崎の教会を要塞化し武器、火薬を貯め込んでおり、さらにフィリピンにいたスペイン軍へ支援を頼むなどしたことが原因でした。このようなキリシタンが関係する最大の事件となったのは、江戸幕府成立三十四年後の寛永十四年（一六三七）の島原の乱でした。およそ三万のキリシタン軍は相当数の鉄砲を所有していたと云われています。幕府軍は諸大名連合のおよそ十三万で圧倒的な多勢でしたが、幕府軍総大将はキリシタン軍の鉄砲で討ち死にするなど、鎮圧には四ヶ月も掛かっています。これは宗教戦争の側面だけではなく、年貢の厳しい取り立てによる百姓一揆の側面もあったと云われていますが、キリシタン軍に参加しない村もあった訳ですからキリスト教の浸透の具合に左右されたものと思われます。スペインの競争相手であったポルトガルが、これを内乱と見てこの機会に軍隊を送り込むという疑惑があったため、この地方のキリシタン信者は根絶されました。この結果鎖国の時代が始まり、その後も貿易を許されたのは幕府に味方したオランダのみでした。この島原の乱で日本の戦争能力をオランダが理解し、その後西洋に知られたことで、幕府の鎖国政策は長続きしたと云われています。丁度この時期、ヨーロッパ諸国では三十年戦争が半ば過ぎたところでした。

五　日本は大東亜会議出席国を侵略したのか

（一）　大東亜共同宣言

平成二十五年に大東亜会議七十周年記念の大会が共同代表を加瀬英明・頭山興助として盛大に開催されました。

昭和十八年（一九四三）十一月五日、六日の大東亜会議に際して、七ヶ国の代表が東京に集まりました。ビルマ国バ・モ首相、満洲国張景恵国務総理（第二代）、中華民国南京国民政府汪兆銘行政院長、日本国東条英機首相、タイ国ワンワイターヤーコン親王（首相代理）、フィリピン国ホセ・ラウレル大統領、自由インド仮政府首班スバス・チャンドラ・ボース。左から右へこの順序に並んで、会議が行なわれた国会議事堂の正面階段下に並んだ記念写真があります。インドネシアはまだ独立国ではなかったため、後に正副大統領となるスカルノとハッタがオブザーバーとして参加し、天皇陛下に拝謁しました。

この大東亜会議の共同声明「大東亜共同宣言」は大東亜共栄圏建設を通じて大東亜諸国の共存共栄、自主独立、相互尊重、経済協力、人種平等を謳《うた》いました。この会議開催こそ大東亜戦争の原因と目的とを明確に示しています。大東《だいとう》亜《あ》共栄圏《きょうえいけん》と云う言葉は昭和十五年（一九四〇）八月一日、第二次近衛内閣の基本政策発表に際して、記者会見の場で松岡洋右《ようすけ》外相が使用したのが最初です。

（四―四―五四九―一）　山本熊一証人　大東亜会議開催は東條首相が東南アジアへ出かけた折に、各国首脳から意見交換の場が欲しいと云う要望が出たことが発端。

（四―四―五五一―三）　ロバート弁護人　東亜新秩序の意味を説明、却下。

（四―四―五五二―一）　昭和十五年八月一日第二次近衛内閣の国策発表記者会見で松岡洋右外相が初めて大東亜共栄圏と云う語を使用。


日露戦争以来アジア各国から自国の独立を願い行動するアジア人たちが、留学のため或いは植民地官憲から政治犯として追われ、逃亡密出国して日本に来ていました。そして彼らは独自に日本や満洲で祖国独立のための会議を随時開いていたのですが、その大規模な集大成が大東亜会議となったわけです。

（二）大東亜共栄圏の背景

戦前の日本は、西欧列強連合のブロック経済体制にじわじわ首を絞められました。これは経済を以てする激烈な攻撃でした。パリ不戦条約の締結に於いて各国が留保した条件に照らして自衛戦争開始の許される理由となります。昭和天皇の宣戦の詔書にも英米は武力による挑戦のみならず日本の平和的通商にあらゆる妨害を加え、遂に経済断交を敢えて行ない日本の生存に重大な脅威を加えて来たと記されています。

ジョージ・モーゲンスターンは著作『真珠湾―日米開戦の真相とルーズベルトの責任』の中に、英チャーチル内閣の生産大臣オリバー・リトルトンが昭和十九年（一九四四）六月二十二日に在ロンドン米国商工会議所で行った演説を引用しています。その内容は、「米国は日本がパール・ハーバーを攻撃せざるを得ないまでに、日本を挑発した。米国が戦争に入るよう強要されたなどと云うのは、歴史上の茶化しである」と断言し、戦争がホワイトハウスで企画されて始まったことを、余りに本音で発言をしてしまったことで後日謝罪したと述べています。

さらに英米は昭和十六年（一九四一）八月十日、十一日に大西洋会談を行ない、ここで対日共同行動が打ち合わされ、これと前後して行なわれた別の会談を合わせて考慮すると、日本が英領マラヤ、タイ、蘭印、仏領インドシナなどに侵攻すれば米国との平和は武力に置き換えられるとする、白人連合による植民地利益保護協力協定がこの時期に出来たと考えられます。結局米国は自国が攻撃されなくても白人優先主義のために戦争すると決めた訳です。これが米国の自衛である訳はなく、完全に日本への侵略戦争遂行協定です。

白人連合は自国領である植民地に豊富にある資源を日本に輸出せず、同時に日本製品の輸入を高率関税で拒否し、とうとう最後には日本の在外資産凍結を以て貿易を完全に停止させました。日本に残されていた資源は蚕《かいこ》だけでした。しかし仮にアジアにアジア人の独立諸国家があれば貿易が可能であり、自衛戦争は必要がなかったと云えます。現在も未来に於いても大東亜に自主独立の国々があり、自由貿易体制であることは日本の自主独立にとって致命的に重要です。大東亜共栄圏建設と維持は日本を含むアジア全体の、幸福な生存に対する安全保障の方法であることは確実です。

大東亜戦争は付ける薬がないモノに付けた最後の薬でした。西欧列強の軍事力と白人優先主義という非情の海に浮かんだアジア辺境の島国が、生死を賭けて立ち上がり、西欧列強を打ち破り、アジアの海にアジア人の独立諸国家を再び浮上させました。大東亜戦争は全アジア人の戦争でした。


日本が植民地たる東亜の解放を支援すること、それこそ西欧列強にとっては国益がなくなることであり、絶対に許せないことでした。小磯内閣は東條内閣の後継内閣として昭和十九年七月から昭和二十年四月にかけて、大東亜戦争中の日本の内閣でした。

抑《そもそも》は戦争回避を最重要目的として誕生した東條英機内閣は、結局戦争開始内閣となってしまいましたが、昭和十七年一月二十一日に議会の施政方針演説で、大東亜戦争指導要綱を発表し、フィリピンとビルマの独立を認める方針を声明しました。日本は昭和十八年までにビルマ、インド、フィリピンの独立を支援し、これらの国々は独立しました。但しインドはチャンドラ・ボースを首班とし、日本が提供したアンダマン諸島ならびにニコバル諸島を領土とする自由インド仮政府でした。このアジア独立は全部ではないにしても、主として東條首相、小磯首相の時期に行なわれた訳です。

面白いことに法廷で、米国代表のタブナー検察官は次のように述べています。

「一九四三年十一月一日、大東亜会議が開かれた。日本の植民地であるのに独立国と信じ込ませる欺瞞《ぎまん》の一つであった。インド代表のチャンドラ・ボース、ビルマ代表のバ・モ、フィリッピン代表のラウレル等も参加したが、彼らは独立国と称しながら、日本が拵《こしら》えた独立国家の傀儡《かいらい》指導者であった。これらの地域はまだ独立していなかったのである」。

(三一八一七六一一一)　タブナー検察官最終論告、大東亜共同会議に出席したのは独立していない「独立国家」の傀儡的指導者たちであった。

タブナーのいうようにこれらの国が日本の植民地であったなら「大東亜宣言」の発表など出来るはずはありません。また法廷では東條英機元首相が大東亜会議についてその内容を詳しく証言したのですから、タブナーはそれを知りつつ欺瞞しているものと思われます。

自由インド仮政府、ビルマ、フィリピンは独立宣言をして米英に宣戦布告までしていたのですから、これらが独立国家でなかったと云うのなら、タブナーはそれらが西欧列強の領土であると主張しているに他ならない訳です。植民地を絶対に独立させたくない、植民地を取られたくないと云う白人連合国の思惑が透けて見える発言です。

タブナー検察官は臆面もなく、英国に対して独立闘争の真最中であったインドの代表検察官ゴビンダ・メノン氏と、判事ラーダ・ビード・パル氏、及びフィリピン代表検察官ペドロ・ロペス氏と判事ジャラニラ氏の面前でも、インドもフィリピンも自分達のモノであると宣言したことになります。傍らに居た英国代表検察官コミンズ・カー氏を含め、彼らはどんな顔をしてこれを聞いていたのでしょうか。

独立したこれらのアジア諸国で日本から独立した国はありません。米英蘭仏と独立戦争をして独立を勝ち取ったのです。もし仮に村山談話が云うように、日本がアジアを植民地支配していたならば、現在のアジア諸国は日本に対して独立戦争を挑んで独立を勝ち取ったと云うことになるはずですが、歴史的事実は全く逆で日本はアジア諸国の独立を支援し、西欧列強と戦争をしたのです。

法廷でブルックス弁護人は大東亜共栄圏建設に関して次のように述べています。「法廷証第一三四四号四節に於いて、小磯・米内内閣が蘭領東インド（インドネシア）の独立を次の議会で宣言すべきことを決定したとあります。小磯が蘭領東インドの独立を承認する意図を有していたことを証明する証拠であります。このことは訴追さるべきこととは無関係です。小磯内閣は本来、戦争を終結させようとしたのであり、独立付与と云うことは日本の政策たる東亜民族の解放に沿ったものであり万一侵略を欲したならば、議会に於いてその独立を約束する宣言など表明しなかったであろう」。

東京裁判開催の時期と、アジア各国が西欧列強に対する独立戦争を行なった時期はぴったりと重なって同時進行していました。インドネシア祖国独立義勇軍（ＰＥＴＡ）は再度支配しようとするオランダに対して独立戦争の最中でした。オランダ代表ローリング判事、マルデル検察官、ラヴアージ検察官はどんな顔でブルックス弁護人の言葉を聞いたでしょうか。

（六―九―七七八―一）ブルックス弁護人、小磯首相議会演説に関して。昭和十九年（一九四四）九月七日の議会演説で蘭領インド独立を約束すると述べた。

歴史的な事実をたどれば、日本が支援して昭和二十年（一九四五）八月までにすでに独立していたか、或いは独立準備中のアジア諸国に対して、日本軍降伏後すぐに西欧列強は軍隊を送り込んで再支配を狙いました。タブナー検察官の言葉と一致した行動です。

日本は約三年半の大東亜戦争の間にアジア各国に祖国独立義勇軍を育成しました。植民地支配する意図のなかった証拠です。日本軍降伏の後に、西欧諸国軍と独立戦争を戦い、撃退したのは日本が育てた各国の祖国独立義勇軍でした。アジア諸国の真の独立は、言葉上の独立宣言よりも、実際的具体的な独立状態の維持継続でなければなりません。多くのアジア各国の独立維持は昭和二十年八月十五日から数年の間、白人連合軍に挑戦を受けましたが、アジア諸国は祖国防衛に成功しました。ベトナムが仏、米に対して三十年間の独立戦争を要してやっと成功したことなど、タブナーの嘘はこれで暴露されました。

(三) 大東亜新秩序建設とアジア諸国

法廷に於いて、東條英機元首相は大東亜会議に関して次のような趣旨の証言を行ないました。大東亜共栄圏建設の理想、目的等を述べた後、大東亜各国代表の述べた言葉を引用しています。

大東亜会議出席の各国代表の演説は異口同音に、日本に対する感謝と、有色人種の諸国が十六世紀以来初めて、白人抜きで一堂に会したことの意義を述べたこと。そして今、日本を頼りつつアジア人は一致団結して、白人に対する独立戦争をしていること、またこの絶好のチャンスに目的を完遂しなければ永久に支配されたままであろうこと、そして今アジアの幸福のための最後の機会が訪れているのであると、意気高く熱い決意を込めて述べています。各国首脳の演説は、日本に対する外交辞令と自身に対する精神的鼓舞を割引しても、そしてまだ自国の義勇軍兵士は訓練中にも拘らず、アジア人は独立戦争に進んで突入したことを示しています。当時の日本はアジア独立勢力に軍事力を供給できるただ一つの国として、アジア植民地の希望の星になっていたことが解ります。

（六―八―二〇九―三）　東條被告個人弁護、大東亜政策に関して。

（六―八―二一四―二）　東條被告個人弁護、大東亜会議に関して。

平間洋一著『イズムから見た日本の戦争』は、インドネシアの高校歴史教科書を紹介しています。要旨のみ述べます。

先ず明治天皇ご一家の写真を掲げ、「日露戦争がインドネシアを始め、アジア民族に与えた衝撃が民族自覚を促した。ナショナリズムが育ち政治的自覚の運動が始まって、独立を望む運動が激しくなった。太陽の国がいまだ闇の中のアジアに明るい光を与えた結果であった。日本は八紘一宇《はっこういちう》（Hakko Ichiu）の旗印の下、世界支配に向けて一層精を出した。神道に従って他の民族を指導する神聖な任務があると考えていた」。

また明治天皇が示された「五箇条の御誓文」もインドネシア語に翻訳して掲載している教科書があ

ります。

犠牲も払いましたがアジア民族が求めた希望はついにかないました。昭和三十年（一九五五）、インドネシアのバンドンで白人抜きの会議が開催されました。アジア・アフリカ二十九ヶ国の会議（AA会議）です。この会議には日本も参加しましたが、有色人独立国がこのような会議を開催出来るのは、日本が途方もない犠牲を払って独立に努力してくれたからだとして、どの国の代表も日本に感謝の声ばかりでした。また各国首脳には独立前から日本に亡命、或は日本の南方特別留学生として日本に来た経験のある人、日本がアジア各地から独立の闘士達約千人を興亜訓練所を設立したうえで集合させ、教育訓練した時の訓練生であった人などが多く、バンドン会議はまた同窓会のようでもあったそうです。

「日本はアジアに謝罪せよ」と叫ぶ勢力がありますが、日本がアジア諸国の独立を支援したことのどこが悪事なのでしょうか。仮に謝罪せよと云うならば、アジアという国名はありませんから国名を挙げて云うべきでしょう。そして独立を支援して悪うございましたとでも云うのでしょうか。

現実に開催されたバンドン会議を実際に見て、白人優先主義の凋落《ちょうらく》を感じたのは西欧列強でしょう。しかしそれを悪事、凶事と考える有色人はいないでしょう。

公益財団法人新聞通信調査会が、平成二十八年（二〇一六）一月に米、英、仏、中、韓、タイで行なった意識調査でさえ、中華人民共和国と大韓民国以外では、タイでは九十パーセント以上、米英仏では七、八十パーセントの国民が日本に好感を持っていると答えています。これが謝罪すべきことでしょうか。

七割以上の人々は日本が侵略したとは思っていない証拠ではありませんか。過半数の人が良いと云うことをとらえて、謝罪しろと云う主張は奇妙ではありませんか。それは自分と比べて優れた相手を嫉妬し、他人を恨み、他人を貶《おとし》めて自分が勝ち誇りたいという克伐怨欲《こくばつえんよく》の感情による政治的宣伝でしょう。「パル判決書」中の最後、第七部、勧告の章の最後の一句を掲げます。

「時が、熱狂と、偏見をやわらげた暁には、また理性が、虚偽からその仮面を剥ぎとった暁には、その時こそ正義の女神はその秤を平衡に保ちながら過去の賞罰の多くに、その所を変えることを要求するであろう」。

東京裁判は西欧列強と共産主義者の恥かしい行動、恥知らずな素顔でした。アジア人の目から見た東京裁判の正体は、西欧列強に武器を取って反抗する有色民族に対する白人の復讐であり、白人優先主義は疑う余地がないと云う見せしめであり、植民地搾取と人種差別は正義だと云う主張でした。つまり連合国自身の強欲傲慢を弁護し、日本を葬りアジアの植民地を保持し続け、有色人種は今後も白人の犠牲になるのが当然だという、白人連合の克伐怨欲そのもの、我欲の発露でした。

白人と差別のない公平公正平等な社会に生きたいと思うことさえ、有色人種の思い上がった夢でしかなかった時代をぶち壊したのは、大東亜共同宣言にある通り日本軍とアジア諸国の同盟軍でした。アジア諸民族は自分の力で白人を追い払い、東亜に新秩序を作りました。有色人に向かって五百年にわたる侵略、植民地支配と搾取を謝罪し、その被害を賠償すべきは西欧列強でしょう。

六　東京裁判訴因中、日本が侵略したとされた国の名

訴因二十七…中国、訴因二十九…米国、訴因三十一…英国、訴因三十二…オランダ、訴因三十三…フランス、訴因三十五…ソビエト、訴因三十六…蒙古及びソビエト。

東京裁判では、日本は右に名前を挙げた国に対する戦争を計画し遂行したとして、日本に侵略されたと主張する一つの国に対する戦争を一訴因として、中米英蘭仏ソと明記しました。日本軍が進出したのはアジアの地域ですが、にも拘らず挙げられたのは右の七ヶ国でした。当時は日本、満洲、タイ、ネパール以外のアジアは西欧列強の植民地であり、独立するまで独自の国名はありません。オランダを例にとれば、ヨーロッパの本国ではなく植民領土である現在のインドネシアを日本に侵略されたと云う訳です。

訴因二十七の中国は米英が支援した蔣介石軍閥が名乗った中華民国政府、またソ連が支援した毛沢東の共産政権を指し、東京裁判当時の支那では、英米が支援した蔣介石の中華民国政府軍と、ソ連が応援する毛沢東の中国共産党人民解放軍が内戦中です。日本が応援した汪兆銘は暗殺の弾傷がもとで昭和十九年（一九四四）十一月に死亡し南京政府は消滅していましたから、二大軍閥の覇権争いの最中で、まだ国家として成立前の状況でした。

また当時の蒙古はソ連に共産革命を輸出された共産党支配の国ですから、ソ連の傀儡政府と云う訳

です。東京裁判には蒙古から検察官も判事も出しておらずソ連が代理したと云うことでしょうが、ノモンハンに関してはモンゴルのスターリンと呼ばれたチョイバルサン他二、三名が証人として出ているだけです。従って全ての訴因に於いて、被侵略国は西欧列強であると明言したに等しいことになります。

訴因三十五のソビエトを侵略したという項目は後の判決中では省かれ、訴因三十六の二つの項目は判決に出て来ますが、蒙古に関するのはノモンハン事件（ハルヒンゴール河事件、ハルハ河事件とも）として、ソビエトに関するのは張鼓峰《ちょうこほう》事件（ハーサン湖事件、カサン湖事件とも）として扱われるだけです。結局、日本がソ連を侵略したという訴因はそのままでは判決に帰着させることが不可能であり、すでに外交的に解決されていた二つの国境紛争事件を持ち出したのです。日本がソ連を侵略したなどと云うことは、西欧列強でさえ強弁不可能だったのでしょう。

第二部

二度あったアジアへの侵略と日本

一　第一次アジア侵略

（一）米タブナー、蘭ムルダー、英コミンズ・カー検察官の主張

第一次アジア侵略は、西欧列強が十五世紀末から二十世紀半ばまで掛けて行なった侵略です。アジアは西欧列強の領土として専制支配を受けました。幕末の日本人は、西欧列強がアジアを植民地化しながら北上し日本の方へ押し寄せ、清国が蚕食《さんしょく》されているのを知って、その危機感が明治維新の原動力となりました。米国がスペインに戦争を仕掛け、キューバ、プエルトリコ、グアム、フィリピンを横取りして支配し始めたのは明治三十一年（一八九八）、日清戦争の三年後、日露戦争の六年前のことでした。

またハワイ王国では最後の女王リリウオカラニが、一市民として生きる以外の道を閉ざされ、米国に編入されたのは明治三十三年（一九〇〇）のことでした。

明治二十六年（一八九三）、ハワイ王国に住んでいた在留外国人である米国人がハワイ王国に、白人金持ちに有利な外国人参政権を押し付け、議会に席を得ました。さらに米国人武装集団の力を背景に、クーデターを起こして女王を退位させ、白人が議会を乗っ取った形で米国への合併を決議しました。この張本人はドールバナナに名を残しているドール一族のキリスト教宣教師で、もちろん米軍は大い

ににらみを利かせました。日本は軍艦をハワイに送り政変を正当とは認めませんでした。ハワイ人の中には皇室と婚姻関係を結び、日本を頼りにしたいと云う動きもありました。米国政府が日本を危険視し始めたのはこの時から始まったのでしょう。

その次は、国際連盟発足会議において連盟憲章に人種の平等を入れるように要求し、しかも過半数の賛成票を得たことです。白豪主義のオーストラリアが強烈に反対し、議長国であった米国は賛成多数であったにも拘らず否決としました。これによって日本は白人優先主義を脅《おびや》かす危険な黄色い猿となりました。

この頃、明治三十三年（一九〇〇）の支那では義和団の乱が起きていました。英国に対して阿片戦争の不満が鬱積しているところへ、キリスト教布教の傍若無人なやり方が我慢できなくなった支那人の抗議から始まり、次第に暴動は広がり大きくなり、義和団は西欧列強に反対するスローガン「扶清《ふしん》滅洋《めつよう》」を掲げました。

結局キリスト教布教が侵略の魁《さきがけ》と見破られたのです。米国人宣教師も米国人の寄付金をたくさん投入したにも拘らずたくさん殺されました。そして西欧列強各国からは野蛮人を啓蒙するため、また自国民と利益を保護するために、軍隊がやって来ました。

この時期の支那は東方を目指して来た西欧列強によって分割され、その勢力範囲は大河に沿って帯状に分割されていました。支那大陸を三大河川に注目して南から順に北へ見て行きますと、㈠南支那海へそそぐ珠江流域を仏領インドシナから連続してフランスが勢力範囲とし、ただ珠江の河口にある香港地域だけは英国が支配し、澳門《マカオ》はポルトガルが握っていました。㈡東支那海へそそぐ長江（揚子江）の流れる支那大陸の中央部は、その河口に位置する上海からかなり上流の地域までを英国が勢力範囲としており、㈢渤海へそそぐ黄河下流域と山東半島地域をドイツが占め、その北側は西欧列強の進出していない部分を挟んで、万里長城以北は遼東半島を含め、朝鮮と接するところまで満洲の全部がロシアの勢力範囲でした。十九世紀終わり頃の西欧列強による支那分割の地図を一度ご覧になると解りやすいのですが、西欧列強の手付かずの地域は清王朝の支那全体のざっと三分の一程度で、万里長城の南側で黄河の中流から上流域までがまだ手付かずのままでした。仏、英、独、露に依る支那の分割は完成寸前でした。

米国は太平洋を西方へ進みグアム、サイパン、フィリピンを支配下に置いたばかりで、支那大陸には遅れて到達したため支配地域を築くことが出来ず、門を開いているにも拘わらず日本に向かって門戸開放を執拗に叫び始めたのは、同類の白人に対しては分け前を主張出来なかったからなのでしょう。こうしてついに英米蘭仏露独葡は、国旗を掲げ銃口を揃えて、ユーラシア大陸の果てまで到達しました。白人優先主義もそれぞれに東西から地球を半周して来たと云う訳です。

コロンブスが西回りで米大陸に到達した明応元年（一四九二／日本では後土御門天皇、室町幕府の八代目将軍足利義政の頃、明応大地震で浜名湖が海になった頃）は、南北米大陸住民の滅亡の始まりでした。一五五二年出版のラス・カサス著『インディアスの破壊についての簡潔な報告』（岩波文庫、昭和五十一年）に詳しく記録されています。ラス・カサスはキリスト教宣教師として赴任し、カトリックを広めるために来たはずの白人達の、余りに非道な残虐行為を止めさせようとして本国へ報告書を書いたのでした。やって来たスペイン人たちは黄金にしか興味がなく、金の掠奪や採掘のために原住民を酷使し、また遊び半分で拷問をしたり、犬の餌にしたりとインディアスの生命はいくら消費してもよく、その社会が崩壊しても気にも留めなかったのです。ジャマイカの例では現在の国民は黒人なのですが、元々いた原住民を消費し尽くしてしまったため労働力をアフリカから連れて来た訳です。

ここからさらに西方を目指した白人と、ヨーロッパから東方を目指して来た白人が、丸い地球を証明するかのように、最後に残された地域であった支那、朝鮮、日本にまで到達した訳です。この時期の朝鮮半島は日清戦争の成果をうけて、大韓帝国が独立していましたが、その政権内部は親露派、親清派、親日派の三つ巴で武力を伴う抗争を繰り返していて危うい独立でした。インドから東南アジアにかけて海のアジアはすでに植民地化されて二、三百年も経っていました。これが明治時代までに、ネパール、タイ、日本を除いて完了していた西欧列強の第一次アジア侵略です。

右に述べたように白人による世界の支配は完成寸前でした。日本は植民地支配される直前に近代的富国強兵が間に合ったことと、万世一系の天皇陛下の下《もと》に団結し名誉を重んずる勇敢な国民がいたため、戊辰戦争に西欧列強を介入させることもなく独立を維持出来ました。百二十一ページのアレッサンドロ・ヴァリニャーノが予想した通りです。

もしも明治維新が間に合わず、政府が富国強兵に失敗して、各藩がばらばらに西欧列強を味方に引き入れて日本国内あちこちで内戦状態になれば、それこそ西欧列強の望むところであり日本人は彼らに分割支配されて、白人の有色人種支配は完成し今日までも継続されていたでしょう。このように考えると明治維新はアジアの独立のために役立ったと云っても良い訳です。アジア独立のためアジア人の団結を呼掛けた大アジア主義は生まれるべくして生まれたと云うことになります。

法廷に於いて検察側最終論告では、オランダ代表ムルダー検察官が次のように述べています。「米、英、蘭は日本との戦争により何か利益を得ることが出来ただろうか。日本は戦争に勝利すれば支那、東南アジア、西太平洋の支配者になったであろうが、米、英、蘭にとっては、例え戦争に勝利しても、すでに所有しているものを保持する権利以外の利益はなかったのである」。百二十八ページの米国代表タブナー検察官と同じ思考です。彼らにとってアジアの植民地は日本に戦争を仕掛けてでも護るべき巨大な経済的利益であったし、圧倒的軍事力に自信があった訳です。オランダはインドネシアとして独立した旧領土を失ったために国土面積は二パーセント以下にまで縮小しました。このため日本に対する憎しみが強烈なのでしょう。しかし日本を憎む前にアジアからはその百倍も怨まれて当然だと云うことには気が付かないのでしょうか。

（七―八―七五九―一二）　検察側最終論告、「合衆国、英国、和蘭は日本との戦争により何か利益を得ただろうか。今まで保持してきたものを保持し続けるだけだ。一方日本は勝利すれば莫大な利益を手に入れることになる」という趣旨のムルダー検察官の発言の一部引用。

（三―八―七二五―四）　検察側最終論告。

また、英国代表のコミンズ・カー検察官は、外交官でGHQにより公職追放された山本熊一証人に対する反対訊問に於いて概ね次のように述べています。

「大東亜共栄圏によってアジアは恩恵を受けたと云うが、現実は白人を痛めつけて、その地から徹底的に収奪しただけではないか」。

過去、英国領土は世界の陸地の四分の一を占めていると云われたのに、アジア地域の領土から比較しただけでも面積は四～五パーセントにまで減少しています。現在ヨーロッパに存在する連合王国は面積では日本の約六十五％に過ぎません。

日本がアジアを横取りし白人を痛めつけたと考え、これに対する憎悪に加え、アジア人は白人支配下にあった方が幸せであると云わんばかりの強烈な白人優先主義的発言です。

（四―四―五七一―四）　山本熊一証人に対するコミンズ・カー検察官の反対尋問、大東亜共栄圏に関して、仏印に対して貿易代金を金《きん》で支払わなかったのではないか。

タブナー、ムルダー、コミンズ・カーの思考は同型ですが、次の発言には注目して下さい。コミンズ・カーは「白人を痛めつけて」と述べています。これは日本がアジアを侵略してアジア人を痛めつけたのではないと云う認識であり、逆に日本がアジアを侵略し植民地支配したと云う認識は、東京裁判で検察側から主張されなかったことを記憶して置かねばなりません。検察側は日本がアジアをではなく西欧列強を侵略し、白人を痛めつけ、富を奪ったと非難している訳です。富を奪ったことの一つとして、日本が金塊で貿易代金を支払わなかったことも例示したのでしょう。これは当時世界の経済は金本位制がまっとうな国家であり、正しいと思われていたからです。

このコミンズ・カーの発言は昭和二十二年三月十日のことでしたが、インドの対英独立戦争がそろそろ終盤に来ており、五ヶ月後の八月十五日にインドは独立を果たした、そう云う時期であったことにも注目する必要があります。仮にも日本がインドを侵略し支配したのであれば、インド人が英国に対して独立闘争を行なう訳がないではありませんか。もちろん、インド代表パル判事もゴビンダ・メノン検察官も、インドを失うことが決定的になって負け犬の遠吠えのようなコミンズ・カーの陳述をしっかり聞いていたはずです。

英領インドの解放独立を目指してビルマからアラカン山脈を西へ越えて、インドのインパールを目指して約十万の兵士が参加したインパール作戦では、日本が創設を援助したＩＮＡも友軍としてインドの町コヒマまで進軍しました。しかし武運に利あらずその約七十五％が死傷し敗退しました。

さりながら後日、国家反逆罪でＩＮＡ兵士を裁いた英国に対して、インドではＩＮＡ兵士はインド独立の英雄だとしてインド全土で反英裁判闘争が起こり、英軍インド兵も英人司令官に叛逆し英軍の力は失われました。こうして英国はインド、パキスタン、バングラデシュ、ビルマ、マレーシア、ブルネイ等から追い出されて行きました。

しかし、タブナー、ムルダー、コミンズ・カーなど西欧列強の検察官は、日本が西欧列強にとって替わってアジアに植民地を獲得しようとしたのだ、と云う主張に固執しました。アジアの地は白人の所有物だという認識は、彼らの脳に何百年も刷り込まれて来ていたと云う訳です。

また、梅津美治郎被告（陸軍大将）に対する検察側論告に於いて検察側は次のように述べています。「検察側の証拠により次の事が明確にされた。梅津は共同謀議の一員として、東亜、太平洋、インド洋の諸国に於いて軍事、政治、経済の支配権を確立しようとした。及び梅津は、中国、ソ連、米国、英国、その他諸国の自由愛好国民に対する侵略を実現しようと努力した」。

（七―九―三五〇―二）　梅津美治郎被告に対する最終論告。

まず、日本軍が英米中ソその他の自由愛好国を侵略したと述べている点に注目してください。日本がアジアを植民地支配し侵略したと云う理解は誤りであることを、検察側自身が最終論告でも主張している訳です。

次に、西欧列強は自由愛好国と自称するにも拘らず、植民地住民は自由を愛好してはいけないのです。これを自己矛盾だと思わない程、白人優先主義は沁みついていました。白人は自由を愛しても良いのに、有色人は自由を愛好してはならないのでした。十六世紀半ば、フィリピンを植民地にする理由についてスペインは「フィリピン人は自由を与えるに値しない劣等人種である」と述べましたが、これ以前も以後も西欧列強の自由愛好の思想は、これ以上ないくらい有色人種に対して排他的で傲慢で身勝手です。南米大陸でインディオの身の上に起きたことを報告したラス・カサスの報告書、また北米大陸のインディアンが現在は百か所足らずの保護居留区に住んでいることを想い出して下さい。アジアでも同様、我欲ばかり強くて冷血惨忍な野蛮人とは白人のことです。

検察側の論告中にある「その他諸国の自由愛好国民」は、なぜ具体的に国名を挙げていないのでしょうか。挙げるとすれば、その他諸国に該当するのはオランダ、フランス、ポルトガル、オーストラリア以外に独立国はない訳です。

何百年も自由を渇望していたのは有色人種でしたが、自由愛好国民の中には入っていないことが検察側の口から明確になりました。白人にとって有色人の自由などは最初から発想さえなく、その不公平をおかしいと疑うことさえありません。他者に対する配慮のないのは野蛮人と呼ぶに相応しいでしょう。

二　第二次アジア侵略

（一）アジアの明治維新が再侵略に立ち向かった

第二次アジア侵略とことさらに云うのは、二十世紀の中頃、短期間のうちに大規模に、同時多発的に起きた西欧列強によるアジア再侵略を指し、さらにそれに対抗するアジア側の祖国防衛戦争をより明確に認識するためです。日本軍が降伏しアジアから引き揚げると同時に、アジアの主人を自称する英米蘭仏が帰って来た、これが第二次アジア侵略です。

以前の植民地をそれまでのように支配し続けるつもりで各国軍隊がやって来たのですが、日本さえ葬れば元通りになると考えたのは間違いでした。一時的に日本軍に占拠されていたが、日本を追い出して自分の家に帰って来てヤレヤレ、と思った西欧列強軍を待っていたのは各国の祖国防衛義勇軍でした。これらの義勇軍は独立後にはそれぞれの国軍の基となったのですが、その始まりは日本が各国の独立を願う青年を中心に募集、訓練し、日本軍教官から日本陸軍の「歩兵操典」を教科書に教練を受け、日本軍降伏後は日本軍の武器弾薬で武装し、日本軍と同じ方式で戦闘しました。現地人兵士で構成された第二の日本軍というべき軍隊でした。そして口先だけの「アジアの独立」ではなく、何千人かの日本兵はアジア各国に残って、アジアの独立を目指して共に戦いました。

マレー半島の英軍インド兵俘虜達によるインド国民軍ＩＮＡ、マレーシアではマレー義勇軍、インドネシアでは祖国独立義勇軍ＰＥＴＡ《ペタ》、スマトラ義勇軍、ボルネオ義勇軍、仏印ではインドシナ義勇隊、ベトナムでは日本留学経験者三百人が作った対仏抵抗組織である越南光復会モッハイ、フィリッピンでは比島愛国同志会マカピリ、ビルマではビルマ独立軍ＢＩＡなどがありました。これらが帰ってきた西欧列強の軍隊と各国独自の自衛戦争を戦い、これに勝利して独立を確かなものにしました。

話は横道ですが、ＢＩＡ創設からビルマ独立まで深く関わった南機関（機関長は鈴木啓司陸軍大佐）の中の一人が野田毅《つよし》大尉でした。後に南京戦犯法廷で、一本の日本刀でどちらが早く支那人を百人斬るかと、向井敏明中尉と競争したと報じた毎日新聞の浅海一男記者の「百人切り競争」記事だけを証拠とする冤罪《えんざい》で、南京市郊外の雨花台でお二人とも日中友好を願いながら殺害されました。また東京裁判に証人として出廷した櫻井徳太郎中将はビルマ独立軍の軍事顧問でした。しかし櫻井証人に対してＢＩＡに関する反対尋問は全くありません。東京裁判に並行して、ビルマで進行中の英国に対する独立戦争は、英国代表検察官コミンズ・カーにとって不都合な事実だったからでしょう。

百四十二ページのオランダ代表ムルダー検察官の発言を思い出して下さい。日本軍の去ったあと西欧列強軍が帰って来たのは、自国植民地が自由を愛好し独立するのを祝福するためでないのは明らかです。大東亜共同宣言で人種の平等を謳《うた》った理由は、この白人による第二次アジア侵略がしっかりと説明してくれています。

西欧列強の欲望にただ奉仕すべく強制されて来たアジア諸国人の独立戦争は、白人キリスト教徒に対する宗教戦争、人種戦争、経済戦争、自由獲得の戦争でした。

第二次アジア侵略をはね返して自由を獲得したアジア諸国の方こそ、本当の自由愛好国ではありませんか。この戦争の結果、自由に自分の価値観によって人生を全う出来るようになりました。何百万ものアジア人の命と引き換えに獲得した独立を、貴重な幸福と云わずして何と呼べばよいのでしょう。

法廷でカニンガム弁護人は、裁判と並行して起きている西欧列強のアジア再侵略の事実に関してオランダ人のヴェールト証人に反対尋問しましたが、ウェッブ裁判長は一言も発言させまいとするかのように、即座に検察側異議を認め発言を止めさせました。このような場合、検察側の異議は決まって「この裁判は日本を裁いているのであるから、それは審理に関係がない」でした。西欧列強にとって絶対に触れられたくない、現在進行中の第二次アジア侵略だったからです。

もし弁護側にこの反対尋問を許せば、原告側が行っている現在進行中の第二次アジア侵略に関して、さらに多くの尋問をするに違いない。万一そうなれば東京裁判は根底から否定され、被告と原告はその座る場所の交代を迫られると恐れた訳です

（四―三―四二六―一）　ローガン弁護人、ヴェールト証人に対する反対尋問、スカルノとハッタの独立宣言に関して。

（四―三―四三三―二）　カニンガム弁護人によるヴェールト証人に対する反対尋問、ハイド検察官

は英蘭軍（英国とオランダの連合軍）がインドネシア「解放軍」として到着した時、（インドネシア人との関係は）非常に平和的進駐であったか、また英蘭軍の再進駐により生じた死傷者数を見積もり計算しましたか、というカニンガム弁護人の反対尋問を遮るように、頻《しき》りに異議を提出、ウェッブ裁判長も直ぐに異議を認めて尋問を却下している。

西欧列強は植民地支配を白人に当然与えられた既得権益と考えていました。白人キリスト教徒は、ゴッドの恵みを未開の地にもたらす神聖な使命があり、ゴッドの使命に忠実に行動した証拠が領土拡張、利益獲得のボーナスであると信じていた訳ですが、そのような妄想的自惚れこそ野蛮な証拠ではありませんか。彼らのゴッドの使命とは非キリスト教有色人の命を一顧だにしない野蛮な自己優先であり、飽くなき経済的欲望の同義語でした。白人がもたらしたものは、鉄砲と火薬、性病と天然痘、そして不服従による死か奴隷の平和か、二つに一つを選択せよと云うものでした。

大東亜戦争はこれらアジア全体の明治維新とも云えるでしょう。その結果は日本の自存自衛と、アジア諸国の独立と自由貿易と云う、分離不可能な一石二鳥の成果でした。

コミンズ・カー検察官は、日本が新たなアジア支配者になったことでアジアは搾取されたと云いましたが全くの嘘です。日本がアジア諸国の独立戦争を応援し、日本兵も参戦したのが歴史の事実です。このような支配があるはずがありません。そして日本を含めアジアが得た利益は新たな領土でも特権でも財貨でもなく、主権国家でなくては得られないアジア人自身の自由と人種の平等です。五百年前から奪われていた自由と平和愛好の権利を取り返しただけです。

日本がアジア地域にあった西欧列強の領土に侵攻したのは、第一には自存自衛が最大の目的です。資源豊富なアジア地域が殆ど全て西欧列強の領土である故に、英米蘭仏は秘密裡に協議し、日本に対して石油を始めとして資源や産物を輸出せず、また日本製品の輸入を禁止出来たのです。これが続けば日本は何もしないうちから西欧列強の奴隷になれと命令されたようなものです。しかしアジア地域にアジア人の独立国家がたくさんあれば、石油の輸入を始め多くの貿易が可能であり、双方が利益を得て共存共栄が可能であり、相互に幸福です。

東京裁判の証拠として提出された米国の対日禁輸物資一覧表には、各種の鉱石や屑鉄、石油だけでなく、軍需以外に日常必要とされるような医薬品、医薬品原料、綿製品、馬の皮革、毛皮、ワニス、食用油、接着剤など実に多種多様な原料物資、材料、半製品、工業製品が記載されています。今日では日本にありふれているような物まで輸入しなければならなかったのがたった七十数年前の日本でした。これをヘレン・ミアーズは生活必需品のためにさえ貿易せねばならない国と表現しました。これに従えば米国は日本人の生活を破壊する行為を行なった訳です。これは侵略です。

また米国は昭和十四年（一九三九）七月に日米通商航海条約を失効させ無条約時代になった後、同年十二月に道徳的禁輸（モラル・エンバーゴ）と米国が呼んだ、航空機用ハイオクタンガソリン製造技術などの禁輸により日本の力を奪おうとしました。これと前後してＡＢＣＤ包囲陣は漸次《ぜんじ》強化され、米国はソ連と足並を揃え蔣介石政権に対して、嘗《かつ》てないと米国自身が云うほど莫大な物資や借款供与を行ない、逆に対日禁輸物品は次第に増加され日本国内の物資は乏しくなりました。そして二年後、米国により在米資産を凍結され、日本は貿易代金支払いが不可能になり貿易は杜絶《とぜつ》しました。また日米交渉では日米通商航海条約に替わる条約を切望する日本に対して、米国は一切の譲歩を拒否し西欧列強同士は裏で結託しました。中でも軍事大国である米国は、日本を戦争せざるを得ない死地へ追い込んだ訳です。これこそが日本に戦争を吹っ掛ける白人連合の共同謀議に違いありません。

（五―六―一〇八―四）から（五―六―一五一―二）まで、証拠としてたくさんの対日禁輸品目を挙げている、ローガン弁護人が、日本はＡＢＣＤ各国の採った禁輸に対して、度々抗議をしたのであると述べている。

連合国は二百数十万の日本人の命を奪いました。東京を無差別爆撃し一晩で十万人、広島、長崎の市民の頭上に各一発の原子爆弾を炸裂させ二十万人の命を奪いました。しかしその冷血野蛮で日本を葬り去ることが出来たでしょうか。

十年ほどの間は絶望的な満身創痍《まんしんそうい》となりましたが、日本は植民地解放、自由貿易、人種の平等、価値観自主権などを有色人種の手に取り戻しました。もう有色人種だからと云って、白人の下にいる理由はありません。日本は終戦から九年後、昭和二十九年（一九五四）にはココロンボ・プランに加盟し、翌年から経済協力、政府開発援助としてアジアの旧同盟国へ資金と技術の援助を開始しています。最初の円借款はインドに行なわれました。平成二十七年十二月の安倍首相インド訪問の際、インド国会で行なった演説の中で、日本が意地を見せたこの戦後最初の円借款をインドが受けてくれたことへの感謝を述べ、インド国会満場、鳴りやまないほどの拍手を受けました。

当時の日本はまだ米国の援助を受け、世界銀行から多くの借金をし、日露戦争の戦費としてユダヤ人財閥から借りた借金も支払い中ではありましたが、大東亜共栄圏建設を目指した戦前からの意志にブレはなく、一九九一年から十年間は世界一の援助国でした。その後は一位ではなくなりましたが現在も五位以内で続いています。相手先は東欧、アフリカもありますが数量ともに圧倒的にアジア諸国です。

有色人種の五百年の歴史を振り返るとき、大東亜戦争は人類史における空前絶後の大偉業ではありませんか。自由平等公平を自分達だけが享受するため、有色人種を奴隷化して恥じなかった白人の我欲暴走を、人類全体の幸福の方向へ向け直した戦争です。日本以外に人種の平等を国際連盟規約に入れようとした国があったでしょうか。その時は満場一致でないことを理由に否決されましたが、その理想は大東亜戦争を経て実現しました。

(二) 有色人種の防人《さきもり》、靖國神社の英霊

誰しも命を惜しみ愛《いつく》しみます。靖國神社拝殿前の鳥居の左側、特攻で散華された英霊の遺書を拝読

する時、短いが尊い人の命について考えてしまいます。

命が自分のところへ玉の露となって宿るまで、最初の日本人から、石器時代、縄文、弥生時代へと何万年も命が一度も途切れずに続いたお陰で、今の自分があると云うことは誰しもわかる理屈です。従ってその顔を見たこともない無数の先祖が死んで日本の土になっていることに気付きます。きっと先祖も子孫の幸福を願ったことであろうと思います。その願いが玉の露となり現世の命として宿りました。

命が果て日本の土となった先祖は土中で分子になるまで分解され、地下水に乗って米や麦や芋や野菜や果実、或は魚、貝、海草の栄養素になって、今生きている日本人の口から入りその身体となっています。「頂きます」と手を合わせ、食事をすることによって私達は先祖を頂く訳です。この身体は先祖を食べて生かされています。

どんな日本人の中にも、また山川草木すべてに先祖がいます。日本の全てが日本の先祖です。身土《しんど》不二《ふじ》の意味は国土と国人は別物ではなく、国土と生命はお互いに不可分離の輪廻転生を繰り返しているという意味です。このことは観念ではなく現実です。先祖は栄養素となって米、麦や野菜、果実また魚介類になり子孫のところへ還ってきています。ですから私の命は私の先祖のものでもあり、また私の子孫の命でもあります。先祖は私のところへ続いて来てそして子孫のところへ続いて行くでしょう。従って自他の区別をする場合もそれは現世現在だけのかりそめ事に過ぎません。

日本人として生まれたならば、立派に死んで日本の栄養素になるべしと云う覚悟が大切と信じます。

死に代り生まれ代り七度生まれ代って御国のために尽くす「七生報国《しちしょうほうこく》」は心意気の表現だけではなく現実なのです。民族として継続する生命の在り方です。

自我、個性を異常に強調する西洋文化では別の認識を持つのでしょうが、自分というものは自分であって同時に自分ひとりで成れるものではありません。

もし身体の細胞の一つが個性を持って強烈に自我を主張し協調を拒否するならば、それは癌細胞であり、大きくなればついには身体と共に癌自身も死滅します。

自分の命は長い歴史の根先の一つの芽であり、これからも子孫たちが同じ根から日本国の日本人として芽を出し、次から次へと日本文化を続けて欲しいと願いつつ、まず眼前を見やるとき危急存亡《ききゅうそんぼう》の正念場《しょうねんば》を迎えた我が国を、とにかく存続させねばならないと覚《さと》った若い日本人が多く居てくれたことに気付きます。彼らは自分の命と引き換えに両親や妻や子孫が幸せに生きて欲しいと願い、遺書にもその願いを残しました。その方々の最期の言葉を、今生きている私が鳥居前で拝読していることに思いが至ります

靖國神社に鎮座まします英霊は最も愛《いと》しむべき自分の命を、未来の子孫のために投げ出して下さいました。遺書にはその決意が明るく静かに溢れています。文字を追ってゆくに従って、その「清《きよ》き明《あか》き直《なお》き心」によって生かされる我々は、唯ただ有難い命を頂いていることを知ります。

最後の便り　　海軍中尉　小川　清　命《のみこと》

父母上様

お父さんお母さん。清も立派な特別攻撃隊員として、出撃することになりました。思えば二十有余年の間、父母のお手の中に育ったことを考えると、感激の念で一杯です。全く自分程幸福な生活をすごした者は他に無いと信じ、この御恩を君と父に返す覚悟です。あの悠々たる白雲の間を越えて、坦々たる気持ちで私は出撃して征きます。生と死と何れの考えも浮かびません。人は一度は死するもの、悠久の大義に生きる光栄の日は今を残してありません。父母上様もこの私のために喜んで下さい。

殊に母上様には御健康に注意なされお暮らし下さる様、なお又、皆々様の御繁栄を祈ります。清は靖國神社に居ると共に、何時《いつ》も何時《いつ》も父母上様の周囲で幸福を祈りつつ暮らしております。清は微笑んで征きます。出撃の日も、そして永遠に。

群馬県高崎市藤塚出身、神風特別攻撃隊第七昭和隊、昭和二十年（一九四五）五月十一日、鹿屋基地より出撃、南西諸島方面にて特攻戦死、二十四歳。僚機と二機で米空母バンカーヒルを大破。バンカーヒルは沈没は免れたが戦列には復帰出来ず。この時期は、すでに四月七日に戦艦大和も沖縄防衛のため援護の戦闘機もないまま特攻出撃し沈没した後であったが、海軍は沖縄防衛のため特攻を敢行していた。僚機は海軍中尉、安則盛三命《のみこと》でした。もう一柱の英霊の遺書。

遺書
陸軍大尉　片岡正光命《のみこと》

父上様、愈々《いよいよ》私の真価を発揮する時が参りました。

日本男児として、そして又、父上様の子として立派に皇國に殉じます。

今や皇國存亡の決戦に臨んでいる日本人は、総て生死を超越し、一筋に任務を完遂し皇國を守護し奉るべきであります。何卒《なにとぞ》この機この決戦場に送り得る子を持たれたる幸いを心して下さいませ。御老体のこと故、何かと御心労も多き事と思ひますが、姉上様と共に健やかにお過ごし下さいます様お願ひ致します。

もう少し生きて貰ひたかつた、せめて孫の顔位見たかつたとお考へになるかも知れませんが、私としましては、今斯《か》くして死に場所を得る事が最上と信じます。

武士の道、帝国陸軍将校の道、皇國の必勝を信じて淡々と勇躍出発します。

何も思ひ残す事はありません、私の戦死をせめてもの喜びとして下さいます様。

では、くれぐれも御身御大切にお過ごし下さいませ。

老いの目に涙殺して笑み給ふ
父上の姿伏し拝みつつ

十一月十八日

正光

父上様

昭和十九年十二月五日、フィリッピンのレイテ湾にて戦死。

熊本県鹿本《かもと》郡菊鹿《きくか》村（現在は山鹿《やまが》市菊鹿町）出身、二十七。

英霊は約千三百年前に唐と新羅の連合軍の侵略に備えるため、東国から出発し九州防衛の任に就いた防人《さきもり》さながら国の存続とアジア独立の防人として、命を投げ出して下さいました。どの遺書を読んでも親に感謝の心情を記しつつ、自分の命と引き換えに国の永続と家族子孫の幸福を願う言葉に満ちています。

皇后陛下御歌《みうた》はこれら昭和の防人を忘れてはいらっしゃいません。

平成八年終戦記念日に
海陸《うみくが》のいずへを知らず姿なき数多《あまた》の御霊《みたま》国護《まも》るらむ

平成十八年サイパン島にて
今はとて島果《は》ての崖《がけ》踏みけらしをみなの足裏《あうら》おもへばかなし

この二首は日本ということの芯髄です。

終戦記念日の御歌は、アジア全域、太平洋やシベリア、東欧、欧州の地まで何処《いずこ》とは云えないあゆるところで、亡くなった多数の英霊の願いが今も日本を守っている、身を捨てて日本を護ろうとした防人、そしてやっと生き残った私たちの父母と消滅を免《まぬが》れた日本文化です。今日の平和はその英霊のお陰がなければ到底存続出来なかった。その悲しみを知っていらっしゃいます。永遠の追悼と感謝の祈りです。

サイパンの御歌は、昭和十九年六月十五日サイパン島へ米軍が上陸し七月七日、日本軍玉砕へと日本軍が急速に崩壊する中、敵の手に掛るよりはと死を選び高い崖の上からたくさんの日本人女性がサイパンの海に身を投げました。その時女性達がこの世の最後に踏みしめた崖と、その足裏に伝わった岩の感覚をわが身に引き受けて悲しみ悼んでいらっしゃいます。皇后陛下は御歌《みうた》に託して、決して大《おお》御宝《みたから》（国民）を忘れない御心を示していらっしゃいます。

日本がアジアを侵略し植民地支配をしたならば、アジア各地に小学校や職業訓練学校を作り、行政官養成教育を行い、有志の若者に軍事教練をして軍隊組織を作るでしょうか。そんなことをすれば、近い将来に日本に対する叛乱を心配せねばなりません。タブナー、ムルダー、コミンズ・カーなど検察側はこのことには全く触れていません。これは彼らの歴史的人種差別の二重規範だからです。

日本軍は、初めて小銃に触るアジアの青年達に対して、実戦に堪えるよう教練し作戦方法を教え、日本の練習機を以て航空兵力養成まで計画し、独立戦争に際しては練習機から手で爆弾を投下した例もあったと云われています。しかも日本自身が戦争を行ないながら養成を続けて来たのです。軍事力を持たねば独立が保障されないことは真理です。米国の有名な軍人であり政治家であったマハンは、「正義の保障人は軍事力だ」と述べています。軍事力が保障するものがすべて正義かどうか、保証の限りにあらずですが。

さて、東京裁判とは直接関係がありませんが、西欧列強の第二次アジア侵略と時を同じくしてアジアを侵略したのは中華人民共和国です。この共産党政府がウイグル自治区と呼ぶのはウイグル人の国で東トルキスタン共和国です。内モンゴル自治区と呼ぶのはソ連と分割したモンゴルの半分です。チベット自治区と呼ぶのはチベット人の国です。中国東北地方とは満洲人の満洲国であったのです。これら何れも中華人民共和国建国と同時に人民解放軍が侵略しました。アジア人が行なったアジア人への侵略と植民地支配の例です。各民族の独立勢力は残虐な弾圧をくぐって独立運動を続けています。今日も続く最悪の侵略と植民地支配はこれです。この点に関して第二次大東亜戦争は終わっていません。

三　日本の侵略は法廷で否認、本当の侵略者は共産勢力

（一）キーナン検察官曰く、侵略の定義はないが日本は侵略国である

東條英機元首相の口供書、個人弁護の最終部分の要旨です。

日本政府、官僚の行なってきたことは侵略や搾取ではなく、何ら当時の国際法に違反するものではない。懸命の努力にも拘らず日本は冷厳な事実に突き当たってしまった。そして自衛のために起つのが残された唯一の道であった。日本の戦争は国際法、条約に反しない自衛戦争であると主張する。しかし敗戦責任は首相であった私にあり、進んで責任を全うするつもりである。

（六―八―一七―一―四）　東條英機元首相個人弁護開始、清瀬弁護人口供書朗読。

（六―八―二一六―四）　東條英機元首相口供書、終わりに臨み、の部分。

東條元首相を始め被告たちは、大東亜戦争は自衛戦争であったと述べています。検察側が根拠としたパリ不戦条約によっても日本が自衛戦争と主張した場合、他国がこれを否定する根拠も権利もありません。これによって日本は侵略国ではないと主張して差し支えありません。

侵略の定義が無いのですから当然ですが、東京裁判は日本が侵略したと決定することに失敗しまし

た。侵略戦争を行なった証拠を提出した法廷場面がそれです。

検察側は盛んに日本が侵略したと云う文脈で告発していて、その証拠として日独防共協定、三国条約、被告らの共同謀議などをあげ、その世界侵略征服計画を記した文書として「田中上奏文」（田中メモリアル）を証拠提出しました。その侵略計画とは、日本は次のように侵略を実行するとして、朝鮮、満洲、支那を征服し、アジアを征服して最後には世界を征服すると云うものです。

しかし「田中上奏文」には日本人なら当然知っているはずの、過去に亡くなっている人物が署名していること、天皇陛下に申上げるための上奏文の書式から外れていること、漢文の上奏文はあっても、日本語の上奏文が存在しないなどの反論が弁護側から出され、結局は証拠不採用でした。誰が作成したかについては不明のままですが、国民党の捏造文書、また共産勢力の謀略文書であると云う説があります。

この説に関して、田中秀雄著『日本はいかにして中国との戦争に引きずり込まれたか―支那通軍人・佐々木到一《とういち》の足跡から読み解く』（草思社）によれば、佐々木到一とは陸士十八期、最終は中将、在満洲の第十師団長でしたが、この佐々木師団長の観察として「田中上奏文」は蔣介石政府の宣伝の大元締めである政治訓練部の起案した宣伝文書「日軍山東出兵反対宣伝大綱」であってこれが二年後には「田中上奏文」として持ち出され、呆れてものが云えなかったと述べた、と記載されています。検察側がこんなものまで証拠として持ち出してきたのは、他に証拠が無かったと云うことでしょう。

話は横道に逸れますが、この著作中には張作霖爆殺事件に関して、昭和四年（一九二九）一月十一日に息子の張学良が父の張作霖を爆殺した犯人として、張作霖の参謀総長であり軍の実権を握っていた楊宇霆と京奉鉄路局長を自邸に呼び出し射殺したと記述があります。

爆殺実行犯は五人のソ連人で約束の十五万元の請負金の催促に来たが逮捕された。犯人は常蔭槐直筆の覚書と爆弾輸送護照（許可証）まで所持していたとあります。また、これとは別に「正論」誌平成二十四年八月号、野口優希『張作霖爆殺は「親殺し」!?』の記事において、英国政府の秘密解除で公開された公文書の中に、北京在住英国公使M・W・ランプスンが事件一ヶ月前、本国に送った極秘電報があり、内容は、「総じて信頼できる中国人情報源に拠れば、呉俊陞将軍は戦うことを拒否した。またヤング・ジェネラルと楊宇霆は、張作霖元帥を抹殺（除去）する方向で南方の将領らと接洽（接触、連絡）中である」とあります。ヤング・ジェネラルは張学良を意味しており、張学良と蔣介石が連絡を取っていること、またコミンテルンが仲介して張学良と河本大作は連絡を持っていたこと、日本政府はなぜか犯人が日本人だと信じ込んでいるようだが実際の犯人はソ連である、と報告されていました。

張作霖爆殺事件に関しては、田中隆吉証人が河本大作大佐から自分が指揮して実行したと、事件の四年後に満洲国首都の新京で会ったおりに聞いたと述べています。

（四—一—二七六—三）　昭和二十一年十月十日の法廷、田中隆吉証人、張作霖爆殺事件について証言。

（六—七—七二二—四）　駐華英国公使サー・マイルズ・ランプスンは米国公使とともに上海停戦協

定の署名者であった。

しかし、検察側はこれを追及する熱意があまり無いように見えます。また河本本人による手記もなく、発表された手記は他人が書いたものでした。河本は何かを信じ込んだか洗脳されたのか、張作霖殺害の犯人が日本軍であると都合が良い勢力の偽装工作に使われた人物でしょう。現在も犯人については、ソ連の謀略説、息子の張学良が楊宇霆と結託し蔣介石とも連絡を取って犯行に及んだと云う説等があり、真相は不明のままですが、爆破された列車の写真を見ると線路脇に爆弾を仕掛けたと云う河本の自供とは異なり、爆弾は搭乗列車天井に仕掛けられていたと云う説に大きな説得力があります。後の西安事件から考えて見るとソ連が張学良を使い、毛沢東、蔣介石を結びつけて反日共同戦線を作り日本壊滅を狙う流れの中の事件でしょう。

さて検察側は、「田中上奏文」が日本の世界侵略計画書であると云う大枠を前提にして、法廷にはソ連のイヴァノフ検察官より、ソ連軍俘虜として病気入院中であるという診断書と一緒に富永恭次中将の口供書が提出されました。この中の「攻撃計画」という日本語は「アグレッション・プラン」と英文に翻訳されましたが、この翻訳に関してブルックス弁護人は不適切であると反論しました。これは「アタック・プラン」と翻訳すべきであり、軍人にとって侵略計画と攻撃計画はまったく異なるものであって、この次元の違うものを混同してはならないと述べています。

(四—一一—四四二一—四)　昭和二十一年十月十日の法廷、ブルックス弁護人、誤訳問題に関する弁護側主張。

（四―一一―四四六―四）　昭和二十一年十月十一日の法廷冒頭に於いて、モーア言語裁定官答申はアタック・プランと訂正。ウェッブ裁判長はこの答申を採用した。

これに対して検察側は反論や異議申し立てをしていません。何の条件も付けずに侵略を攻撃と変更する裁定に従っています。これは日本が侵略したという検察側にとって一番重要な起訴の前提を、法廷が採用出来なかったと云うことです。

日本軍が行なったのは国防のための年次計画作成であり、毎年、状況に応じて作成したものです。これは予算作成にも大きな影響を与える計画です。ウェッブ裁判長でさえ、どの国の軍でも毎年の年次国防計画を作成するのであって、もし作成しなければ却《かえ》って怠慢の誹《そし》りを受けるであろうと述べています。検察側はこのような謀略宣伝文書や意図的誤訳を基にした証拠以外に、侵略の証拠がなかったのです。

侵略したのか、攻撃したのかという問題について弁護側が何度も抗議をしたように侵略戦争「アグレッシブ・ウォー」という用語の基である侵略という用語には定義がありません。一応検察側は冒頭陳述で侵略の定義を曖昧なまま述べましたが要約すれば、

①先に攻撃の行為をすること。

②和平調停などを拒否して攻撃すること。

右の二つだけです。

（二一―九―五〇五―二）　弁護側最終弁論、侵略の定義。

右の二つの定義はウェブスター辞書によると思われますが、米国代表主席検察官キーナンは、侵略とは何人にも定義出来ないでありましょう、と述べ、すぐ次の行では、日本は西欧列強、満洲、中国、ソ連を侵略したと、あっけに取られるほど抜けぬけと云い放ちました。

このあからさまな論理不整合の自己矛盾には、表明されない裏の理由があると考えるのが当然でしょう。何が何でも日本が侵略したと強弁せねばならなかった事情が、西欧列強側にあったと云うことです。理由などどうでもよかったのです。

（三一―八―六三〇―二）　キーナン首席検察官、検察側最終論告、侵略の定義はどこにもない、完全な定義は誰にも出来ない。

（三一―八―六三〇―三）　日本は、侵略されたと述べたが日本を侵略したのがどの国か、主張した者はいない、また証拠を何ひとつ提出できなかった。

インド代表パル判事は自身の判決書の中で、「侵略の定義を誰も知らなかったが、日本が侵略をしたことだけは明白であった」と皮肉を効かせて書いています。

先の①、②の曖昧定義で篩《ふるい》にかけても日本は西欧列強や支那を侵略したどころか、逆に侵略されたと云う結論になります。日本に対する本当の侵略者は、英米支蘭ソであると云うことを詔勅でも、また東條被告その他の被告も明瞭に述べています。

（二）米国に侵略されたのは日本、十の証拠

支那は露骨に挑発し、日本人や親日的支那人に対して頻繁且広範囲にテロを行ない、米国政府は日本に戦争を仕掛けようと苦心していました。ソ連の行動は樺太、千島列島、北方領土、満洲を見ればその侵略は一目瞭然です。西欧列強と支那は好戦的な侵略民族であり、日本とは正反対の文化を持った国です。キーナンは、日本は侵略されたと云う証拠を提出していないと述べましたが、日本が侵略された、また先に攻撃したのではないと云う事例について、時間の順序に従って、幾つかを示します。「先に攻撃した日本は侵略国だ」と云う検察側主張に対する反論です。

（イ）小林淑人飛行長証言、米支空軍

当時空母「龍驤《りゅうじょう》」の飛行長で海軍少佐であった小林淑人証人は「米カーチスホーク、英グロースター戦闘機、米ノースロップ戦闘機を以て、昭和十二年（一九三七）に日本の重巡洋艦「妙高」を攻撃したが、これに対して日本軍は広東航空作戦を行った」と証言しています。重巡「妙高」は昭和十二年夏に、

支那軍の上海包囲攻撃に対抗するために派遣された日本軍の上海上陸作戦に参戦していたと云うことですから、広東航空作戦は「龍驤」の初陣である昭和十二年（一九三七）八月のことであると思われます。この時期は日本の真珠湾攻撃の四年三ヶ月も前でした。英米の戦闘機が出現していることを見るにつけその行動は対日戦争として記憶に留めて置くべき重要な点です。

（四—五—二六五—四）　小林淑人証人。

米支空軍とは、米軍機をボランティア（義勇兵）の米軍兵士が操縦し、機体には虎のマークと中華民国の旗印を記していたものです。飛虎部隊またはフライング・タイガーズとも呼ばれたこの部隊は昭和十一年（一九三六）七月二十日、蔣介石が米陸軍航空隊のクレア・シェンノート中尉を高給で雇用し、国民党空軍の大佐に任命して作られました。ルーズベルト大統領はこのようにして米軍の戦闘機、爆撃機、弾薬などに加えて操縦士、整備兵などもボランティアとして蔣介石の下へ送り込み、操縦士は高給に加え日本機を撃ち落す度に五百ドル（当時一ドル四円から五円程度とすると、現在ではおよそ六百から七百五十万円）のボーナスがあり、義勇兵とは名目で雇用期間が終われば米軍に復帰する保証もありました。米国は日本に対して先に無通告で武力攻撃していた訳です。さらに江崎道朗著『コミンテルンとルーズヴェルトの時限爆弾』（展転社）によれば、クレア・シェンノートの妻は支那人の陳香梅（アンナ・シェンノート）であり、彼女は戦後は米国に住み現在まで米国政界特に共和党に顔が利く中国ロビイストの最右翼と云われるほどの大物になっていると云うことです。米中が連携した筋金入りの反日組織を作り上げた訳です。これは蔣介石の遠交近攻策ですが、その後は中国共産党にも近づき、ネット上には習近平が陳香梅に勲章を掛けている場面の写真も、台湾の国民党馬英九と並んだ写真もあります。彼女は中国共産党、国民党とホワイトハウスの三者を結んで反日侮日工作に現在も邁進している人物と云えます。

（ロ）益田兼利証言、米支空軍による台湾爆撃、桂林攻撃

『日本陸海軍事典』（新人物往来社）によれば、米支空軍は昭和十三年（一九三八）二月二十三日に台湾の新竹と台北飛行場を爆撃、また同年五月二十日と三十日には熊本県、宮崎県の上空に現れて「日本労働者諸君に告ぐ」と題する反戦ビラを散布しました。但し日本軍はこれに逃げられてしまったので操縦者は米国人かどうか不明でしたが、真珠湾攻撃の三年十ヶ月前のことです。

また法廷で、益田兼利証人は、「桂林攻撃に於いて、日本軍の飛行機は桂林南方の飛行場を爆撃したのみで、市街地に対しては一切爆撃をしませんでした」。

「元来、桂林攻撃当時の日本航空兵力を支那側兵力と比較すれば、重慶の米航空隊を加えた支那軍の兵力は、七、八百機もあったに拘わらず日本軍は僅かに百五十機であり、そのうち爆撃機としては軽爆撃機が三十機位あったに過ぎず、航空兵力が桁違いであったために少数機で偵察をするくらいが関の山で、制空権は全然敵側にありましたから我が軍により爆撃を行なうことは全く不可能の状態で

ありました」。

「長沙が破壊焼失されたのは日本軍の占領一週間後に、敵の航空機大編隊が米軍のB二十五を交え昼間爆撃をやったためでありまして、そのために支那住民は多数爆死し、また日本軍にも相当の被害がありました」。

（四—五—二九七—三）　益田《ました》兼利証人、支那派遣軍総司令官隷下の第十一軍参謀として桂林攻略戦に参加（昭和四十五年十一月二十五日、三島事件に於て一時人質となる）。

右の益田証言の重慶とは蒋介石軍閥の根拠地のことです。

また天野正一証人は、日本軍と米支軍間の航空兵力の比較表を提出して、「米支空軍は昭和十三年の長沙攻略戦の頃は総兵力五百九十機（爆撃機百七十機）、衡陽攻略戦の頃は七百五十機（爆撃機二百四十機）、桂林攻略戦ころでは八百機（爆撃機三百機）へと次第に増加しながら日本軍を攻撃して来たが、同じ時期の日本軍の飛行機は最大で二百二十機（爆撃機三十機）で後に減少した。米支軍は長沙、衡陽で住民が市内へ帰って来ているのに、目標を軍事施設に限定せず絨毯爆撃《じゅうたんばくげき》を行ったので住民に被害が出たし、市街地は大部分が焼毀した、このような用法は夢想だも及ばざりし所なり」と証言しています。

（四—五—三一七—三）　天野正一証人。

この支那人非戦闘員に対する無差別爆撃は、自称自由愛好国が行なった国際法違反の虐殺で、日本空襲の前駆でした。真珠湾攻撃より四年以上前から、米陸軍航空隊は中華民国空軍に変装して日本軍を攻撃し戦果をあげ、しかも前線へ出動させうる爆撃機を三百機程度にまで増加させていたと云う訳です。

些細な証拠や証言にも異議を申し立てて被告に有利な証言、証拠を悉く《ことごと》却下させようとする検察側が、この証言にはなんら異議を出していません。

東京裁判で却下された証拠等を集めた「東京裁判却下・未提出弁護側資料」の中にフライング・タイガーズの元部隊員の証言があります。昭和十六年（一九四一）開戦数ヶ月前、米支空軍部隊に参加した時点で、すでに多数の日本軍機を撃墜していたと云う内容です。

この時点で日本は米国の何を侵略していたのでしょうか。もし仮に、日本が先に米国を攻撃していたのなら、なぜ米国は正面から日本に対して自衛戦争であると宣言して、日本攻撃をしなかったのでしょうか。姑息なやり方で、先に言い訳を考えたフライング・タイガーズ部隊こそが無通告の騙し討ち攻撃で、米国ルーズベルト政権が先に手を出した侵略戦争であることを意味しています。真珠湾攻撃はこれに対する日本の報復攻撃であり、自衛行動に他ならない訳です。この間も継続していた日米交渉が思い通りに進展しないから、頭にきた日本軍がいきなり真珠湾を爆撃したと考えるのはルーズベルトが望む歴史と云えるでしょう。

（八）「JB三五五計画書」に署名したルーズベルト

また昭和十六年（一九四一）七月二十三日付けで、十月一日までに支那の米支空軍基地から爆撃機を発進させて日本の大都市を無差別爆撃する「JB三五五計画書」が提出され、ルーズベルト大統領は書類に実施承認のサインを済ませていました。この計画が実行されなかったのは、ドイツ軍相手に苦戦中の英国の窮地を救うため支那へ送る予定の爆撃機を、先に英国へ回したためです。早ければ日米の直接的な戦争が真珠湾攻撃より四ヶ月前に、米支空軍の爆撃機による日本本土無差別爆撃によって始まっていた可能性が非常に高かったと云えます。

この時期は日米交渉の最中です。交渉を隠れ蓑にして日本攻撃を密かに準備し、必死に交渉妥結を願って行動していた近衛内閣、東條内閣を、騙し討ちにしようとしたのは米国です。交渉の最中に爆撃開始をするとは曖昧基準の、②「和平調停などを拒否して攻撃すること」によっても侵略戦争です。この計画はその後に実行に移されました。昭和十九年（一九四四）にサイパン島の日本軍玉砕からB二十九爆撃機の本土爆撃が始まったのではありません。それ以前の昭和十三年（一九三八）、支那大陸から発進した爆撃機が台湾の新竹市を爆撃したのです。通常日米開戦は昭和十六年十二月八日の真珠湾攻撃から始まったと思い込んでいる人が多いと思われますが、米軍はその三年半くらい前に宣戦布告もなく日本を爆撃したと云うのが歴史的事実です。

長い日米交渉は、ルーズベルト大統領が選挙公約に反して日本攻撃を始めてしまったことを米国民と議会に隠しておくために、また国務長官コーデル・ハルが米国議会で証言したように、米国が兵器を増産し弾薬を備蓄するための時間稼ぎであり、慎重に交渉を長引かせながら、しかも日本が堪忍袋の緒を切って最初の一発を撃つようにさせる、その調節が交渉における米国側の苦労であったことでしょう。この間の米国の戦争準備は、例えば航空機製造などに於いては、日本の三十三倍程度の速度で増産に邁進しています。フォード社の例では爆撃機を一時間に一機完成させ、しかも二十四時間体制で生産していました。また艦船建造では日本の計画五十万トンに対して米国は二百万トンの計画で進んでいました。

日米交渉が全く進展しなかったのは米国側に交渉を成立させようと云う意思がないどころか、長期の交渉で時間を稼ぎ、その間は蔣介石軍閥を支援して戦争を長引かせ、実際に航空部隊を使って日本軍に優勢な攻撃を加えました。支那で日本の国力消耗を図り、切り札として在米日本資産凍結や石油輸出禁止に至りました。ここまで首を絞められる事態となっては日本は耐えられなかったのでした。米国の時間稼ぎの間、日本はあっさりとハラキリ的に交渉を中止しないよう、かすかな希望的観測によって操《あやつ》られ、支那との戦争で国力を消耗するよう絶望に向かって泳がされていた訳です。

（四―三―二〇一一―二）　ブルーエット弁護人の、バランタイン証人に対する反対尋問で米国の「真珠湾事件議会調査委員会報告二十七号の五五四ページから引用朗読、ハル長官の米国議会での証言。「我々の政策は十一月二十日の日本最後通牒に対して否ということにはありませぬでした。唯沈黙を守ることでもありませぬでした。出来るだけの手段を講ずることでありました」を引用して証人に対してこの発言の意味は、米国陸海軍と将来米国の同盟国となる国に対して時間を稼がせるためではなかったかと尋問。証人の答えは「平和の手掛りを掴もうとすることと軍備増強のために時間を稼ぐことは何の矛盾もない」。

そしてこの最後通牒とは日本が米国に提案した最後のもので、十一月五日の御前会議で決まった修正B案であると、フィーリー検察官が述べている（第三巻、八八ページ、二段）。日本側でいう甲案乙案であろう。

ブレークニ弁護人は最終弁論で再度バランタイン証人の証言を引用し、米国は止むを得ずして日本との戦いに入ったと云うことは、果たして真実を歪曲するものに非ざるや否や、法廷は、歴史の答申を待たずしてこれを決定しなければならない（註四六〇）。

（註四六〇）は、十一月二十七日マーシャル参謀総長の発言、「戦争が避け得られざるに於いては、米国は日本が最初の明らかな行動に出ることを希望する」であり、これが布哇《ハワイ》その他に伝わっていることに注目せよと述べている。

（二一九―六一六―四）

ブレークニ弁護人が述べたのは、米国は止むを得ず戦争に入ったと主張しているが、実は米国の方が戦争行動を採ったではないか。これに対する歴史の判断は将来に行なわれるだろうが、この裁判所はその歴史の判断を待たずに判決文を書くことになると云うものでした。その含意は将来、判決の書き換えが必要だろうと云うことでしょう。パル判決書の有名な最終章と同じ趣旨です。

（五―六―一五二―二）ローガン弁護人、文書第二〇〇七号、真珠湾攻撃調査に関する米国両院委員会の審問に於けるコーデル・ハル証言抜粋。
「中国に大約合計二億ドルに上る貸付とクレディットが中国の経済機構支持と中国の軍需品獲得を容易ならしむるためとに提供された。而して後には貸与武器及びその他の軍需品が、日本に対する中国の抵抗に使用するため送られた」。
「且つ又、大統領と私とは米国のみならず侵略に抵抗する他の多くの国々にも緊密な防御軍備の増進に時間を得ることが、絶対に必要であると我々に強調し続けた我が最高軍部当局の勧告を、絶えず甚だ深く念頭に於いていた。それ故に、日本政府と会談を開始せんとする我々の決意は、自衛のための再武装の必要に、合致していたのである」。

この証拠採用にはクイリアム検察官（准将）が執拗に異議申し立てをしましたが、ローガン弁護人は、すでに検察側証拠として採用されたものの内、検察側にとって不利なために法廷で読まなかった部分であると食い下がり、ウェッブ裁判長は異議を却下。日米交渉は米国の軍備増強に必要な時間稼ぎであったことを裁判所は証拠採用したことになります。

（七―八―七五八―四）　検察側最終論告、Ｇ一五七、米国は非戦闘国間には前例がない程度まで、中国に対し経済的に且つ又戦争資材の形で援助を与え、尚またその国民の或る者は、日本の侵略に対し支那人と共に戦ったという非難は米国も認める所であります。

検察側が述べているのは、正直なのか開き直ったのか、支那事変は米国自身が支那と共に日本と戦争した当事者であったことを暴露しています。

（二）若杉要公使の提案とハル・ノート

また今日、忘れ去られているかのような事実が、東京裁判速記録中に証拠として残されています。昭和十六年（一九四一）十月十三日、駐米の若杉公使がウエルズ国務次官と支那問題を討議した際に、日本は中国から全軍隊を引き揚げる用意があると述べ、若杉氏は全部隊という言葉を二度繰り返して念を押したことを、ブレークニ弁護人が述べています。米国の要求を丸呑みしたような大きな譲歩をした若杉提案は、積極的な交渉を促す譲歩案であったと思われますが、米側から無視されたのは全く不可解です。その後の進展はさらにハードルが上げられたハル・ノートへ行き着きました。

これに関連して平泉澄著『日本の悲劇と理想』（錦正社）は、駐日米国大使グルーが本国政府あてに今が戦争回避の最後のチャンスである旨電報を送っていたが米政府は反応せず、昭和十六年十月二日の米国からの回答は、相変わらず現状打開の役に立ちそうもないハル四原則に固執し続けたことを、『真珠湾への道』の著者フェイスの見解を引用して、米政府が実質的に日米交渉を打ち切ったのはこの四原則提案であるとしています。

ブレークニ弁護人は米国が最後まで拘《こだわ》ったのは中国からの日本軍撤兵であった。日本側から提出された一定期間の後完全に撤兵する案が、米政府の基本原則と合致しないと云うのはいつから始まったのか、もし米国側の見解が真に支那駐兵を受容出来ないとするならば、抑々《そもそも》日米交渉は何故継続されたのか解らない。こうして東京の政府とその周辺でも次第に米国の誠意を疑うに至ったと述べています。

日本政府、東條内閣にとってハル・ノートがどれほど深い絶望だったか、現在では想像すら難しいのですが当時の日本政府首脳達の苦悩を推し測れば、なぜ米国は日本のぎりぎりの譲歩案を無視するのか。これでは交渉継続と見せかけた交渉拒否だ。軍事大国が戦争を以てする恐喝だ。結局日米交渉は交渉ではなかったのだ。米国の植民地になるか、それが嫌なら日本の運命を戦争に賭けるか、どちらか選べというのが米国の本意であったのだと思い知らされたことでしょう。この時の日本政府首脳の衝撃やいかばかり、悔しさと、不安と、怒りと、これらの綯《な》い交《ま》ぜられた心理状況であったでしょう。

東郷茂徳外相は、これを見て米国の意図は、全面的屈服か戦争かと云うものであると解釈した。ハル・ノートを見た全員がこれを米国の最後通牒と受け取った。従って自分が一人反対を唱えても戦争を防ぐことは出来なかったと述べています。

この若杉公使の譲歩案はルーズベルト大統領にとっては、たいへん不都合な譲歩案だったでしょう。日本があまりに立派に譲歩したのでは、日本を怒りに追い込んで手を出させ、それを戦争の切掛けにして米国有権者を納得させようとする計画が頓挫すると云う訳です。ハミルトン・フィッシュ米議会議員が著作『ルーズベルトの開戦責任―大統領が最も恐れた男』（草思社）の中でルーズベルト大統領を評して、「彼は戦争気違いである」と云う、理由の一つでありましょう。また若杉要公使は米国政府、米国民間団体は共産主義勢力に強い影響を受けていると、近衛内閣に何度も警告を送りました。

（二一―九―五九一―四）　ブレークニ弁護人、一般最終弁論、十月十三日、若杉公使がウエルズ国務次官に、支那から全日本軍を引き上げると発言。

（六―八―一六六―三）　東郷茂徳被告、個人弁護に於いて、キーナン検察官の反対尋問に対する回答、キーナンの尋問は「戦争を決議した内閣は満場一致でなければ成立しなかったのであるから、東郷外相が反対の一票を投ずれば戦争を防ぐことが出来たのではないか」と云うものであった。

（ホ）パトナム少佐の日記

米軍人パトナム少佐の日記（パトナム日記は平泉澄著として「日本」昭和三十五年三月号に掲載『日本の悲劇と理想』による）に依れば、出動命令は昭和十六年（一九四一）十一月二十七日に発令され、翌二十八日には部下の十二機と共に空母エンタープライズに乗艦し、次いで十一月三十日までに受けていた命令は、日本の艦船、航空機は見つけ次第撃沈、撃墜せよと云うものでした。彼らは今や戦争状態の下に軍事行動をしつつあり、空母は真珠湾出港時に可燃性ペンキを全部はがし、砲側に弾薬を準備し、艦載機には爆弾を搭載した臨戦状態でした。

この日記によって、ハル・ノートを日本に送り付けた直後の米国の行動が、ハル・ノート意味を裏付けていることがわかります。

これに比べ日本が最終的に戦争を決定したのは、昭和一六年（一九四六）十二月一日の御前会議でした。僅かでも残る可能性を尽《つ》くそうと、開戦の決意を含みながらも日米交渉妥結の望みを捨てきれなかったのですが、十一月二十六日にハル・ノートをうけて日本は、戦争以外に道が封じられたと覚《さと》った訳です。どんな親米派の目にも、米国の目標は交渉妥結ではなく日本潰しである、と理解せざるを得ない最後通告でした。米国は戦争準備が整ってきたため日本の忍耐が破れてもよいと考えたのでしょう。それでも日本は一縷《いちる》の望みを持って、真珠湾奇襲予定日の二日前までなら、ハワイ近海で米軍に発見されてもそのまま引き返せという命令の下、万一の場合の合図を決めていました。交渉妥結せず攻撃実行ならば「ニイタカヤマノボレ」ですが、攻撃中止は「トネガワクダレ」と決めて出航したのでした。

（へ）ラニカイ号の異様なる任務

平泉澄が挙げたラニカイ号の例です。米海軍が全部で三隻用意したうちの一隻がラニカイ号で、その艦長であったケンプ・トーリーが、米国海軍学会の紀要に掲載したのが「ラニカイ号の異様なる任務」と云う文章でした。これによるとルーズベルト大統領は昭和十六年（一九四一）十二月二日に、海軍作戦部長スタークに対して極秘私信を以て命令した。それは三隻の小型船に最小限の武装をさせて、仏領インドシナ方面に派遣せよと云うものでした。それは日本軍に米国艦船が攻撃されたという口実を得る目的であったが実際は真珠湾攻撃が先に始まり、役には立たなかったと云うものです。

この事例はＧ・モーゲンスターンが著作『真珠湾』第十九章の中で述べている事例と同じ事実を取り上げたものと思われます。これを証言したのはインガーソル提督で、十二月二日ルーズベルトから海軍作戦部長へ、さらにアジア艦隊司令長官ハート提督へと命令が送られ、二日以内に実行するよう求めていた。偵察目的でカムラン湾からシャム湾に至る海路上に配置し、日本がこれら三隻のうち一隻にでも発砲すれば、米国が戦争に引きずり込まれるための明白な行為になると云うものでした。

天保六年（一八三六）メキシコに入植したアメリカ人約二百人（殆どゴロツキという説もあり）が独立運動をおこし、アラモ砦に立てこもって抵抗しましたがメキシコ軍によって全滅しました。そこでアメリカ政府は「リメンバー・アラモ」を叫びメキシコに戦争を仕掛け、結局メキシコの領土は半分がアメリカの領土になってしまいました。領土侵略の生贄がアラモ砦の二百人と云う訳です。映画では英雄だが実際はメキシコ侵略のお先棒担ぎでした。

明治三十一年（一八九八）米西戦争もスペイン領キューバのハバナ港で米国艦船メイン号がスペインに攻撃されたとして、「リメンバー・メイン号」を叫び、戦争を避けたいスペインに対して戦争をしかけました。その後半年もしないうちにキューバ、プエルトリコ、グアム、フィリピンをスペインから奪い取りました。

同じようにハワイでは「リメンバー・パールハーバー」と叫び、さらに北ベトナムでもトンキン湾へ送り出した駆逐艦マドックス号を使ってリメンバーを再演しました。米国のベトナム戦争介入の切掛けでした。米国はその同じ手口を使って世界のあちこちで武力介入しました。この手法はキリスト教布教の後、宣教師が殺されるとそれを口実に本国から軍隊が来ると云うやり方と同じで、西欧列強のお家芸です。

（ト）真珠湾へ切実に招待された日本海軍

ハワイの真珠湾に居た米国太平洋艦隊は全滅に近い被害を受けました。撃沈は戦艦六隻、重巡一隻、油槽船二隻、大破又は中破は戦艦二隻、重巡一隻、乙巡六隻、駆逐艦三隻、補助艦三隻、飛行機約三百機、戦死者二千四百三名、戦傷者千百七十八名でした。これは軍事的目標に対して行なわれたもので、日本海軍は市街地への攻撃を禁じており、民間人数十名に死傷者が出たが無差別爆撃ではありません。

その翌日のルーズベルト大統領の演説は次のようなものでした。

「昨日、日本軍の犯した真珠湾の突然の奇襲は、過去十年間の国際的不道徳の頂点をなすものである。日米間に長く存したところの友好関係は、この不信行為によって破られた。多年に亙《わた》る我等の平和のための忍耐と努力とは、今日に於いても、また今後百年を経たる後といへども、アメリカ人にとって誇り以外の何物でもないであらう事を、私は確信して疑はぬ。而して日本が、表面平和の旗を掲げて全権大使を我が方に派遣して置きながらその軍部によって行った所のこの裏切り行為に対しては、今日も今後百年を経過したる後も、何人《なんぴと》か憎悪憤激を感じないものがあらうか」。

これら米軍艦船や航空機と兵士の被害は、長い友好関係に対する不信行為でも裏切りでもありません。ルーズベルト大統領は奇襲と述べても騙《だま》し討ちとは述べていません。日本政府そして米国民と米議会を騙したのは米国大統領自身であり、ハル・ノートは大統領から東條英機首相と日本軍に対する切実な招待状でした。真珠湾の米軍を奇襲したのは山本五十六を走らせたルーズベルト大統領であったと云う結論です。そして百年たってもそれらの好戦的行動を米国は誇りにするとまで述べています。

情報を遅延操作されたまま大統領の生贄《いけにえ》となった真珠湾の米軍は奇襲、だまし討ちと思ったでしょうが、恨むなら真犯人である大統領その人を恨む以外にありません。日本軍による真珠湾奇襲は、日本軍が米国のどこであれ、何であれ先に攻撃したと云う目に見える事実が欲しかったルーズベルト大統領の念願の成就でした。

日米交渉の裏側で進行していた列強の手法を少しでも知ってからこの演説を読む時、好戦国とは米国であり、平和愛好国というのは実は日本であったと云うことを発見し、日本はそれまで我慢強く交渉を続け、よく頑張ったと感じます。戦後の教育やマスコミからはこの点はすっぽり抜けています。日本が侵略のために大東亜戦争を始めたと云うのが米国に強制され、共産勢力も望んだ歴史教育でした。従って日本を代表する彫刻家、画家で詩人高村光太郎が、略々「十二月八日を記憶せよ、この日の朝アングロサクソンの主権は東亜に於いて否定されたのだ」と記した数々の詩の背景、感情、気分は唯の戦争賛美の詩として、真の歴史を知らない自称平和主義者から排斥されるような不可解なことになってしまいました。もちろん、高村光太郎だけでなく、太宰治、金子光晴等、当時の時の流れの真っただ中で泳ぐしかなかった表現者、画家や文学者たちも彼らなりの表現で大東亜戦争が始まったときの気分を残しています。戦後は侵略戦争協力者として東京裁判史観のために葬り去られてしまいました。しかし彼等こそより鋭敏に歴史の背景を嗅ぎ分けていたと云えるでしょう。日本国民にとっては侵略戦争とは考えも及ばぬことでした。

（ホ、へ、トに付いては平泉澄著『日本の悲劇と理想』錦正社に依ります。正確には原本を御覧ください）

（チ）ハミルトン・フィッシュ下院議員の考え

米国共和党ハミルトン・フィッシュ下院議員は著作の中で、自分は日本に対する戦争など絶対反対であったが、真珠湾攻撃の直後には開戦すべきであると演説した。しかしこれは大きな間違いであった。なぜなら、その十日前にルーズベルトが対日最後通牒《つうちょう》を送りつけたことを、自分を含め米国議会の全員が知らなかったからだと述べています。これは戦争開始を決める権限が議会にある米国では、大統領による議会に秘密の違法な開戦です。そしてまた、米国人でハル・ノートが日本に送られたことを知る者は少なく、日本は外交交渉中であるにもかかわらず、突如気が狂ったかのように真珠湾を攻撃したと信じている米国民は今でも多いと述べています。外交交渉と見せかけた戦争準備と秘密裡の攻撃は米国が行なっていたのです。曖昧な侵略の定義の①と②によっても日本が騙され侵略されたことは明らかです。

清き明き直き心を道徳とする日本人は西欧列強の道徳を知らなかっただけです。彼らの外交に清き明き直き心はありません。外交交渉は謀略の別名であって交渉をしながら、同時に軍備を増強し強気に出て、自国の利益を増大拡張させることだけが正しい外交であると云う文化です。日露戦争当時の米国大統領セオドア・ルーズベルトは「大きな棍棒を手に静かに話せ、そうすれば云い分は通る」と述べています。米国は工業力、軍事力も巨大で石油も自給自足が可能な大きな棍棒を「持てる国」でした。ひき比べて日本は富国強兵に努めるにしては、殆ど石油が産出しない資源貧乏な国でした。不思議なことに戦後は棍棒を「持たざる国」が軍国主義だ、好戦国だと非難されています。

（リ）赤い色をしたトロイの木馬、暗号解読ヴェノナ文書

日本はＡＢＣＤ各国に対して先に手を出したことはありません。特に支那と米国に対して、日本は何か攻撃をするどころか先に攻撃された訳です。自存自衛のため支那事変、大東亜戦争の意味は東京裁判速記録に残されています。しかし多数派判決は西欧列強の望む証拠を虚偽の糸でもって無理やり縫い合わせたもので、四百十六回の開廷は多数派が日本に罪をなすり附けるために必要であった回数と云う訳です。

問題を解決しようとするのではなく問題の本質を隠し、曲解して日本を攻撃しようとしたのは米国大統領でした。この攻撃性は将来の敵になりそうな相手に対する危機感、支那での利益を日本に取られるかもしれないと云う疑心暗鬼、焦燥、そして有色人に対する優越感と嫌悪、そしてさらに大きな理由は米国政府には共産主義者が多く入り込んでいて、ルーズベルト大統領自身が妻のエレノアを含め濃いピンクであったと云われています。スターリンはスパイ網を通じてルーズベルトと米国を動かし、世界の共産革命のため米国の軍事力を動かしました。日本語訳本『ヴェノナ』（ＰＨＰ社）によって、最近明らかになった事実に関して少し付け足します。

当時、ルーズベルト大統領の民主党政府内及び側近には多数の共産主義勢力がおり、その最有力者が財務長官ヘンリー・モーゲンソー、財務省特別補佐官ハリー・デクスター・ホワイト、Ｆ・Ｒ・Ｂ（米国の連邦準備制度理事会）議長マリナー・エクルス（モーゲンソーの推薦による就任）、農務省長官レックス・タグウェル、大統領補佐官ロウクリン・キュリー（ラフリン・カリー）、国務長官スチムソン、国務省極東部長ホーンベック、大統領側近で国連創設に尽力したアルジャー・ヒス、原爆の設計図をソ連に提供したとされて死刑になったローゼンバーグ夫妻等々その他にも隠れ共産党員が多くいました。

共産勢力は時間をかけ「トロイの木馬作戦」といわれる策略を以て、米政府内に五百名そのうちの二百名は政府高官である、と云われるほど大人数の隠れ党員或いはその同調者を獲得し、民間の各種平和団体やキリスト教団体内部にも送り込んでいました。その党員人脈を利用してソ連は米国内スパイに暗号電波で指令を出し、情報を受け取り、その結果米国の外交を左右し、ソ連の目的に沿って政策に反映させ、米国世論を反日へと方向転換させ、支那を共産化し、ドイツと日本を破滅に追い込み、最終的には米国など全世界を共産化する目的でした。その手始めが日本とドイツを破滅させることでしたが、その手段は米国と戦争させ、国力の消耗を待って漁夫の利を得ることでした。有名なハル・ノートを実際に書き、しかもハル国務長官の頭越しにルーズベルトに提出し、在米日本資産凍結、日本へ石油の禁輸を進言したのもハリー・デクスター・ホワイトでした。ルーズベルト大統領の米国政府は、ソ連共産党の操り人形になってソ連のために対日戦争を始めたとも云えるでしょう。日米開戦を知った時、チャーチル以上に喜んだのはスターリンだったでしょう。ソ連製の「赤い木馬」が欧州、アジア、米国で大いに走り廻ったと云うことです。

米国指導者層の共産主義に対する危機感の薄さ、親近感は終戦の五年後に代償を要求されました。それまで援助をして来た中国共産党の人民解放軍が、朝鮮半島を侵略し米軍を攻撃したのです。やっと気付いたのか米国は原爆まで使って叩いた日本を早く復興させ、共産主義に対するアジアの防波堤にしようと、日本潰しの占領政策を急いで終結させ、引き換えにサンフランシスコ講和条約を結び占領を完全に終わらせ、同時に日米安全保障条約を結び、引き続き日本に米軍が駐留を続けられるように計画し、日本政府に軍備復活を要請しました。しかしアジアに共産主義を育ててしまった米国は、次いでベトナム戦争、さらにソ連が崩壊するまで長期に亙って冷戦を戦う破目になりました。そして現在でも共産勢力は日本潰しを狙っています。

(ヌ)『是を一読すれば戦争に勝てる』と云う小冊子

検察側は日本がアジアを侵略し植民地支配し、西欧列強の利益を奪ったと述べました。しかし日本の意図がその逆だったことは、天皇陛下の終戦の詔書に加えて、ホルウィッツ検察官が証拠として提出した、持ち主不明の一冊の小冊子からも証明出来ます。これは米軍が戦地で鹵獲《ろかく》したものです。

この『是を一読すれば戦争に勝てる』と云う小冊子には十一月十日、大東亜戦争の始まる一ヶ月ほど前の受領日が書かれていて、南方へ出征する第五十五師団兵士に交付されたことが判っています。五十五師団は四国で徴兵され、善通寺で編成された師団です。

この小冊子は大東亜戦争の理由を四項目挙げています。一億の東洋人が三十万人の白人に圧迫されている。白人は生まれながらに二十人の東洋人の奴隷を持っている勘定である。明治維新は日本を守ったが、昭和維新はアジアを白人の侵略から救済し、米英の邪悪な意図を教え、支那、満洲、泰《たい》、安南《あんなん》、フィリピン、南洋、インドの独立を支援しなければならぬと説いて、これは民族戦争であると述べています。

泰が入っていますが、元来独立国でしたから西側から英、東側から仏が領土を削り取り、泰を圧迫していたことを意味しているのでしょう。

東京裁判速記録には『是を一読すれば戦争に勝てる』と記録されていますが、渡辺望著『蔣介石の密使―辻政信』によれば、昭和十五年に辻政信参謀が台湾で作らせた冊子『これだけ読めば戦は勝てる』であると推定されます。

さて、検察側はこの受領の日付が開戦前であることに注目し、開戦の前から侵略を計画していた証拠として提出したのですが、それこそ一読すればそこには、東洋人は白人の奴隷である故アジアを白人の侵略から救済すべしとしています、これは民族戦争でありアジア植民地の独立を支援すべしと謳《うた》っています。日本の目的が支那大陸を含むアジアの植民地解放、独立であった事実を証明しており却《かえ》って日本に有利な証拠です。支那と満洲に関しても侵略ではなく、日本の目的がその独立支援であることを明確に述べている点、大東亜戦争の目的に侵略などは一欠けらもなかった重要な証拠です。

検察側は独立支援を明確に述べている小冊子であるのに、その日付を見て侵略計画だと思い込んで内容をよく読まなかったのでしょう。とにかく検察側にとっては杜撰《ずさん》などという以前に他の証拠が無かったのです。

以上述べたイからヌまでの十項目をご覧になって、これでもまだ大東亜戦争の原因は日本の侵略の欲望と植民地支配のためであったとお考えになるでしょうか。

（三）真の侵略者は共産勢力

米国と支那の軍閥を手玉に取って日本に戦争を強要したのは共産主義者でした。この始まりを簡単にたどれば、明治維新のちょうど五十年前に生まれたユダヤ人カール・マルクスから始まった思想でした。二千年も前に国を失った民族となって以来、他国の片隅で虐《しいた》げられてきた彼らは、自分たちが主役になれる社会、共同体、国家を勝ち取ろうとしましたが、すでにある伝統的社会は簡単には変更できません。従って残る手段は革命です。ソ連では一度に支配階級を入れ替える暴力革命が成功しましたが、他の先進国では簡単には成功しません。従って先進国ではより現実的な手段として、隠れ共産主義者を既存の組織内に浸透させて、民主主義的方法を利用しつつ社会を共産主義化し革命する方が、時間はかかるが軋轢《あつれき》が少なく確実だと考えました。

ユダヤ人は国を持たないため、土地を所有し工場を建設して生産するようなことが難しい訳です。しかし生きるためには何らかの利益が必要です。そこで各種保険や金融商品を発明しました。土地が不要で代わりに人間の欲望心理を理解し、対応する能力と情報の速さが利益を生む仕組みを考え付いた訳です。そして戦争は巨大な実物資源と情報資源を消費し、莫大な資金を必要とするのですから、戦争をする双方へ戦費を融資し、さらに兵器製造やそのための資源、生産、運輸に関連して投資すれば利益がある訳です。多数の国に融資すれば利益獲得のチャンスは無限です。日露戦争に際して日本は、米国のユダヤ人ジェイコブ・シフを始めユダヤ人の投資銀行から国家予算の数十倍の融資を受けました。誰も日本に融資しないところ、シフの融資が無ければ日本はロシアに押し潰されていたでしょう。感謝しなければなりません。ロシアではポグロムと呼ばれるユダヤ人迫害が酷かったため、ロシアに唯一敵対する日本に融資したのだと云われています。日本はこの借金を昭和の末まで掛かって支払いました。戦争は投資家にとって短期間に莫大な利益を、勝敗に関係なく双方から得られる訳です。

今ではこれがさらに巨大複雑化したものが国境なきグローバル金融組織として世界中の投資機会を狙っています。グローバル化を推進するのは世界中が単一の経済システムであれば都合が良いからです。当時の米国共産主義勢力にはユダヤ人が多くいました。ルーズベルト大統領はオランダから移住したユダヤ人の子孫であり、支那で聖書と阿片を販売する貿易で財閥となった一族でもあったため、日本が支那の市場を破壊すると考え、人種差別に加え日本を憎んだと云う説があります。この点がソ連共産党と利益の一致する点でした。日露戦争以来ソ連にとっては日本が恐怖であり、日本の破滅と共産革命を狙っていたのであり、ルーズベルト政権にとっても利益を横取りする黄色いサルは退治するべき相手と云う訳でした。

米支ソ共通の敵日本を滅ぼすことは彼らにとって利益でした。これに呼応し、日本人移民で米国共産党員であった沖縄県出身の宮城与徳《よとく》から、近衛文麿首相の側近であった共産主義者風見章や朝日新聞記者尾崎秀実《ほつみ》とドイツ人新聞記者を装ったスパイ、リヒャルト・ゾルゲへの人脈が明らかになっています。一説にはゾルゲ事件発覚のきっかけも、日本共産党の伊藤律の供述であったと云われています。今日想像する以上に米国、日本、支那の共産党の人的交流は大きく深く広がりを持っていました。日本で最初の社会民主党の党員であった片山潜《せん》はアメリカ共産党でも活躍し、後にソ連へ行き日本共産党の設立のためにモスクワから支援、指導を行ない最後はモスクワで死亡しました。

尾崎は朝日新聞に蔣介石との戦争を強く煽《あお》る記事を書き、日本と蔣介石を戦わせ日本の国力削減を狙い、さらに日本は北方のソ連ではなく南方の英米蘭仏へ進出すべきと説き政策に関与しました。真の目的はソ連と中国共産党を助けるためでした。終戦間際に近衛文麿元首相が上奏し、日本には共産主義に同調する者が軍の中にさえ居り、共産主義革命の危険があると述べたのはこれに気付いたからだと云われています。

政府内部に共産党スパイが居てソ連の指示を受けて政策まで左右するのでは、米国と日本の政策はソ連に筒抜けであり、操るのは容易だったでしょう。加えて支那には毛沢東の共産主義勢力を養成し蔣介石の国民党内部に多数の共産党員がいるのですから、ソ連共産党が日支、日米、米支関係を操《あやつ》って戦争に追い込むのが難しいはずがありません。

全世界の共産主義革命達成の野望に燃えたソ連が用いたのは、謀略を以て資本主義の国同士を戦わせ、その戦争の混乱に乗じて共産革命を達成する戦略でした。東欧の国々、東アジアの国々も戦後は革命が成功しそうでした。従って日本にとって支那事変は一面共産勢力との戦いでもありました。そして日米ともに共産主義の戦略に敗北したと云えます。その結果アジアでも東欧でも、共産革命が成就した国々では独裁政権が誕生し、千万単位の国民が殺戮《さつりく》されました。共産主義体制により殺された人間は世界中で少なくとも一億人と云われています。日本は辛うじてこの恐ろしい共産革命を逃れましたが、その爪痕はいまだに尾を引き、自分の国を守るという根本的に重要なことに反対する「リベラル派」「進歩的文化人」と称する反日勢力が蔓延《はびこ》っています。アン・コールターは著作『リベラルたちの背信』（草思社）で、この点に付き米国も似たような状況で、平和や人権を表看板にして反米運動をしているリベラル達が主導権を握っているマスコミと、草の根運動の保守の戦いは継続中であることを伝えています。

さてキーナン検察官はこれらに構わず、いやこれ故にこそ日本が侵略国だと強弁せねばなりませんでした。もし日本を侵略国であるとしなかったならば、「戦争には反対だ、皆さんの息子を絶対海外の戦場に送らないと約束します」と演説して大統領に当選したルーズベルトは、日米交渉の裏側で米国民にも米議会にも秘密裡に始めてしまった戦争を、有権者に説明が出来ません。それどころか自衛を唱えながら日本を侵略したことになるではありませんか。日本海軍を何がなんでも真珠湾へ招待したかった理由の根源は、共産主義勢力の政治工作とそれに染まったルーズベルト大統領の保身と名誉欲にあった訳です。米海軍キンメル少将、米陸軍ショート少将の引責降格を始め、パール・ハーバーで戦死したキッド提督をふくめ米軍兵士は、ルーズベルトの生贄《いけにえ》になった訳です。フーバー元大統領が彼を戦争気違いと呼んだ所以《ゆえん》です。

その後、歴史家アルバート・ノック氏の昭和十八年の著作から、ブレークニ弁護人が引用し、さらにパル判事も「パル判決書」に引用したように、「真珠湾の前夜、国務省が日本に送ったような覚書を受け取れば、モナコやルクセンブルクと雖《いえど》も米国に向かって武器を取って起《た》ったであろう」と云うような火の粉が、日本に降り掛りました。大東亜戦争はこの火の粉を払った自衛戦争です。（一一九一六〇九一一二）ブレークニ弁護人、最終弁論の中で、歴史家の言葉に委ねようと述べて引用した。パル判事はこれを引用。

東京裁判の証拠として弁護側が提出したものには、ハミルトン・フィッシュ議員、ジョージ・モーゲンスターンが引用したものと同一の、米国議会が日本軍の真珠湾奇襲成功を見事過ぎるのではないかと疑って調査した報告書、記録なども入っています。

第三部　判決のために証拠を捏造した東京裁判

一　第一次そして第二次大東亜戦争

（一）大東亜集団安全保障

西欧列強が十五世紀から二十世紀半ばまで積極的に進めてきた侵略行為を、東京裁判では日本の悪事と定義したうえ、この罪を日本に被《かぶ》せねばならない理由がありました。

検察側は日本が西欧列強に戦争を吹っ掛けたから侵略だとして、事後法を作ってまで起訴しました。そうせねばならなかった、理由を以下に考えてみます。先ず前提として㈠東京裁判で検察側は日本が「アジアを」侵略したとは唯の一度も述べなかったこと、㈡歴史上始めて侵略が罰すべき犯罪とされたのは東京裁判であったこと、㈢事後法によって侵略を裁いたこと、以上の三つに加えて東京裁判は、アジア各地で行なわれた第二次大東亜戦争と同時に並行して東京で戦われた三つ目の戦争、裁判戦争であったことも記憶して置きたいと思います。勝つためには何でもありの戦争です。

さて大東亜戦争は二段階に捉え、第一次と第二次の大東亜戦争に分解して眺めると、アジアで起きたこの戦争の意味がスッキリ解り易いと思います。

一次と二次の境目は、敢えて区切るならば昭和二十年八月十五日として置きます。そして第二次大東亜戦争と殆ど同時に進行したのが、東京裁判を戦場とする約三年間の法廷戦争でした。

第一次大東亜戦争では日本が自存自衛のため、西欧列強の領土に侵攻し、アジア地域から西欧列強を追い払いました。しかし約三年半後には国力を失い、天皇陛下の仰せにより日本軍は降伏しました。そして同時に第二次大東亜戦争が始まりました。

アジアの広範な地域で、日本の導火線で点火された爆弾が、あちこちで同時多発的に連続爆発する事態になりました。この威力は原子爆弾などより遥かに大きく、日本軍が約三年半の間に編成し訓練したアジア各国の祖国独立義勇軍が、再支配のためにやって来た西欧列強軍を待っていました。西欧列強にとってはアジアが丸ごと地雷原となり、始めて新しい国名を冠した軍隊が白人軍に勝利しました。たった四十数年前、明治三十七、八年の日露戦争と同じ意義が今度はアジア全体で再現されたことになります。

この第二次大東亜戦争は、昭和十八年の大東亜会議開催を最初の大きな切掛けとして始動し始めた訳です。同じ目的を持って、アジアの広い地域で同時多発的に起きた戦争であり、大きく世界の文化経済の仕組みを革命的に転換しました。この最初の大東亜会議にビルマ、フィリピン、タイ、自由インド仮政府、満洲国、中華民国（汪兆銘政権）が参加しました。西欧列強と戦ったインド、ビルマ、マレー、インドネシア、ベトナム、ラオス、カンボジア、フィリピン等の祖国独立義勇軍は日本の同盟軍と云わねばなりません。

史上初めて、大東亜集団安全保障が発動した形です。これまでの五百年間のアジアとまるで異なった地殻変動でした。その後の世界は有色人にとって画期的に幸福な時代になった訳です。しかし最近では新しくアジアに覇権主義の独裁国が台頭して来ています。戦争など二度と御免だと思うなら敵が誰であれ、この大東亜集団安全保障を強くく維持することが良い方法だとお考えになるでしょう。

昭和天皇は終戦の詔書の中ほどで、「朕《ちん》は帝国と共に終始東亜の解放に協力せる諸盟邦《めいほう》に対し遺憾の意を表せざるを得ず…」と仰せられました。盟邦とは同盟国です。まだアジアの同盟国は戦っているのに、先に日本軍に降伏を命じ、戦線離脱することを詫びていらっしゃいます。後々これに対してアジアの独立国からは折に触れて何度も、日本にたいする感謝の言葉が返って来ています。日本は一人で戦争したのではありません。アジアには目的を共にする同盟国がありました。日本はこれら盟邦と共に、白人がキリスト教と鉄砲と黒船を以て作り上げた「白人優先主義の世界」と戦って勝利を得ました。

天皇陛下の詔書は第一次大東亜戦争と第二次大東亜戦争が連続した一つの戦争であるが、ここの時点で戦争の内容が少し変化したことをよく示しています。さらによく見れば、詔書には日本が敗北したとも政策の間違いがあったとも仰せになっていません。日本は原爆のような非人道兵器によって日本やアジアを含め世界人類が滅亡するのを避けるため連合軍に対して一旦、先に戦争を止めると仰せられたのです。我欲による勝負ではなく大局を見通し、人類の将来のためを思うお言葉です。市民の頭上に原子爆弾を投下した「人道に対する罪」は日本ではなく米国が負わねばなりません。天皇陛下は人類のために「負けるが勝ち」を選ばれました。これだけで日本がアジアを侵略し植民地支配したという捏造を完全に否定する証拠です。

(二) 西欧列強が日本はアジアを侵略したと絶対にいわない理由

先に東京裁判速記録の検察側の起訴状並びに判決文に於いて、また検察側の各種の発言にも日本が「アジア」を侵略したなどと述べた個所は一ヶ所も無いと述べました。場合によっては「南方の裕福な独立国」を侵略したなどと、云い回しは異なっている場合もありますが、検察側は一貫して何度も日本が「欧米列強を」侵略したと述べ、「自己保存は自然界の第一法則」であるから、日本の侵略から自己保存のため国土の防衛をせざるを得ないのだと主張しています。紛れもなく日本が西欧列強を侵略したのだと云う主張です

「南方の裕福な独立国」といっても、そこにはネパール、タイ以外にアジア人の独立国は存在せず、その他は全部が西欧列強の植民地であったことは歴史的な事実です。

オランダ代表ムルダー検察官（陸軍少将）は、田中上奏文を下敷きに、日本の侵略計画は中国国境にとどまらず太平洋の支配へと進んだが、そこでの障碍《しょうがい》は西欧列強特に英米蘭仏であり、中国より北方ではソ連であった、そこには巨額の金融的経済的利権があったからだと述べました。ズバリ率直に日本は欧米列強、白人を侵略し押しのけて経済的利益を横取りしようとしたと非難している訳です。

（三一―八―七二五―四）　ムルダー検察官、検察側最終論告、共同謀議第四部。

西欧列強の立場からこれを考えると、キーナンを始め検察側にとっては、万一日本がアジア諸国を

侵略したと発言してしまったら、英米蘭仏の東京裁判は自《おのず》と崩壊します。敵の侵略に対抗すべく行なうのが自衛戦争ですから、日本が降伏した直後、アジア諸国に侵攻中の西欧列強軍の存在は、自国を日本の侵略から守る自衛戦争のためであると主張する以外ありません。従って、アジアに存在するのは西欧列強諸国、具体的に云うならば英米蘭仏の領土以外であってはならないのです。東京裁判はこの立場を確立させ、正義の仮面を自分に着ける役目を持っていました。

仮にもアジアにアジア人の国があるとなれば、英米蘭仏軍は他国へ武力で侵入している侵略軍であると云われるでしょう。日本が侵略戦争をしたことは犯罪であると告訴している法廷で、弁護側から同じ理由で反駁を受けること必至です。裁判は成立しません。この成立しないものを成立させるためには、証拠捏造という法廷錬金術しかありません。証拠採用基準自体が二重規範であり、最大の証拠捏造行為になっていることに検察側は沈黙しています。

アジアにあるのは英米蘭仏の領土であればこそ、昭和二十年八月十六日以後に英米蘭仏軍と戦っているアジア各国の独立義勇軍は、西欧列強政府に反逆する反政府暴徒、日本に唆《そそのか》された国家反逆者であるから、現地アジア人の反政府暴動を攻撃し鎮圧するのは内政問題だという理屈が成立します。

西欧列強にとっては、こんな裁判は不正義だといくら非難されても、アジアを植民地として維持する利益に比べたらまだまだ我慢できると云う訳です。抑々《そもそも》国際法は白人のものであって、白人のための利害調整法じゃないか。相手は有色人の日本人であって敗戦国ではないか。この際白人は団結して植民地から上がる利益を守る方が大事ではないか。金に目がくらんだ連合国側の姿でしょう。

同じ理屈で支那を見ると、支那の軍閥政権は国民党の蔣介石も、共産党の毛沢東も西欧列強諸国と裏で手を結び日本を攻撃していました。アジアの植民地独立のため文字通り命を懸けての戦争をしている日本を含むアジア人に対して、彼らは視野狭く我欲のみに従うアジアの裏切り者と呼ぶ以外ありません。多分これが支那民族の思考の限界、習い性であり、習慣は第二の天性なりなのでしょう。

西欧列強が日本を侵略者と決めつけ、平和に対する罪を創作したのは、自己の行動を自衛として正当化するのと同時に、日本を侵略戦争犯罪者として罰し、アジアの祖国独立義勇軍を日本と手を組んだ武装叛乱暴徒と決めつけて葬り、さらに植民地の利益は絶対確保し続けるための一石四鳥を狙ったと云えるでしょう。こうすればアジアは今まで通り、そして永久に西欧列強の所有物であり利益を享《きょう》受《じゅ》できる訳です。白人優先主義も今まで通りです。付録のように支那人も勝者側について利益を得られるという計算でした。

このような新規に考え出された理屈が適用された故にこそ、東京裁判と並行してＩＮＡインド国民軍は、英国に対する国家反逆罪、日本に内通した叛乱暴徒として裁かれたことになります。英国にとっては日本軍もインド国民軍も英国に対して抵抗した共犯者です。何度も云うようですがＩＮＡがインドに於いて英国人に裁かれていた時、すなはちインド独立闘争の最中に、東京裁判はおよそ半分まで進んだところでした。先にも述べましたが、百四十三ページにもあるように英国代表コミンズ・カー検察官が、「日本はアジアに貢献したと云うが、実際は白人を痛めつけてアジアを自分のものにしただけだ」と本音をもらしていた丁度その頃でした。コミンズ・カー検察官はインドで英国が支配力を失い、世界中の英国植民地にもその影響が及ぶことを恐れたのでしょう。日本のために痛めつけられているのは、我々白人のゴッドのような権威と利益だと云う訳です。ゴッドに背いたものは地獄に落ちるぞと云うことを全有色人に対して示さねばなりませんでした。

コミンズ・カーが「白人」と述べた意味は、白人が有色人種を支配してあげることが有色人種にとっての恩恵だという意味合いでしょう。無意識のうちに有色人に対して自己をゴッド化していて、つい口に出るほど抜きがたい白人優先主義です。

西欧列強はゴッドとして振舞い、自身にとって徹底的に有利な理屈を歴史に書き込む必要があったのです。そのため有色人に対する見せしめ政治宣伝ショー、歴史の書き込みショーが東京裁判でした。裁判で日本は防戦しか出来ませんでしたが、相手が勝手にボロを出してくれました。

法廷の外では、西欧列強の白人優先主義や植民地支配に対して、すでにアジア人が実力を以て変更を迫っていました。アジア人の眼に見えていたのは法廷外で進んでいたゴッドの凋落です。法廷内でそれを拒否し、植民地所有と白人優先主義にしがみ付く西欧列強は、欲深きコメディアンになっていました。もうすでに半ばまで第二次大東亜戦争が進んでいると云うのに、東京裁判法廷では白人コメディアンが嘘で固めた無駄な悪あがきを熱心に演じていました。大東亜戦争以前の五百年間の歴史は白人のものでしたが、これ以降の世界史は第一次及び第二次大東亜戦争の戦果の上に書かねばなりません。今後西欧列強は有色人種が発言権を持った世界を生きねばなりません。歴史を書き残す力は有色人種にもあることが、戦争を通じて証明されました。

(三) 第二次大東亜戦争ではアジア諸国の日本軍が勝利した

多くの証拠で明らかですが、日本はアジアの植民地独立を願っていました。それが日本とアジア諸国相互の自存自衛を保障することになるからです。そのアジア地域を侵略し植民地支配するなどということは、日本にとって百害あって一利なく、神代より続く日本の八紘一宇の精神からも考えつかぬ政策です。

日本がいくら平和を望んでいても自分の要求を呑ませようとして、戦争を仕掛ける国が実際にいくつもあったし現在もあります。相手をよく見て会談で解決出来ることと出来ないことを見極めねばなりません。また自衛しようにも軍備と愛国心が貧弱なら国の滅亡です。軍備と愛国心は国家存立の基礎です。

人類の歴史に、侵略されて消滅した民族、国家、文化が幾つあったか知れませんが、アジアの植民地人が自分の手に主権を取り返すには、独立戦争に勝てる軍事力と愛国心、独立後の国家経営能力を養う以外に手段があったでしょうか。

この最も困難な点を支援し、同じ飯を食い血を流し、命を的に懸けて戦ったのは日本だけです。日本以外にアジア諸国の独立を少しでも応援した国はあったでしょうか。有色人を犠牲にしても自国の経済的利益を維持したいだけの我欲戦争と、八紘一宇の大東亜戦争は意味が正反対です。日本が、大東亜戦争の間にアジア諸国で行なったのは軍事教練だけではありません。独立の根本である愛国心を呼び起しました。

現地の人々は死ぬまで頑張る「日本精神」として認識しました。彼らが「我々は日本精神で独立したのです」と誇らしく云う時、単に文字の意味する以上に、深い複雑な意味があります。当時日本人の平均身長は百五十七センチ、白人より小さい自分達よりさらに小柄な日本人がやって来て白人を打ち破った。昨日までゴッドとして振舞う御主人様であった白人達が、日本軍の俘虜として、日本人に命令され街路の掃除をしている。このような光景を自分の目で見て今まで感じたことのない激しい感情と、血が逆流するような興奮を覚えた。我々も白人に勝てる、独立するんだという強烈な意識、愛国心が湧きあがり、この気持ちがあったからこそ恐怖に打ち勝ち、命懸けの独立戦争にとびこんで行く勇気が湧いたのだと述べているのです。精神の回天の瞬間です。

そして日本軍が作った訓練所で、目的のためには死ぬまで頑張る、インドネシア語では「サンパイマテ」と云う、そのような敢闘精神を得た。二度と支配されるのは嫌だ、独立のために犠牲になってもいいと思った、これら全部を含んで自分の精神がガラッと変わったことが日本精神であり、この精神で白人侵略軍と戦ったと云う意味です。各民族が同時多発的に全アジア的規模で精神の回天をなした、歴史上に一度しか起きないような現象がこの時起きた訳です。第二次大東亜戦争の火薬が原爆より強烈であり容易に衰えなかったのは心が回天したからでした。最初インドネシアに再侵略してきたのはオランダに頼まれた英国軍でした。サンパイマテのインドネシア独立義勇軍は英軍をスラバヤで迎え撃ち、一個師団の英軍はあっという間に全滅に瀕し、援軍十万を以てしてもスラバヤ市を占領するのに三ヶ月もの間犠牲を強要されました。回天は途方もない力を発揮します。

（四）歴史に無知なままでは幸せになれない

蘭印では、オランダが作った数少ない現地人用の学校に、蘭印史の科目がなかった理由は、当時インドネシアは独立国ではなく、オランダ国の一部ですからオランダ史以外あるはずがないからです。しかしそれを勉強してもインドネシア人はオランダ人になれないのです。歴史は民族の遠い先祖から続く自己確認、自己確立の物語です。自分のものではない歴史を自分の歴史とすれば、他人の物語を生きる羽目になります。借り物人生では自分が何者であるか、自分はどこにいるのか分からない不安感に陥るでしょう。このような人々に白人の文化を刷り込めば、自分を白人の目で見て、自分の肌が白くないことを恥じる奇妙な劣等感を持ち、過度に従順な植民地人の製造に役立つでしょう。

真の歴史を教育しないもう一つの理由は、民族を自覚する精神を呼び起こさせないためです。歴史を知ることは祖先の喜びや苦労を思いやり、感情を共鳴させ、誇りが芽生え、愛国心と勇気が生まれてくるからです。民族の神話や先祖達がたどった歴史に無知なままでは本当に幸福になることは出来ません。

アジアに軍隊を侵攻させた国で、先ず学校を作ったのは日本だけです。三百二十以上あると云われた地方言語のうちから当時のヴァタビア（現在の首都ジャカルタ）地方の言語を選び、統一されたインドネシア語としました。これを小学校で教えた時、部族の枠を超えた「インドネシア人」が誕生しました。各藩政府を廃止して日本国の中央政府を作った廃藩置県、標準語教育と似ています。

日本語で会話し日本語で考えない日本人はいないように、日本語が日本人であり、日本文化は日本語の中にあります。日本が危ういところで明治維新を成し遂げることが出来たのは、イザナギノミコト、イザナミノミコトから始まり、高天原でお暮らしになっている神話の中のご先祖様を皆が知っており、神武天皇から万世一系、男系の天皇陛下がしろしめす我が国体の歴史を共有していたからです。神話は立派に歴史の一部です。日本人は全員が高天原の神々の子孫であるという認識が、同胞意識を強くする糊でした。支那大陸の隋を意識して日の昇る日本を意識し、メリケンの黒船という強大な外国を前にして、初めて世界の中の日本として日本国が意識されたように、天皇陛下を中心に日本人が一丸となって国難を乗り切ろうとしたのは至極当たり前の行動です。もし神話や言葉が一緒でなかったなら、同胞意識は生まれず、思考はくい違い、理解し合うことは困難でしょう。ましてや武士自ら武士を廃止すると云うような、全体のために自己を否定する改革は出来たでしょうか。一丸となって危機を乗り切る力は日本という、深く広く浸透した文化一体感が軸となるからです。それぞれが覇権を争い権力闘争に明け暮れ、反目しているのでは簡単に分割統治されてしまいます。

この日本と同じような文化は古くからインドネシアにもあったと思われます。インドネシア語を話すインドネシア人が生まれたならば、共にインドネシアを祖国と意識するまでには長くは掛りません、三年でよかったのです。白人に対する積年の怒りが種となり、民族的共通語が干天の慈雨となって、先祖が埋まっているこの地面が私の祖国なのだという意識が芽を吹き、根を張り枝葉を伸ばし急成長したのです。

アジア、アフリカ諸国の独立によって、多くの国家間の自由貿易体制が戦後の体制となり、人種平等と公平公正は国際社会の標準となりました。

一方で西欧列強は植民地領土を失い、白人優先主義は神通力を失い、国際問題は白人だけの会議で決めることが出来なくなりました。これらは総て世界中の有色人種に幸福の基礎をもたらしたと云えるでしょう。

第一次大東亜戦争だけを見れば、西欧列強が勝ったと思いがちですが、それは歴史の進行方向を変えた大戦争の、前半だけを見ているのです。大東亜戦争は第二次で人類の行くべき進路を変更した戦争でした。

坂本竜馬の前半は寝小便たれで弱虫だったそうですが、その後半は北辰一刀流千葉道場の師範になり、日本の洗濯までする人になりました。

後半部分は、日本軍降伏に続いて翌日から無通告で始まった第二次大東亜戦争でした。西欧列強が東京裁判で絶対に触れたくなかった戦争です。これによって世界はどのように変り、日本は世界中からどのように評価されているか知らねば大東亜戦争を知ったことにはなりません。勇者や玉砕《ぎょくさい》の話、愛《いと》しい人との別離、焼け焦げた人間や破壊された故郷の話は戦争の一面です。その後の変化も戦争のもう一つの面です。

アジア人が幸せになるための戦争がアジアには必要でした。独立戦争を不要とするほど西欧列強は汝の隣人を愛する紳士淑女ではありませんでした。第二次大東亜戦争ではアジア人が自発的に独立戦争の兵士となりました。これにもし強制があったとするなら、それはその地に眠る先祖が子孫の尻を蹴飛ばしたのでしょう。独立戦争の勇士が子孫に伝えるべき民族の誇り、新たな神話はここに始まる訳です。

（五）負けるが勝ちという歴史の変更

平成二十六年三月五日の笹川陽平氏のブログに引用されている、人民解放軍元中佐の李東雷のブログには次のようにあります。

「第二次世界大戦後の日本は、さっさと経済的手段で戦争発動時の目標を達成した」。

李は、日本は経済的にＡＢＣＤ包囲陣に首を絞められ苦しんだが、戦争が終わってみると自由貿易が実現されて、日本の戦争目的は戦後すぐに達成されたと認識しています。東條英機首相及びその他多くの日本人が証言した日本の開戦理由も、また証拠提出された宣戦の詔書も、また敵の総大将マッカーサー将軍でさえ同じ認識を別の言い方で表現しているのですから。日本の戦争目的は自存自衛であることを敵国側の方でも明確に理解していた訳です。

さらに云うならば李は経済封鎖を打破することが日本の戦争理由であり、戦争が終わってみたら目標を達成していた。結局「C」チャイナを含め「ABCD」が日本を侵略したものの、結局は日本軍が降伏した日本が、最終的に勝利したと述べた訳です。

日本文化には「負けるが勝ち」と云う考え方さえあります。負けたようであっても、時が経って、一段高みに登って具《つぶさ》に眺めて見れば、結局は負けたとされる側の目的が達成されていて勝ったと云わざるを得ないと云う認識です。

原因が結果を生みその結果は次の原因となって、めぐる因果《いんが》の糸車です。

第一次、第二次の大東亜戦争を今日見渡す時、日本とアジア同盟諸国の勝利は考えれば考えるほど深い意味を持つ勝利でした。

昭和十八年の大東亜宣言を思い出してください。宣言の要点は有色人種の独立国家樹立です。戦後の国際社会は大東亜宣言の指示した方向へ進んだではありませんか。この戦争はアジアのみならず中近東、アフリカ大陸、アメリカ大陸へも独立の津波をもたらしました。国際連合の発足当初五十一ヶ国しかなかった加盟国が、百九十三ヶ国にまで増加したのは、大東亜戦争の後に百四十二の独立国家が誕生したためです。大東亜共同宣言は植民地独立を望むこと、そのために戦うことを宣言しその通りになった訳です。

日本政策研究センターの月刊誌『明日への選択』平成二十六年十一月号に掲載の駒澤大学西修名誉

教授の憲法に関する論説の中に、世界の百八十八ヶ国の憲法のうち、百六十九ヶ国の憲法は一九五〇年代以降に制定されたとあります。殆ど九十パーセントを占めています。大東亜戦争以後に生まれた独立国がいかに多いことか、また白人がいかに多くの有色人を支配していたかという理解の手掛かりです。

第二次大東亜戦争開始から僅か十年後の昭和三十年（一九五五）四月十八日、有色人種の独立国家のみ二十九ヶ国が参加して、アジア・アフリカ会議がインドネシアのバンドンで開催されました。AA会議、バンドン会議とも呼ばれます。この時の共同宣言は平和十原則と呼ばれていますが、内容は大東亜共同宣言とよく似ています。違う点は大東亜共栄圏よりも地理的に大きく広がって、インド、スリランカ、パキスタン、アフガニスタン、イラン、イラク、サウジアラビア、イエメン、シリア、トルコ、レバノン、ヨルダン、エジプト、スーダン、エチオピア、リビア、ガーナ、リベリア、インドネシア、ラオス、カンボジア、タイ、中華人民共和国、ネパール、ビルマ（現在はミャンマー）、南ベトナム、北ベトナム、フィリピン、そして日本が参加したこと、すでに始まっていた東西冷戦が大きく影響していることくらいです。

このバンドン会議共同宣言は、二回目の大東亜会議共同宣言と云えるでしょう。有色人諸国家が独立を勝ち取ったことを確認し、白人に対して有色人を無視することは最早できないことを宣言したのです。第一次大東亜戦争の開始からからこの日まで、白人優先主義破壊の津波が地球を一周するのにかかった時間は僅か十三年半でした。

巨大な津波は日本を潰そうとした米国に到達し、黒人達は白人と同等の自由と平等を求めました。米国ではそれまで、黒人は白人の学校へは入学出来ない、水道の蛇口も白人用を使用してはいけない、白人用の座席に座ってはいけないなど、ことごとく白人と同じことをするのが許されない下級市民として、差別的地位に貶められていました。

昭和十四年（一九三九）、黒人女性ジャズ歌手、ビリー・ホリデイの歌った「ストレンジ・フルーツ」は米国南部で日常的にあった黒人の運命を歌っています。

南部には奇妙な果実がある。葉も根も血まみれで黒い果実がスイングしながらポプラの樹にぶら下がっている。果実は膨れ上がりカラスがつついていると、ビリーは苦しそうな声で歌っています。

黒い果実が何を指しているかお分かりでしょう。白人のリンチに遭いポプラの樹に吊るされて、やがてカラスにつつかれて果てる、南部では珍しくなかった黒人の運命です。この奇妙な果実の写真は今でもネット上にたくさん残っています。

日本軍と戦った米軍黒人兵の中には、日本兵に敵意を持てなかった者も居たと云われています。逆に白人兵は黒人兵が裏切るのではないかと疑いを持っていたと云う話もあるくらいで、同じ国の軍隊にいても黒人にとって本当の身近な敵は、本来なら戦友であるべき白人であって、日本人は敵ではなく、むしろ差別される側にいる仲間であった訳です。　黒人音楽家などには日本が大好きという人がたくさんいます。演奏会で日本に来れば差別もなくファンも多いと云う訳です。

文久三年（一八六三）、明治維新の五年前に米国大統領リンカーンは演説して、政府は国民に由来し国民のために国民が統治を行なうのだと述べましたが、国民の中に有色人を入れなかったことは確かです。この前年奴隷制度廃止は訴えたけれども、彼自身は人種差別を止めませんでした。

翻って日本には歴史的に有名な演説などはありません。有色人に由来する政府が有色人のために有色人によって、二千数百年に亙って運営されて来た国です。他の有色人種にとっては理想の国がこの世にあると云う、百聞は一見に如かずの吃驚仰天《びっくりぎょうてん》でしょう。日本人が、余りに普通に黒人と白人と区別しないため、日本を訪れた白人にとっては、逆に無礼千万な平等扱いを受けたと云う腹立たしさがあったようです。

日本でゲティスバーグの演説に似ているのは二千六百七十七年前の神武天皇の肇国《ちょうこく》の御言葉、最初の施政方針です。これには人々が秩序を保ちながら、各自望むところを実現するように推奨しておられます。似ているとは云っても米国大統領の演説より、遥かに自由を尊び相手を思いやる心を重点に置いたお言葉です。

一九六〇年代黒人達は「ブラック・イズ・ビューティフル」と自分達の価値観の確立を叫び、白人の価値観に支配されることを拒否しました。暗殺、暴動、鎮圧などの犠牲を払いつつ、時間が掛かりましたが、やがて白人同様の法的権利を勝ち取りました。これは米国内に波及した大東亜戦争の結果であり、「八紘一宇」「大東亜共同宣言」「バンドン会議の平和十原則」の津波と云っても良いでしょう。米国内で白人に対する黒人たちの価値観戦争は、神武天皇の御言葉に沿うような良い結果を産みました。

昭和十八年（一九四三）の大東亜共同宣言は人類の普遍的道徳を述べているだけですが、その道徳が未だ行き渡っていない有色人種の世界にとっては希望でした。口先だけでなく、人種の平等と自由を戦い取る実力行使を述べた宣言は、虐げられていた有色人種から見るとき、「これだ、これこそ欲しかったのだ、これこそなすべきことだ」と云う精神の共鳴、共振を呼んだ訳です。リンカーンが唱えた白人優先主義を残したままの奴隷解放宣言と、大東亜共同宣言を比べてみてください。大東亜共同宣言はそのまま素直に人種平等、公平公正を謳い、獲得するまで頑張ろうと宣言しています。どちらがより根源的、永続的に世界を幸福にしたでしょうか。

この正解は日本の電気釜です。便利清潔美味簡単、誰も差別しない電気炊飯器です。白人だけにおいしい今までの自由平等とは異なり、飯粒がみんな自立していて誰でも簡単に美味しい自由平等正義公平が食べられます。有色人はこれが欲しかったのです。昨今では中華人民共和国人が日本へ来て「爆買い」しています。

黒人は白人と同じベンチに腰掛けてはならない、と云う人種法が米国で廃止されたのはリンカーンの演説から百一年後に当る昭和三十九年（一九六四）、終戦から十九年後、バンドン会議の九年後のことでした。

この年は東京オリンピックでエチオピア人のアベベがマラソンで連覇し二個目の金メダルを得た年、満鉄特急「ひかり」号の後を継いだ0系新幹線「ひかり」が世界初の時速二百十㎞の営業運転を始めた年でした。元々「ひかり」も「のぞみ」も釜山からハルピンまで走った急行列車の愛称でした。

この頃から日本経済は戦前の規模を追い越し、米国以外の連合国の経済規模をも追い越してしまいました。

ここに到るまでに黒人の払った犠牲はいかばかり過酷なものだったでしょう。またインディアンと呼ばれ北米大陸の主人公であった原住民たちの運命はさらに過酷でした。ヨーロッパから逃れて米大陸へ来た白人達の、死にそうな困難を見るに見かねて助けたばかりに、今や自分たちが野牛バッファロー同様の絶滅危惧種として、白人に保護されて命脈を保っている有様です。情けが仇となって途方もない犠牲を払わされた訳です。

白人の中には心中には有色人種に差別感情を残す者もいますが、一方では黒人系の大統領も出現しました。今後も第一次、第二次大東亜戦争の戦果である人種差別のない公平公正な世界を作ることが人類の幸福の基礎であり続けるでしょう。

(六) 昭和二十二年十二月三十日の第二次大東亜戦争状況

この日は東條元首相の口供書が法廷で朗読された日です（ほぼ一年後の十二月二十三日には、他の六名と共に黄泉比良坂を越えて逝かれました）。この当日にアジア各国で西欧列強は何をしていたか。アジア各国の独立義勇軍の戦いがどのように展開していたかを考えてみます。

インドネシア

オランダを相手に独立戦争中でした。小磯内閣の宣言通り昭和二十年（一九四五）九月の独立に向けて準備が進行中で日本はこれを支援していたのですが、それより早く日本軍が降伏したため、急遽スカルノ大統領とハッタ副大統領が独立を宣言しました。その独立宣言書の日付は〇五年八月十七日となっています。〇五年とは紀元二六〇五年の下二桁で、昭和二十年になります。神武紀元《じんむきげん》元年一月一日は初代神武天皇が奈良の橿原で即位された日です。キリスト誕生より六百六十年古い紀元はここから始まります。序《ついで》に三菱重工業製の零戦の〇は「零式《れいしき》」と云う意味です。紀元二六〇〇年に海軍制式採用の意味で年号末尾の〇を採ったのです。中島飛行機の一式戦闘機「隼」は、紀元二六〇一年に陸軍制式採用と云うことになります。

　国民の八十数パーセントがイスラム教徒であるインドネシアでは、キリストの誕生を記念する西暦は異教徒の暦であり、独立を支援した日本の神話に由来する暦を使ったのでしょう。スカルノとハッタ等はジャカルタ市内にあった前田 精《ただし》海軍少将の邸宅で独立宣言文を作り、現在その邸宅は博物館となっています。

　インドネシアが独立を確立したのは昭和二十四年（一九四九）十二月です。

インド

　ＩＮＡインド国民軍の兵士を国家反逆罪で裁判したことから全国規模で反英暴動が発生し、ついに英国を追い出し独立を勝ち取って四ヶ月過ぎたところです。
この時すでにインド独立の勇士チャンドラ・ボースＩＮＡ軍司令官は台湾に於いて飛行機事故で死亡していました。現在インド国会議事堂には彼の大きな肖像画が掲げられているそうです。そしてチャンドラ・ボース司令官の遺骨はまだ東京都杉並区和田の蓮光寺に安置され、毎年インド大使も参列されて法要がなされています。最寄り駅は地下鉄丸の内線「東高円寺」です。
インド独立は昭和二十二年（一九四七）八月十五日。

マレーシア

再侵略してきた英軍に再度英国領とされていた時期。その後、マラヤ連邦独立を経てマレーシア連邦となるが、マレー人と支那人は昔から仲が悪く、民族紛争を経て結局は支那人の華僑が分離独立しシンガポールとなった。マラヤ連邦独立は昭和三十二年（一九五七）八月三十一日。

ビルマ（現在ミャンマー）

昭和十八年（一九四三）に日本の支援で独立し、日本の同盟国として連合国に宣戦布告したが、日本軍の降伏により再侵略してきた英軍に敗れ、昭和二十二年（一九四七）に再度英国領にされていた時期。最終的には日本軍が編成し訓練したＢＩＡビルマ独立軍が英軍に勝利し、昭和二十三年（一九四八）に独立した。

ラオス

昭和二十年（一九四五）四月に独立したが、再度フランス領とされていた時期。最終的に独立を確立したのは昭和二十八年（一九五三）。

カンボジア

昭和二十年（一九四五）三月、独立したが、再度フランス領とされていた時期。最終的独立は昭和二十八年（一九五三）。

ベトナム

昭和二十年（一九四五）三月、日本の支援で独立したが、日本軍降伏により再度フランス領とされていた時期。日本占領時代からすでに国民党の地下組織、支那人の共産主義勢力がたくさん侵入して地下で反日活動をしており、その後は執拗に植民地を手放さないフランスとの間に独立戦争が始まり、ついにフランスはディエンビエンフー市の戦いで、包囲されたフランス軍約一万人の命と引き換えに完全撤退を交渉しベトナムから追い出された。

しかし親共産主義となっていた北ベトナムを認めず、全アジアが順次共産化してゆくドミノを防止するため反共国家南ベトナムを支援した米国と、共産革命の輸出を狙って北ベトナムを支援するソ連および中華人民共和国の代理戦争のような形でベトナム戦争は始まった。しかし最終的に米国は敗北し昭和五十年（一九七五）四月三十日、ベトナムは共産主義国として独立しました。初期の独立勢力の一つとして日本軍が援助した安南義勇軍、またモッハイという民兵組織があります。モッハイというのは日本軍が行進の時イチ、ニと声を出すのをベトナム語の発音で真似た名前だそうです。また日本軍兵士もベトナム独立戦争には数百名以上が参加したと云われています。

さて平成二十九年（二〇一七）三月、天皇陛下はベトナムを訪問なさいましたが、三月二日には残留日本兵の家族とお会いになり今までの苦労を労《ねぎら》われました。独立戦争に参加した多くの日本兵はベトナムで結婚して家族もいたのですが、独立後はベトナム政府により日本へ帰国させられました。この時に家族は出国することが認められなかったので、離散家族となって苦労されました。これを労われたのです。

泰国《たい》

タイは西側の英領ビルマ、マラヤと、東側の仏領インドシナとの緩衝地帯として、東西から領土侵蝕を受けながらも独立国でした。大東亜戦争開始後は日本と同盟を結び、米英に宣戦布告しました。

フィリピン

昭和十八年（一九四三）に日本の支援でホセ・ラウレル大統領の下に二回目の独立をしましたが、日本軍降伏により再度米国領とされました。そして三回目、昭和二十一年（一九四六）七月四日に米国から独立して、一年五ヶ月を経過した時期です。

フィリピンは三百年間スペインの植民地でしたが、米西戦争の結果米国が領土を奪いました。一回目のフィリピン独立は明治三十一年（一八九八）六月十二日、エミリオ・アギナルド大統領の下に行なわれましたが、独立を餌にした米国の謀略によって挫折し弾圧される中、日本は当時より独立を支援したが失敗、明治三十二年（一八九九）、独立勢力援助のための武器を積んで出港した布引丸が台風で沈没してしまいました。大東亜戦争中に独立しましたが日本軍降伏により米国に再度植民地とされました。公式には一回目のフィリピン独立を記念して、六月十二日が独立記念の祝日となっています。

二　村山談話、詐欺の見破り方

（一）日本はアジアを侵略したと村山は云うが、検察側は否定している

平成七年（一九九五）八月十五日、村山富市元首相発表の「戦後五十周年の終戦記念日にあたって」という文書、所謂村山談話は短い文章ですが、その後半部分に、「わが国は、遠くない過去の一時期国策を誤り戦争への道を歩んで国民を存亡の危機に陥れ、植民地支配と侵略によって、多くの国々、とりわけアジア諸国の人々に対して多大な損害と苦痛を与えた…この歴史の事実」と述べています。

次いで、先にも引用した陸軍大将梅津美治郎（関東軍司令官）に対する検察側論告を見ますと、「検察側の証拠により次の事が明確にされた。梅津は共同謀議の一員として、東亜、太平洋、インド洋の諸国に於いて軍事、政治、経済の支配権を確立しようとした。及び梅津は、中国、ソ連、米国、英国、その他諸国の自由愛好国民に対する侵略を実現しようと努力した」と述べています。この中に中国が挙げられていますが、中国は諸軍閥割拠の状態でそれぞれ西欧列強と結んで対日攻撃をしたのであり、アジアの国というよりは、アジアを裏切って西欧列強に味方した者とすべきでしょう。従って検察側がいう国々とは西欧列強そのものと云ってもよいでしょう。

再度村山談話に戻って見ると、まるで自分が検察側になり切ったように同じことを述べています。

但し「多くの国々、特にアジア諸国を」とぼかした点が異なっています。この点の歴史的事実を考えるならば、大東亜戦争直前のアジア人の独立国はネパール、タイ、満洲、日本の四ヶ国しかなかったのが事実です。満洲とタイは日本の同盟国でした。ネパールとは紛争がありません。日本が侵略する理由もその事実もありません。しかしながら村山の挿入した「特にアジア諸国を」の一句により、あたかもアジアに昔からアジア人の独立国がいくつも存在していたかのような錯覚を起こさせています。実際には独立した「多くの国々」とは、英米蘭仏葡《ポ》（ポルトガル）で、検察側が云う「東亜、太平洋、インド洋の諸国」も、実態は英米蘭仏葡です。その数は五ヶ国で全部が白人の国です。村山の談話は検察側にすり寄って、西欧列強がした以上に、事実を隠し歴史を過剰に捏造したものになっています。

　村山談話は植民地支配を犯罪であるかのように言及しましたが、過去五百年間、白人が行なって来た侵略と植民地支配の歴史には触れず、西欧列強の侵略が過去に一度も罰せられたことがなく、ましてや東京裁判に於いても植民地所有が犯罪だと告訴された事実がないことを無視しています。

　西欧列強は侵略した有色人の土地を植民地経営するのは、投資と利益回収の国家的ビジネスと考えていて、犯罪などとは考えたことはありません。それを禁止する法もありません。それが悲惨であると思うのは白人ではなく有色人の方ですから。

　原住民の命より、自国へ持ち帰る経済的利益が大切であったことは豊富な実例が証明しています。それが何度も繰り返されたのは奨励されていたことを意味します。東京裁判と並行して独立を宣言したアジア各国へ武力侵攻し、各地の祖国独立義勇軍と戦争をしていたのは検察側自身ではありませんか。西欧列強は侵略と植民地経営が犯罪であると考えていなかった動かぬ証拠です。植民地支配が国際的に非難されるようになったのは、大東亜戦争終戦から十五年後の国連総会に於ける「植民地独立付与宣言」でした。

法廷で検察側は、日本は西欧列強を侵略したのであると何度も述べています。そして大東亜戦争の目的は、日本が植民地から西欧列強の利益を奪おうとしたのだと決めつけて、その利益横取りを非難している訳です。侵略を非難したようでその実質は利益の横取りを非難している訳です。百四十二ページの仏代表ムルダー、百四十三ページの英代表のコミンズ・カー検察官等の発言がまさにそれです。経済的利益に対する執着は強烈です。村山だけが日本はアジアを侵略したと主張しています。不思議なことです。

村山談話と検察側主張、この二者は立場と発想と目的が同じですが、村山談話は東京裁判の検察官になりきった立場から日本を誹謗中傷し、さらに加えてアジアも侵略したと錯覚させる目的を持った談話です。村山富一元首相は共産主義の影響下にある日本社会党の党首でもあったことから、中国共産党を忖度した同調者でもあったと推測させます。村山の帰属意識は日本ではなく、アジアを侵略し、植民地支配した国の側にあると云うことでしょう。

アジアにあったのは西欧列強の植民地領土でした。日本は西欧列強への侵略を始めたのではなく、西欧列強に経済戦争で侵略されたため自存自衛の戦争をしたのです。村山談話詐欺に引っ掛からないように注意する要点はここです。

（二）侵略の定義は罪ある者の道徳となる

村山談話の「侵略」と云う用語に付いては先にも触れましたが、侵略の定義については弁護側と検察側との間に長い論争がありました。

高柳弁護人は最終弁論に於いて、法的概念としての侵略戦争ということについて複数の国際法学者の意見を引用し、また西欧列強各国が行なった戦争の実例を引用しながら「侵略」「侵略者」は現在まで結局定義し得ないのであると述べています。

検察側は唯一の拠り所のように、何度もパリ不戦条約を持ち出しました。弁護側は当然反駁《はんばく》しました。この条約は自衛戦争を除外しているため、侵略戦争と自ら認めた戦争以外に非とすることは出来ない。実際にそのようなことを認める国はあるはずがないのであるから、戦争の防止は最初から出来無い前提で結ばれた条約であったと述べています。

ノーベル平和賞を受けた英国のサー・オースティン・チェンバレン外相は次のように述べました。「それゆえ余はかかる侵略者の定義付けの企画に依然として反対するものである。かかる定義は無実を陥れる罠となり、罪ある者には道徳となるからである」。まさに東京裁判に対する予言になっているではありませんか。

（二一九―三六五―一）　パリ不戦条約の本文及び内容のどこにも犯罪の語は使用されていない。またそのような観念も見られない。

（二一―九―三六六―二）高柳弁護人、最終弁論総論（乙）法的概念としての侵略戦争、侵略の定義、侵略の曖昧な定義はウエブスター辞典から、同ページ第四段にティエンバレン外相発言。

（二一―九―三八三―一）高柳弁護人、最終弁論総論、三百年に亙る西洋の政治家や将軍が行なった侵略について処罰を受けたことが一回もなかったと述べている。

東京裁判を通じて見えてくるのは、
㈠自衛戦争は肯定されること、
㈡日本は自衛戦争をしたと云うこと、
㈢侵略戦争の定義は無いと云うこと、
㈣しかし判決では侵略は犯罪であり、日本はその罪を犯したとされたこと、
㈤検察側は、日本は西欧列強の利益を横取りしたと考えていること、
㈥東京裁判は西欧列強の植民地利益を維持確保するための裁判であったこと、
㈦植民地所有は罪でもなんでもないこと、
㈧植民地独立は戦争に勝利せねば不可能なこと、
存在しない侵略戦争罪を日本に被《き》せるために、目に見える「事実とその証拠」として残酷な犯罪を持ち出すことが計画され、裁判では所謂「南京大虐殺」が、平成になってからは突然、扇情的な従軍

慰安婦二十万人強制連行などが捏造され宣伝され、いまだに宣伝が継続されています。それは同時に米国の広島、長崎への原子爆弾投下並びに百数十ヶ所の都市を焼夷弾で焼き、無差別に非戦闘員の女子供老人を殺戮《さつりく》した巨大な戦争犯罪に「日本軍だって残虐だったじゃないか。お互い様だ」と云いたいがための口実作りでしょう。米国の二発の核兵器使用と人道に対する罪に対する後ろめたさから逃避するため、戦後七十二年を過ぎた今日でも自己弁護として続けられている攻撃的心理的工作です。

ここまで述べたように、日本がアジア植民地の利益を侵略したと云いたいのは西欧列強の白人だけであるはずです。アジア地域にあった西欧列強の領土を日本が軍事力で奪い経済的利益を奪ったと主張し、日本を処罰したい訳です。従って有色人でありながらこのような発言をするのは、自分が白人だと思い込んでいる人と云えるでしょう。不思議なことにこの点、中国共産党政権が頻《しき》りに、自分がアジアの総代表であるかのように「日本はアジアを侵略した」「我が国も侵略された」「アジアは日本に謝罪を求める」と強調することと呼吸が合っています。しかし先に述べたように中華民国はABCDの一角を占め、白人の味方でしたからアジア人に対しては裏切り者です。

このように幾つもの捏造《ねつぞう》と隠蔽《いんぺい》工作、心理操作の努力なくしては日本の非難が出来ないのであれば、その小細工を取り除いて観察した日本は、世界の有色人種にとって良いことをした唯一つの国ではありませんか。しかも善意の個人が寄付をしたというような規模を超えて、日本人が千年前の和歌のように、「山川の　末に流るる　橡殻《とちがら》も　身を捨ててこそ　浮かぶ瀬もあれ」と死中にアジアの活を求める行動でした。大東亜戦争はアジア人の名誉ではありませんか。

（三）アジアに対する裏切り談話の奇妙奇天烈

村山談話の内容は結局、アジア人は西欧列強の植民地であった方が良かった。アジア人は白人による支配に感謝すべきだと強調し、白人の自己正当化の屁理屈を庇《かば》って代弁していると読めます。村山は臍の緒を通じて日本から栄養を吸収しておきながら、いつ臍の緒が繋がっていない西欧列強の白人優先主義の息子になりすましたのでしょうか。血の繋がった親や先祖の悪口を云うのは、親不孝者、恩知らず、裏切り者、コウモリ野郎と呼ばれやしませんか。

村山談話は、過去に成功しなかった幾度もの独立運動で、祖国のためにストレンジ・フルーツにされたアジア人を国家反逆の暴徒と非難し、ポプラの木に吊るされて当然だと述べていることになります。これがアジア人にお詫びし、信を追求した美しい行為だと考えるなら大きな錯乱です。村山談話が中国共産党政府に寄り添った政治宣伝であり、反アジアであり有色人蔑視《べっし》であって、白人優先主義とその植民地支配を賛美し、西欧列強が行なった非人道行為の弁護になっていることに本人だけが気付かないのです。

村山が気付かないだろうさらに大きな談話の矛盾は、日本がアジアを植民地支配し侵略したと仮定すると、昭和天皇が日本の盟邦と仰《おお》せられた同盟諸国であり、また西欧列強に宣戦布告し実際に戦争したインド、ビルマ、タイ、フィリピン、さらにまた大東亜会議に参加した諸国の立場は、大東亜戦争で日本の同盟国として、アジアを侵略し植民地支配をした国となってしまいます。

どこの世界に自国を自分自身で侵略し植民地支配する奇妙奇天烈な理屈があるのでしょうか。村山談話は唐人の寝言、何を云っているのかわかりません。アジア諸国が村山談話を無視し反感を持つのは当然でしょう。ただ中国共産党だけが村山を称賛しているのは、共産党政権が支那大陸を侵略し武力を以て植民地支配しているからでしょう。中国共産党に弾圧され、自由と民主を望んでいる多数の支那民衆にとっても、村山は裏切り者となるでしょう。十三億の普通選挙を知らない民衆を敵に回して、それでも中国共産党にすり寄っている理由が日中友好なのでしょうか。

村山はアジアの祖国独立義勇軍が西欧列強に対して第二次大東亜戦争を挑み、勝利したアジア人の日本軍だったことにも気付かないか、或は知っているにも拘らず日本を貶《おとし》めるために、無視するに限ると考えているのかどちらでしょう。村山談話はアジア諸国人に対してお詫びの素振《そぶ》りを見せつつ、実は十五世紀以来の西欧列強の植民地支配を賞賛し、独立を果たしたアジア諸国を愚弄《ぐろう》し、喧嘩《けんか》を売っているかとに気付かないのか、或いは知りつつ西欧列強の提灯持ちをしているのかどちらでしょう。

そしてアジアを被害者に仕立たうえで、加害者は日本だとして糾弾するのが村山の目的でしょう。もちろん、自分は糾弾する側に着くのです。日本国内外の村山談話同調者もアジア人に対する裏切者です。裏切り者ゆえ日本の自存自衛とアジア独立のために戦った大東亜戦争を誹謗中傷し、首相の靖國神社参拝を非難し、自衛隊を犯罪集団のように云うのでしょう。逆にこれが東アジア不安定の元凶になっています。日本が平和維持のために強力な軍事力を持つことはアジアの安定のためにアジア諸国が望んでいます。七十数年前アジアの植民地解放軍として行動した日本軍が、アジア自衛のために必要な時代がまた来ています。

（四）アジアに多大な損害と苦痛を与えたのは誰か

村山談話にいう「多大な損害と苦痛を与えた」のが誰なのか、ここでも犯人は日本だという誤解を誘う表現を使用した場面です。しかし日本はアジアの味方でこそあれ敵になったことはありません。過去に西欧列強の植民地であったインド、ビルマ、フィリピンは日本の支援を受けて、大東亜戦争中の昭和十八年以降順次独立し西欧列強に宣戦布告しました。そして昭和二十年八月十五日以降は、再侵略して来た西欧列強軍に対して数ヶ国の祖国独立義勇軍が武力を以て起ち上がり、勝利したからこそ独立宣言を実効あるものに出来たのです。また独立準備中であったインドネシアでは日本軍の降伏により、独立が二ヶ月ほど前倒しされ、その後は四年もオランダに対して独立戦争を行ないました。日本軍はそれら諸国の独立義勇軍を創設し、訓練し、国家運営のため官吏を養成し、降伏後は連合軍の命令により武装解除して連合軍に引き渡すべき武器弾薬を、独立義勇軍へ渡しました。そのうえ何千名もの日本兵が各地で独立戦争に参加したくらいですから、苦楽生死を共にした盟邦、同盟軍、戦友です。これでも日本はアジア諸国の敵だったと云うのでしょうか。

「多大な損害と苦痛」をアジア人に与えたのは西欧列強と蔣介石の中華民国政権、毛沢東の共産党政権であって、アジア諸国への第一次、第二次侵略によって生じたものです。逆に英米蘭仏葡ソに与えたと云う意味ならば、第一次、第二次大東亜戦争を通じて日本を含むアジア諸国が与えました。

西欧列強は日本を滅ぼそうとして、却ってアジア諸国の愛国心、独立心に点火してしまいました。西欧列強は日本に対しては一時的に軍事的勝利を得たが、戦争目的を果たしたのは日本を含むアジア諸国でした。西欧列強は有色人全体に対して不可逆的敗北を喫し、歴史の歯車は逆転しません。日本は義によって助太刀致すと飛び込んだ中山安兵衛、高田馬場十八人斬り艶姿《あですがた》と云ったところでしょうか。

（五）村山談話の反対証拠、元日本兵の英雄墓地への埋葬

こうしてアジア諸国は白人に支配されることのない独立国として、主権を行使出来る立場を取り戻したのですから、各国とも独立記念日を設け、祝日として祭典、パレードなどを催し、お祭り騒ぎをすることはあっても、自国の独立の歴史を「多大な損害と苦痛」などと泣きごとにする気はないでしょう。独立戦争で死亡した国民は英雄として尊敬され、国立英雄墓地に葬られ追悼されています。彼らは自分の命より大切な民族の大義に生き、今も歴史の中に生きています。

「棺《かん》を蓋《おお》いて事定《ことさだ》まる」、独立戦争で戦った国民が英雄墓地に葬られる際には、国軍の弔銃《ちょうじゅう》を以て棺は国旗に包まれて埋葬され、常に尊敬を受けています。

年号が平成になった頃かと思うその記憶さえあやふやで、多分産経新聞だったと思うのですが、紙

面に日本兵の埋葬の写真が掲載されたことがありました。まだ知識のなかった筆者は山に隠れていた日本兵が発見、射殺されて埋葬されるのかと一瞬思いました。しかしよく見ると、棺にはインドネシア国旗が掛けられ、兵士が小銃を空へ向けて構えているではありませんか。その意味がわかりませんでした。しかしそれはインドネシア独立戦争に加わった日本人兵士が亡くなり、英雄墓地へ埋葬されるところでした。この上なき名誉の国葬であり、棺《かん》を蓋《おお》いて事定まる好例です。これがアジアの敵の埋葬でしょうか。

平成二十六年（二〇一四）八月二十六日産経新聞に、インドネシア最後の残留日本兵小野盛《おのさかり》さん死去の記事がありました。インドネシアに残って対オランダ独立戦争に参加し、その後は現地で結婚し家庭を築きましたが、二十五日朝東ジャワ州マランの病院で死去されました。大正八年（一九一九）北海道出身で九十四歳、地元の英雄墓地に埋葬されたと云うことです。インドネシア独立のために戦った九百三人の日本人の最後の一人でした。大東亜戦争がアジア侵略や植民地支配のための戦争ではなかった証拠ではありませんか。

ネット上にインドネシアの新聞の翻訳記事を載せているホームページによれば、三、四の新聞が葬儀の写真を載せていて、現地名はラフマットと名乗っていたこと、出身地が北海道富良野であること、英雄墓地のある地元がバトゥ市と云うこと、インドネシアで農家の娘と結婚し九人の子があること、戦闘では左腕を失ったこと、日本人特別遊撃隊に参加したが、その隊長は吉住留五郎（山形県鶴岡出身）、副隊長は市来龍夫（熊本県球磨郡多良木町出身）であったこと、ＰＥＴＡ（祖国独立義勇軍）では教官を務め日本語通訳として日本軍の歩兵操典等をインドネシア語に翻訳したことなどが記載されています。住吉、市来両氏はスカルノ大統領が記念碑を東京芝青松寺に残した間柄です。

インドネシアで独立戦争に参加した日本兵の数は約二千人、うち千人が戦死とされ、現地に溶け込んでしまって現地名を使用し、独立達成後は現地で結婚して家族がいるなどしていてその数は明確ではありません。これは復員前に所属部隊を離れたことから、万一脱走兵と見做されると日本で家族が名誉を失うと考えたのが最大の理由と思われます。この事情はマレー、ビルマ、ラオス、カンボジア、ベトナムなどでも同様でしょう。

平成二十九年（二〇一七）三月、天皇皇后両陛下がベトナムをご訪問されたとき、残留日本兵士の家族と御面会になりました。なぜベトナムに日本兵士が約八百名も残ったかに関して『明日への選択』平成二十九年四月号の中に岡田邦宏所長の、残留兵士たちの大東亜戦争と云う記事があります。ベトナム独立戦争参加日本人の事跡に関する東京財団の研究報告書（井川一久他、二〇〇五年）を紹介しています。

「あれは大東亜戦争の続きだった。ベトナム人を見殺しにして、おめおめと帰国できるかと思った」。この残留日本陸軍一等兵が残した言葉から、第一次大東亜戦争が第二次大東亜戦争へ切れ目なく引き継がれて行った事実が確認されます。また大東亜戦争の目的がアジア解放であるという思想が兵士の血肉と化していたことも証明されるでしょう。

さらに昭和五十年（一九七五）まで続いたフランス、のちには米国に対する独立戦争を指導した、たくさんのベトナム独立軍指揮官達は殆どが残留日本兵教官による厳しい訓練の経験者であったそうです。南ベトナム政府が陥落した時、南ベトナム政府庁舎に戦車隊で一番乗りした指揮官もそのうちの一人でした。

西欧列強の第二次アジア侵略が目の前で起きている。これを見てしまったからには、望郷よりも日本の約束であったアジア諸国独立の大義に、清き明き直き心を掻き立てられた訳です。「義理と人情を秤にかけりゃ、義理が重たい男の世界」です。ここに見られるのは大東亜戦争が第一次から第二次へと引き継がれて行ったその現場の情景です。

帰国船を横目に心が二つに裂かれたかも知れません。それでも植民地独立のための第二次大東亜戦争に飛び込んだ訳です。ここまで踏ん張る日本人は、神話から続く日本の心がそうさせたのでしょう。こうしてアジアをも守ってくれた、名も残さぬアジアの防人に深く感謝する以外ありません。アジア各国に限らず独立記念日を祝う国は多いのですが、抑《そもそも》独立記念日があること自体、過去には植民地支配されて苦しんだが、独立を勝ち取って喜んだことを証明しているではありませんか。日本で建国記念日と称するのは、独立戦争をする必要が無かった証拠です。日本の建国は平成二十九年（二〇一七）から二千六百七十七年前の一月一日に遡《さかのぼ》り、これを新暦に直して二月十一日が建国記念日、紀元節《きげんせつ》です。

（六）談話は私の誓い、そして衆議院予算委員会の質疑応答

さて村山談話は、ネットで外務省のトップページ→会見・発表・広報→談話→平成七年→戦後五十周の終戦記念日にあたって村山総理大臣の八月十五日の談話（一覧表の上から十六番目）と進めば、短い全文を読むことが出来ます。

読んで感じる強い不快感ですが、談話の結び部分は、次のようになっています。

「杖《よる》は信《しん》に如《し》くは莫《な》しと申します。この記念すべき時に当たり、信義を施政《しせい》の根幹とすることを内外に表明し、これを私の誓いの言葉といたします」。

（談話の漢文引用の部分は、人が頼るものは信義以外にはない、或いは、頼るべきは信義の人以外にはない）

チョッと待ってよ、あれは「私の誓い」だったのか。それでは後の首相が談話を重視することは、談話後の日本人が村山個人の誓いに、誓いを立てさせられているようではありませんか。その当時は首相であったとしても選挙で落選もし、そうなればただの人になる個人の誓いが、他の日本人に及ぶ根拠、理由があるのでしょうか。過去と将来の日本人や日本政府が村山個人の誓いによる束縛を受ける根拠などあるはずはない。それでなければ一度首相になれば未来永劫に亙って、日本人の思想行動を縛ることが出来る。このような時空を超えた超独裁者を選挙によって出現させることになります。時の首相が事実誤認の談話を述べても日本人はそれに従うべきなのでしょうか。こんな民主主義が日本にあるはずはないでしょう。また村山首相以前の首相、日本政府声明、明治時代の首相の声明など

との整合性、連続性はどう考えるのでしょうか。

過去の首相の言葉をそれほど重視することが正しいならば、衆議院予算委員会での首相の答弁はどうでしょう。議会に於ける首相答弁は日本国民全部に掛り、延《ひ》いては世界に掛かってその運命を左右するわけで私の誓いの比ではありません。国交断絶が大平正芳外相の談話の形で行なわれたのは、昭和四十七年（一九七二）の台湾との国交断絶の例です。比較出来る範囲を超えて重いでしょう。そしてまた外相談話を重視せねばならないならば、未来永劫に亙って台湾との国交回復が不可能になってしまいます。種々契約に於いても許されている事情変更の法的原則は否定され、極端に言うならば過去が永遠に続くことになります。

さて、村山談話発表の二ヶ月後、平成七年十月十二日、開催中の衆議院予算委員会に於いて、松田岩夫委員は村山首相に対して発表談話に関する質問を行ないました。

議事録から引用しますと、

「我が国は、遠くない過去の一時期、国策を誤り…」と談話に述べているが、一時期とは何時を指しているのかと質問しました。

首相の答弁は次のようなものでした。

「侵略と云う言葉の定義については、これは例えば国際法なんか検討してみましても、武力をもって他の国を侵したと云うような言葉の意味は解説してありますけれども、侵略と云うものがどういうものであるかと云う定義と云うものはなかなか無いのですね。従って、どの時期が侵略であったかと云う時期を設定することについては、国際法上の解釈から見ても余り意味がないのではないかと云うふうに私は思うのです」。

この部分を見ると、首相の答弁は東京裁判の弁護側主張と同じです。被告達はもちろんのこと高柳弁護人、清瀬弁護人並びに米国人の弁護人達も、国際法学者の言説を引用して侵略は定義できないこと、侵略を定義した国際条約はないこと、パリ不戦条約は実際には有効性が無いことを何度も繰り返して法廷で主張しました。しかし連合国側は裁判所条例によるとして弁護側主張を却下し続けました。却下しなければ東京裁判は法の支配を否定する不法な偽裁判と云う実態があからさまになってしまうからです。村山の判断は東京裁判を根底から認めない立場です。

先ずここでは村山の答弁は東京裁判の弁護側意見と同じく、侵略の定義は無いと答弁したことを確認し、質疑応答の続きに注目します。

松田岩夫委員は続けて、時期も限定出来ずに国策を誤ったなどとは、誠に無責任ではないかと追及しましたが、それに対する答弁は次のようになっています。

「しかしまあ、この侵略と云う言葉の解釈にもいろんなやはり意見がありますから、それほど固定してこれが侵略だと云った定義はないんではないかと云うふうに私は思っておるわけです。ただ歴史的な事実として植民地支配があり、あるいは侵略が行なわれた事実は、これはもう否定し得ない現実がある訳ですから…」。

東京裁判の弁護側主張と同じ認識を述べた直後、何の説明もなく検察側主張を自分の意見としています。時間のある方は百六十六ページの、米国代表キーナン検察官の侵略に関する発言を思い出して下さい。キーナンは、侵略は誰にも定義できないと云ったすぐあとに続けて日本は侵略したと述べたのでした。

村山首相はキーナンのコピーでしょうか。この答弁に驚かない人がいるとすれば、それはキーナンと村山本人だけでしょう。ただキーナンの名誉のために添えるならば、彼は東京裁判には批判的で、後日こんな裁判はすべきではなかったと述べたのですが。村山の発言は、侵略は定義できず又その時期も不明だが、日本が植民地支配と侵略をしたことは否定できない歴史的事実だと云う内容です。定義出来ないと云いながら、その出来ない定義によって事実だったと述べた訳です。しかもその時期も不明なのです。これを出鱈目と云わずして何と呼べばよいでしょう。日本の過去の政策、政府声明、歴史的事実を少しでも知っていたならば発言不能です。

キーナンによって村山を考えるに、この二つの場面は歴史捏造の現場と云うのに躊躇の必要はありません。犯罪の定義が出来ないと云いつつ犯罪だと決めつけたキーナン首席検察官のコピーです。

パル判決書の強烈な皮肉を思い出して下さい。「侵略の定義を誰も知らなかったが、日本が侵略したことだけは確かであった」。

約五百年間に亙って陸地の殆ど全部を侵略し植民地としたのは、否定出来ない歴史的事実だと考えるならば、それをやったのは英、米、蘭《オランダ》、仏、葡《ポルトガル》、西《スペイン》、ソ連でした。しかし彼らはそれを国益と考えこそすれ、いささかも悪事とは思っていません。

最初の奇妙奇天烈は、五百年に亙って西欧列強が行なった侵略と植民地支配を日本が謝罪し、謝罪することが信義の実行であるとして、それを施政の根幹にすると誓う行為は、西欧列強自身が犯罪とも思わずやって来たことを、日本が西欧列強を庇《かば》って、やりもしない犯罪を謝罪し、そのような信義の無いことは二度としませんと誓う訳です。

支離滅裂の極致、加害妄想に染まった狂信者ではありませんか。このような行動は逆に信義に反するのではありませんか。信義を誓うとすれば、不信行為をした者が謝罪と共になすべきことです。そして二つ目の奇妙奇天烈は、西欧列強自身が過去五百年間、侵略と植民地支配を国益と認識して来たのに、村山は今頃それを謝罪しようとしている点です。どのような根拠からか、自分から進んで罪を作り五百年の犯罪者になっています。

明治維新は日本の独立維持のための必死の行動でした。日本は明治時代から植民地の独立勢力への支援を明らかにしていました。その後の大東亜戦争でもその目的を掲げて行動しました。幕末の黒船来航以後、明治維新、日清戦争、日露戦争、第一次、第二次大東亜戦争は西欧列強の文化が日本に到達した結果、それに対して日本文化が反応した出来事の連続です。　村山が大東亜戦争を謝罪すべきことと考えるならば、幕末以来の日本の行動やアジア植民地の独立達成が信義に反した行為と云うのでしょうか。それは誰に対するどんな信義を反省し謝罪するのでしょうか。

元を辿れば米国の捕鯨船の補給と保護の都合によってペリーの黒船が来航し、ここから始まっていた大東亜戦争です。私の誓いによって「杖《よ》るべき信」をアジア人に誓う資格など村山にあるのでしょうか。いったい誰に何を誓ったのでしょう。

三　マッカーサー証言、真珠湾奇襲を望んだソ連

（一）マッカーサー証言、日本は自衛のために戦争した

月刊誌『正論』（産経新聞社発行、平成十六年一月号）にマッカーサー米議会証言録その三として『正論』牛田久美記者の翻訳が掲載されています。証言全訳に挑戦、創刊三十周年記念の連載企画です。またこのページに続いて、小堀桂一郎東京大学名誉教授の寄稿「将軍マッカーサーの述懐とヘレン・ミアーズ」が掲載されており、ここにもマッカーサー将軍の同じ発言が掲載されています。マッカーサー米議会証言録の翻訳は連載もので長いのですが、以下、牛田訳を借用して述べます。

当時の米国は、日本の台頭を押さえつけることしか考えておらず、その米国をうまく利用した共産勢力が支那全土、満洲、朝鮮半島を呑み込むまでに巨大になってしまった。さてこれからアジアへ浸透する共産主義を抑えるためには、どうすべきかと云うアジアの歴史の流れを考えた中での発言です。

連合国軍最高司令官を解任されたマッカーサーは、昭和二十六年（一九五一）五月三日から五日に行なわれた米国議会上院軍事外交合同委員会に喚問されました。ほぼ一年前から朝鮮戦争が始まり、米軍が共産軍に負けそうな状況を背景としています。

ヒッケンルーパー議員の五つ目の質問は、朝鮮戦争に際してマッカーサーが計画した内容は、過去

に日本に対して米国が行なったことと同じではないかと云う趣旨です。

「ヒッケンルーパー上院議員、

五つ目。赤化中国を海と空から封鎖すると云う元帥の提案は、米国人が太平洋に於いて日本に対する勝利を収めた際のそれと同じ戦略ではないのか。

マッカーサー元帥、

その通りだ。太平洋に於いて我々は彼らを迂回して、包囲した。日本は四つの狭い島々に、八千万に近い膨大な人口を抱えていたことを理解しなければならない。その半分は農業人口だった。残りの半分は工業生産に従事していた。潜在的に日本の労働力は量と質の両面に於いて、私が知る限り最良のものである。労働の尊厳とでも呼ぶべきもの、人は怠けている時よりも働いて築き上げる時の方がより幸福であると云うことを、彼らは完全に気付いていたのである。これほど巨大な労働能力を持っていると云うことは、何か働くための材料が必要だと云うことを意味した。工場を建設し労働力を得たが、彼らは手を加えるべき原料を持っていなかった。

日本原産の動植物は、蚕《かいこ》を除いては殆どないも同然である。綿がない、羊毛がない、石油の産出がない、錫《すず》がない、ゴムがない、他にもないものばかりだった。その全てが、アジアの海域には存在していたのである。

もしこれらの原料の供給を断ち切られたら、一千万人から一千二百万人の失業者が日本で発生するであろうことを彼らは恐れた。

従って彼らが戦争に駆り立てられた動機は、大部分が安全保障の必要に迫られてのことであった」。

従って以後は英文では、Their purpose《彼らの目的は》, therefore《従って》, in going《進んだ》 to war《戦争へと》 was largely《大部分は》 dictated《要求されて》 by security《安全保障に》. となっています。

この一つの回答は長い文章ですが、これ以降の要旨は、日本は原材料が欲しかったのである。従って日本から原材料を奪う戦略、即ち海上封鎖することを考え、そっと背後に回り込めば正面から日本軍と衝突せず、米国の犠牲を最小限にすることが出来る。封鎖した途端日本の敗北は決定的となった。日本が降伏した時には少なくとも三百万のかなり優秀な地上軍兵士が軍事物資がなく武器を横たえた。結果としてあの優秀な陸軍は賢明にも降伏した、となっています。

また一千二百万人の失業者とは昭和四年（一九二九）十月二十四日暗黒の木曜日の後に、米政府が財政均衡策を採用したため生じたデフレによる失業者数と同じです。景気悪化の対策として保護貿易のためにホーリー・スムート法が議会で審議されたのがこの株の大暴落の原因と云う説があります。このデフレ大恐慌はルーズベルト大統領が戦争を欲した理由の一つであったとも云われていますが、結局デフレは戦争を呼ぶと云われるその通りになりました。また当時成長著しかったソ連の経済五か年計画が、デフレの中では資本主義経済より素晴らしい経済原理のように見えたため、世界中に共産主義に対する憧れを抱かせたとも云われています。

パリ不戦条約にあるように、安全保障上の必要に迫られて行なった武力の発動は自衛戦争です。自衛とは侵略に対抗する自己防衛です。日本を侵略する敵がいた故に自衛戦争が不可避であった訳です。

しからば日本を侵略した敵は誰でしょう。

答えはマッカーサー証言の中にあります。経済戦争を仕掛けて封鎖を行ったＡＢＣＤ四ヶ国、軍事的に蔣介石や毛沢東を、史上嘗《かつ》てないほど支援した米英ソ、そして後にはポツダム宣言に反し、日ソ中立条約に違反して火事場泥棒を働いたソ連以外にはありません。マッカーサー証言は、米国が英支蘭と結託して日本に自衛戦争を決意させるまでに、経済を用いて侵略した事実を率直に述べています。

資源の無い国に対して経済を以て死命を制する攻撃です。黙って滅びるか戦争に賭ける以外に出口がなくなります。この点は現在も将来も日本の最大の弱点であり一番攻撃されやすい点です。西欧列強が裏で結託し、石油を輸出しなかったから日本は戦争以外の道が完全に塞がれた訳です。この殆ど無資源と云う弱点は現在でも大東亜戦争の開戦当時と変わってはいません。特にエネルギー資源が輸入出来なければ、日本は石油も電気もなかった江戸時代に戻り、牛馬人力に頼る農業で養える人口三千万人程度になります。

スローガンに過ぎないと云われているパリ不戦条約に於いてさえも、安全保障上の必要から行なう戦争はすべて自衛戦争として合法です。自衛の範囲には経済も含むと留保されています。日本を含め西欧列強はこの条約を批准しており国際法として有効です。初めに英米支蘭の四ヶ国がテロと経済戦争を仕掛けたのが拡大してしまいました。このことを敵軍の大将であったマッカーサーが証言の中で正直にも認めた訳です。ルーズベルト大統領にとっては都合の悪い証言ですが。

大東亜戦争の開戦時に渙発せられた英米に対する宣戦の詔書、東條英機元首相証言、戦後のマッカーサー将軍証言は同じ一つの歴史的事実を述べています。すなわち大東亜戦争は日本の自存自衛の戦争でした。

米国政府の政策に沿うようにマッカーサーは、どのような法源にも基づくことなく裁判所条例なるものを作り、それを根拠として裁判を始めました。逆にいえば罪刑法定主義、事後立法禁止、一事不再理などの原則を無視し、また証人が出廷せず反対尋問なしで証言を採用するなど、文明国の裁判では禁止されているやり方を採用しました。このように新しく裁判所条例を創る以外に、日本を有罪とする方法がなかったのです。

新しく考え出した非文明的条例により起訴された二十八名のうち二名は途中で病歿し、一名は狂人として除かれ、「判決」を受けた二十五名の被告を全員有罪とし、うち七名を絞首殺害しました。

しかしその僅か二年半後、敵軍総司令官マッカーサー自身が、日本は生存を脅《おびや》かされ名誉のためには戦争を選択する以外になかったと述べました。こうして本州上陸作戦をせずに済んだことが成功だったと述べました。しかしそれは同時に、東京裁判を否定し、連合国が始めた東京裁判も、その裁判の原因となった戦争も、その前段の日本潰しのためのABCD包囲陣も米国の政策の誤りであり、日本を敵視し、資源を断ち、禁輸を以て攻撃をしたことが、日本に対する侵略行為であったと述べたのと同じです。西欧列強は決して「共に繁栄しよう」とは考えない白人優先的我欲経済主義です。日本の掲げた大東亜共栄圏建設はこれとは全く逆の文化です。

マッカーサーの頭から戦争の熱狂と偏狭のコルト・ピースメーカーが消え去るのに、この二年半の時間が必要だったのでしょうか。

殺害された七名は帰ってきませんが、マッカーサー証言は結果として大東亜戦争の最大の弁護になりました。これでは他の連合国は二階へ上がって梯子を外された状態と云えるでしょう。オランダ代表レーリンク判事が後日述べたように、裁判記録を公刊できないほど恥ずかしいとはこのような状況の裁判であったことを云うのでしょう。

(二) 東條英機元首相証言と米国の蔣介石援助計画

東條英機元首相は自分のための証人を呼びませんでした。一回しか許されなかった個人弁護の機会でしたが、三つ目の大東亜戦争である裁判戦争を、自分のために弁護してくれる証人を呼ばずに戦いました。法廷記録に残す言葉で大東亜戦争を歴史の審判に委《ゆだ》ねようとしたのでしょう。被告達の証言や反駁は、命と引き換えに大東亜戦争の本質を末代まで記録に残さんとする最後の特攻と云えるでしょう。

東條英機元首相は、やはりＡＢＣＤ包囲陣による経済封鎖が、日本の運命を賭けた自衛権発動の直接の原因だと述べています。日米交渉に於いてアメリカは全く妥協をせず交渉は行き詰まったが、座して死を待つことは名誉を重んずる国家のすることではない。じりじりと絞められる首が呼吸を止める前に、日本は已《や》む無く戦争に突入したと証言しました。

証言台でキーナン検察官から、では乙案のどの項目を米国が譲歩すれば真珠湾攻撃が無くて済んだのかと反対尋問されて、日本側の暫定案である乙案の半分でも、また何れかの一項目でも米国が互譲の精神を以て臨んでくれたなら、戦争にはならなかったのであると証言しています。東條首相は米国がほんの僅かであっても譲歩すればそれを材料にして、昭和天皇の思し召しに沿って陸海軍をなだめ牽制し、戦争回避に持ち込もうと考えたのでしょう。東條元首相は芯から日本文化で育てられた日本人です。しかし西欧列強は武力を頼み、有色人を相手に譲り合うなど思いもつかない文化の人種でした。

（六―八―二五一―四）　キーナン検察官、東條英機元首相反対尋問、第八巻一七一頁四段末尾から

東條英機前首相の個人弁護開始。

西欧列強の文化の特徴は人種差別と互譲不在でしょう。米国に殆ど完全に譲歩した若杉公使の譲歩案を思い出して下さい。昭和十六年十月に避けられる戦争を避けたくなかったのは米国でした。この若杉公使の申し出はルーズベルト大統領にとって、受け入れれば戦争にはならない故に、むしろ邪魔な譲歩案であったのです。この九月から十月の頃には米国は戦争準備が相当に進み、日本が最初の一発を撃つように細工を始めたころであると云われています。米支空軍の爆撃機による日本本土無差別爆撃に、ルーズベルト大統領が許可のサインをしたのもこの頃でした。

また東条英機元首相は口供書の中で、十一月二十六日付の米国からの覚書は明らかに最後通牒であ

る。米国はすでに対日戦争を決定したかのようである。従って米国がいつ日本を先制攻撃してこないとも限らない、それを恐れていたと述べています。

（六―八―一九九―三）　東條英機元首相口供書。

米支空軍の日本本土爆撃計画を見ても、東條首相の危惧は根拠のあるものでした。もちろん東條首相は野村駐米大使からの連絡で、米国の蔣介石支援計画にルーズベルト大統領がサインしたことも、駐米大使が抗議したことも知っていました。

（二―六―一七三―二）　中国向臨時航空計画案大統領宛覚書、ロウクリン・キュウリー発昭和十六年（一九四一）五月九日。

（二―九―五一九―一）　ローチュリレ・カリー案の供給すべき機種及び数量

追撃機	二四四機
爆撃機	一二二機
練習機	三四〇機
輸送機	二二機

ロウクリン・キュウリーとローチュリレ・カリーは日本語表記の違いで同一人物。計画案も同じものが速記録中に何個所も記載されている。

（二―九―五一九―一）昭和十六年（一九四一）六月五日、野村大使は米国国務省に対して次の事を述べた。

ＡＢＣＤ包囲陣から日本が受ける脅威に関して

㈠、米国人パイロットが重慶へ派遣されている事。

㈡、米国の物資がマレー、蘭印へ送られつつある事。

㈢、米艦隊の豪訪問。

㈣、極東ロシヤに対する米国の援助。

㈤、シベリアに於ける米軍航空基地の獲得。

五月十五日、ルーズベルト大統領はこの案に対して、進めるべきであるが軍とよく打合せするようにと回答した。

同じページに野村大使とターナー提督の会談記録が記載されている。

米国は三菱重工業の飛行機製作工場などがある名古屋市の領事館を閉鎖し、米国人の引き上げも始めていました。この先制攻撃の恐れが一番強かった地域がフランス領印度支那（現在のベトナム・ラオス・カンボジア）であり、これに先手を打ったのが北部仏印進駐でした。仏印ルートと呼ばれた物資輸送路は、ベトナムのハイフォン港から支那の昆明まで、フランスが敷設していた鉄道を使って蔣介石の拠点へ、援蔣物資と呼ばれた軍需物資を大量に運ぶ動脈でした。これがあるため蔣介石は平和交渉に応じない上に、さらにこのハイフォンを米軍に先に占拠されれば、支那事変の終結は望めないばかりか圧倒的に日本不利となるためこれの阻止が目的でした。英領ビルマへの侵攻も、ビルマ独立支援と援蒋物資のビルマルートを封鎖する目的でした。

天皇陛下の宣戦の詔書と終戦の詔書、東条英機首相の証言、マッカーサー将軍の議会証言などは、発表の時を異にしながら共に、日本は自存自衛の必要に駆られて戦争に突入したことを述べています。また裁判中に病死された永野修身《ながのおさみ》元帥海軍大将は次のように述べています。「戦って敗れても亡国、戦わずして敗れても亡国ならば戦って敗れる方を選ばねばならない。戦わずして敗れたなら魂まで滅んだことになる。戦って敗れたなら将来子孫は何度でも起《た》つであろう」。

(三) マッカーサー証言と朝鮮戦争、共産軍との戦争

マッカーサーが証言した時期は、東京裁判終了から約二年半、朝鮮戦争が勃発してから約一年でまだ戦闘中でした。一度は北朝鮮の共産勢力を国境の鴨緑江《おうりょっこう》付近にまで追い詰めましたが、この時点で中華人民共和国が突如参戦し、人民解放軍が怒涛の如く朝鮮半島に侵攻して来ました。これに対する韓国軍は上官も逃げれば兵士も逃げると云う有様で、米軍も釜山あたりまで敗走させられました。これを見てマッカーサー司令官はトルーマン大統領に対して、満洲に原爆を投下して中共軍の南下を止めるべきと進言しました。しかしすでに核保有国であったソ連と核戦争に発展することを恐れたの

か、濃いピンクのルーズベルト政権の副大統領であったトルーマンはこれを却下しました。米国核兵器研究所内部にソ連のスパイになった弟が居たローゼンバーグ夫妻は、すでに核爆弾の設計図を入手しソ連に渡していました。こうしてソ連共産党政府は米国に対抗できる巨大な棍棒を手に入れていた訳です。結局マッカーサー司令官はトルーマンに解任されましたがその直後、米国議会に喚問されて証言した訳です。マッカーサーは、中国共産党の人民解放軍及び朝鮮人民軍の大韓民国侵略に呼応して、コミンテルン日本支部である日本共産党の勢力が活発に動き、社会不安を煽って国民を分裂させ、日本を共産国とするため内戦を起こす危険に思い至りました。日本社会を騒乱に落とし込むような事件が終戦直後から頻発し、国鉄、警察署、役所、資産家、米軍などを襲撃、殺害、また火炎瓶攻撃等が多数連続しました。日本共産党革命軍には在日朝鮮人が多く紛れ込んでおり、米軍高官まで襲撃し、また各地の基地近くで情婦となって情報を取るなど、ハニー・トラップを使った反米スパイ活動も行ないましたが、これらは朝鮮半島の共産勢力の動きに連動したものでした。これに対処するため一九五二昭和二十七年に破壊活動防止法が制定されました。戦前に治安維持法が制定された当時と同じ革命前夜の状況でした。

日本がソ連を恐れ、朝鮮半島や支那大陸の共産化を恐れたのは、その後に予想される日本の共産化を恐れたからです。実際に日本では戦後の昭和三十五年と四十五年の二度の日米安保反対闘争時期にも日本共産党、社会党などへ中国やソ連の共産党から莫大な資金援助があり、これを利用し混乱に乗じて騒乱を大きく育て、共産革命が勃発する寸前であったと云われています。ソ連共産党は予《かね》て用意して来た日本共産党を使い、中国共産党と共に朝鮮半島を含めアジア全部を共産革命させるのは今だと考えたのでしょう。事態は日本人民共和国が出来上がる前夜まで進んだ訳です。

マッカーサーは、支那大陸に共産主義政権が誕生したのは失敗であったと議会で証言しています。ルーズベルトの対日戦勝利と信じられてきた失敗は、その後も尾を引いて米国に後退を強要しました。ベトナムの共産化阻止のためベトナム戦争に介入した米国は、莫大な戦費に耐えられず、ドルの金本位制を続けられなくなりました。金塊一オンス（三十一・一g）と三十五ドルとの兌換《だかん》により、ドル札を持っていることは金塊を持っているのと同じ絶大無比な信用力をもって戦後のブレトンウッズ体制を支え、名実ともに世界通貨であったドルは、終戦から二十六年後の昭和四十六年（一九七一）八月十五日、突然に金本位制を停止させ、為替レートに揺れ動く通貨の一つとなりました。これは混乱のドル・ショックといわれ、日本を含め世界の為替は変動相場制を強制されました。しかしこれによって米国は金の裏付けなく紙幣を大量印刷できるようになった訳です。

皮肉にも莫大な資金を使って支那大陸に共産主義国を育てたのは英米と云うことになります。ローマ法王ピオ十一世の慧眼に従って、英米は日本を援助して共産主義と戦うべきでした。このような米国外交の本末転倒は何度も繰り返され、今後も繰り返されるであろう宿痾《しゅくあ》です。

（四）日本海軍を真珠湾奇襲に招待した米国政府の証拠

法廷で弁護側は、米国は真珠湾攻撃を知っていながら敢えてホノルルへ連絡せず、日本に攻撃させるため種々の工作を行なっていたと主張しました。受けて立ったホロウィッツ検察官は弁護側に反論する中で、米国人が支那に於て蔣介石の中華民国軍と共に、日本と戦ったと主張する日本の非難は、合衆国もこれを認めると、ぬけぬけと述べています。先に無通告で米国自身が国民党軍に化けて日本を攻撃していたことを東京裁判法廷で告白し認めたことは記憶して置きたいところです。

ホロウィッツ検察官は、米国自身が嘗《かつ》てなかったと云うほど大規模な融資、大量の戦略物資の供給、また蔣介石軍の航空隊に化けて日本軍の真珠湾攻撃の日より四年も前から日本軍を無通告攻撃していた事実を認めたことになります。しかし日支間に宣戦布告がされておらず、従って戦時国際法は適用されないから米国の支援は非難される理由がないとも述べ、自己弁護も忘れていませんが。米国自身が対日攻撃と認める行為をしたことを認めているのですから、日本軍から報復攻撃されるのは当然です。

ホロウィッツ検察官は国際法を持ち出すのであれば、国際法に侵略の定義も平和に対する罪と云う犯罪もなく、戦争は合法であることも認めるべきでしょう。

（三一—八—七五八—四）　ホロウィッツ検察官、検察側最終論告、米国は日本の侵略に対して支那人と共に戦闘したと云う批難は、米国も認めるところである。

米国検察官は法廷で、真珠湾攻撃は日米交渉中に行なわれた騙し討ちであると非難しましたが、ホロウィッツ検察官はそれが嘘であることを法廷で述べてしまった訳です。

弁護側は、米国は日本政府の使用していた殆ど全ての暗号の解読に成功しており、日本政府中枢部の会議に出席していても、これ以上の情報は入手できないだろうと云われるくらいだったと述べています。米軍参謀本部は日本の奇襲を確実に予知しているうえ、仮に宣戦布告が開戦より前にあったとしても、攻撃する場所と時刻を伝えてその通りに攻撃を始めるような戦争はあり得ない、従って真珠湾攻撃は、騙し討ちはおろか奇襲にさえ当たらないと反論しています。後に触れますが米国は攻撃の日時に加えてその場所も正確に予知出来ていました。知っていたのです。

東條英機元首相は、真珠湾攻撃の最後通牒の手交が遅れたことが故意になされたのではないかという質問について、米側は暗号解読によって知っていたのであるから、仮に遅らせたとしてもなんの効果も無かったはずであると答えています。

（六―八―二〇六―四）　東條英機個人弁護、真珠湾攻撃に関して。

また山岡弁護人は、元禄十三年（一七〇〇）から明治五年（一八七二）までに勃発した約百二十の戦争のうち、宣戦布告のあったのは僅か十件であったという国際法学者ホイートンの著作『国際法』を引用しています。

（二一―九―三八五―三）　山岡弁護人、ホイートンの『国際法』引用。

ブレークニ弁護人は最近の無通告攻撃の例として、アメリカのメキシコ侵攻、ソ連が行なった幾つかの例、日本の例、ドイツのポーランド侵攻の例、その他数個の例を挙げています。

（二一—九—四〇二一—四）ブレークニ弁護人、宣戦布告についてオッペンハイムを引用、過去実際に行なわれた種々の実例から、戦闘開始に際しては宣戦布告が必要であると云う国際的習慣は存在しない。

弁護側は、日本側の最後通牒手交の日より十日前、すなはち昭和十六年（一九四一）十一月二十七日に米国陸軍省が出した通牒を証拠提出しています。通牒には日米交渉が実質的に終わったこと、日本が何時敵性行動に出るかもしれないこと、戦争となるのであれば日本から先に明瞭な行動を取るよう望んでいることが記され、フィリッピン、ハワイの海軍にも送られたと述べています。実際この日、米空母はすでに出撃していました（百七十九ページ、パトナム日記参照）。

（二一—九—五一九—四）ルーズベルト大統領へ宛てた海軍作戦部長スターク大将、陸軍参謀総長マーシャル大将からのメッセージ、米国がフィリピンへ陸海軍を相当数派遣し、さらに二万一千の軍が十二月八日までに出発すること、経済封鎖は功を奏していること、日本は戦争に巻き込まれつつあること、日本が先に手を出すことを望むこと。

ブラットン大佐証言を見ると、日本の真珠湾奇襲成功は、ルーズベルト大統領の対日外交の大成功であったことがよくわかります。騙し討ちを創作したのは米政府でした。

大佐は日本から在米日本大使館宛ての暗号電報の最後である十四本目の電文を解読し、急いで政府首脳に連絡した。その後命令により日本の攻撃に対して厳重警戒せよとする内容を、米軍の暗号に組み直してハワイ、フィリピン、パナマその他太平洋各地の米軍基地へ電報で送った。その発信時刻は東部標準時十二月七日の十一時五十八分であり、電報は三十から四十分後には届くであろうと復命したと述べています。

この発信時刻はハワイ時刻では朝五時五十八分頃であり、日本軍のハワイ攻撃は七時半でしたから、攻撃の五十から六十分ほど前には、電報はハワイへも届いていたはずです。

この時刻は、日本は米国に最後通牒をまだ手交しておらず、ブラットン大佐の復命通りであれば、警告は日本の計画より余裕をもって早い時刻にハワイへ届くはずでした。しかし何故かハワイはあっけなく攻撃を許しました。

(四―六―二七一―二)　ブレークニ弁護人、ルーファス・S・ブラットン証人。

ワシントンの陸軍省作戦局軍事課報部極東課長、日本の陸海軍暗号電報を傍受して管理、しかるべきところへの配布も責任範囲であった。

このブラットン大佐の名前は『真珠湾』G・モーゲンスターン（米国で最初の出版は昭和二十二年

〈一九四七〉、シカゴ・トリビューン新聞論説委員、戦争中は海兵大尉）著の第十二章マジックの中に書かれている人物と同一であると推定出来ますがその所属はG二（参謀部第二部）となっています。大佐の法廷証言は意外に簡潔ですが、『真珠湾』では東京裁判速記録より格段に詳細な記述になっています。

右の著書『真珠湾』の記述によれば、昭和十六年（一九四二）十二月六日二十二時頃解読した暗号によって、真珠湾攻撃の十五時間以上も前に、日本との戦争が確実であり開始は間近であることを、戦争計画部の執務室と陸軍参謀総長執務室へ知らせた。その後十二月七日八時三十分頃には、別の暗号解読により少なくとも奇襲の三時間五十五分前に、攻撃開始を七日十三時かその直後の頃と把握した。これはハワイ時間では朝の七時三十分頃、マニラ時間では深夜の二時頃を意味していたが、空襲の開始最適時刻は日の出からと云う軍の公理に従えばハワイ以外その空襲対象になかったと述べています。

そしてモーゲンスターンの記述は、ルーズベルト大統領が暗号解読情報をハワイ現地軍には非常に曖昧にノロノロと知らせたのではないか、と云う疑惑解明に向かって進んで行きます。

第十六章では日本海軍の真珠湾攻撃の二十二分前、差し迫った状況を知らせる暗号電報がホノルルに届いた。しかし商業通信のRCAを使用して「優先」でも、「緊急」でもなく普通扱いであった。そのため日本軍の攻撃が始まったとき電報配達の少年が電報を運ぶため自転車でホノルルの街を走っているところであった。陸軍信号所はそれから優先順に暗号解読をしたので、結局ワシントン高官の手で送信用のファイルに入れられてから、ハワイのショート陸軍少将の手に届いたのは八時間十二分後、日本の攻撃開始の七時間五分後であり、すでに日本軍が引き上げてから五時間ほど後であったと述べています。（ＲＣＡ社は大正八年〈一九一九〉設立、米国の電気機器製造、ラジオ放送、レコード盤、通信などを営業し、太平洋と大西洋の海底ケーブルの大半を所有していた）

第十八章では、ワシントン―ハワイ間の通信手段は海軍無線、ＦＢＩ無線、盗聴防止電話と三通りの方法があったにも拘《かかわ》らずそれは使用されなかった、これに関してマーシャル将軍は盗聴を恐れて使用しなかったと証言したのであるが、その日の遅くまでハワイ―ワシントン間では同じ電話による通信が行なわれていたが、攻撃のことは伝えられなかったと記しています。

第十七章ではホノルルの日本総領事喜多長雄が攻撃前夜に当たる十二月六日十九時二十二分に発した暗号を米国情報部が傍受したもの記述しています。在泊中のもの戦艦九、軽巡三、潜水母艦三、駆逐艦十七、入渠中のもの軽巡四、駆逐艦二、重巡及び空母は全部出港中、航空偵察は行なわれていない模様と云うものです。

そして実際の攻撃が始まる約五十分前の十二月七日十二時四十二分には上空に阻塞《そさい》気球がないこと、真珠湾、ヒッカム、フォード、エワ空港を気球で防衛するには限界があること、これらの場所に奇襲をかけるには十中八、九少なからぬ好機が残されているなど、これらの暗号を傍受解読されたことは、日本軍の（ハワイ奇襲の）秘密は完全に漏れたことを意味している。

十八章では日本の暗号解読文書は次の九人に渡されただけであると述べています。ルーズベルト大統領、スチムソン陸軍長官、ノックス海軍長官、ハル国務長官、マーシャル参謀総長、スターク海軍作戦部長、ジェロー将軍（戦争計画参謀）、Ｒ・Ｓ・ブラットン陸軍大佐（陸軍省情報部極東課長）、マイルズ将軍（陸軍情報部長）。そして公式リストに載っていなかったが十人目はハリー・ホプキンス大統領顧問であった。

同じ章に、攻撃の十五時間半前の十二月六日二十一時半頃のホワイトハウスの様子についての証言が記述されています。ホワイトハウスの二階書斎で日本側最終回答の十三部を読んで大統領はハリー・ホプキンスにそれを渡し、ホプキンスが読んだ後大統領は「これは戦争を意味する」と叫んだ。ホプキンスは賛同し「戦争はジャップの都合のよい時に始まるから、我々は最初の一撃を加えることも、日本の奇襲を回避することもできなくてとても残念だ」と述べた。

大統領は云った。「そうだ、我々はそれができない。我が国は民主主義国だ。我々は平和的国民だ。我々は良い記録を持っている」。

情報はそのように操作されていたので、今や米国は攻撃されねばならなかったし、また強制されて戦争に入ることになった。そこでルーズベルトは、米国人を外国の戦争に送らないと云う彼自身の制約から免れることになる。また彼らは艦隊の主要部隊が真珠湾にいることを承知しており満足していた、艦隊への攻撃が遂に永年探求してきた公然の行為を生み出すであろうことを知っていたからだと記されています。

右の情景は、暗号解読文書を二階書斎へ運んだ、シュルツ海軍中佐の証言を引用したものです。そして調査委員会に喚問されると彼らは急に遅鈍になり、不可解にもその夜のことを記憶喪失したとも述べています。

シュルツ海軍中佐の証言にあるホワイトハウス二階の情景は、米国大統領とその側近たちが、もうすぐ日本軍がハワイ米軍基地を攻撃に来てくれると云う確信を得て喜んでいる図であって、真珠湾でもう直ぐ発生するだろう被害の防止のため、早く味方の基地へ連絡せねばならぬと慌てている図ではないのです。

四年以上も前から米国民と議会に隠れて、日本を航空機で攻撃して来た秘密の戦争を、やっと表面に出すことが出来る、ウォー・ロンダリングの朝が来たと云う訳です。しかも自分たちが、戦争開始した嘘つき政府と呼ばれ、有権者から非難される危険を免れ得る証拠が、もう直ぐハワイに出現することを喜んだのでした。この瞬間、ハワイで戦死する運命に落された将兵は何も知らぬまま、ルーズベルト大統領の我欲の生贄にされたと云う訳です。彼らの霊魂は必ずやこの真実を世に伝えたいと思っているに違いありません。

その後、余りの被害の大きさに米議会の調査委員会が発足したため、ルーズベルト政権は日本からの情報を知っていたことさえ、無かったことにしようとしました。暗号解読ファイルの綴りのちょうどその部分が行方不明である事実も明らかになっています。しかもコピーが絶対に存在するはずの複数の場所で同時に同じ部分が紛失していました。さらに受信暗号の存在さえ勘違いだったことにしようとして、次々に関係者に接触し証言を変更あるいは記憶がないと証言させたこと、これに従った証言者たちが後に出世し要職に就いたこと、また変更を拒否して左遷された者がいた、などを記述しています。

さらに、いままさに戦闘中の人物にまで接触の範囲を広げ、証言を宣誓口供書にまとめよとクラウゼン少佐に命じ、その対象の一人であったのがレイテ作戦準備中のマッカーサー将軍でした（フィリピンのレイテ島米軍上陸は一九四四昭和十九年十月二十日）。

口供書は将軍が自分で記述したものではなく、接触した人物、多分クラウゼン少佐が書いたことが状況から濃厚な疑惑になっています。その証拠は提出された宣誓口供書にマッカーサーが自分の名前を間違って署名していることが判明したからです。こうしてルーズベルトは真珠湾攻撃の秘密を四年間は隠し通し、クラウゼンはこの功績で中佐に昇進しました。モーゲンスターンは暗号を受信解読した人物に対しても、軍の高官たちから脅迫めいた働きかけがあったことを述べていますが、これに屈しなかった人物がブラットン大佐やサフォード大佐とそのほかにも何人かがいました。この調査記録が米国人弁護人の手で東京裁判法廷へ弁護側証拠として提出されたと云う訳です。

日本大使館の不手際で、日米交渉打ち切り通告が真珠湾攻撃に遅れること一時間と云う事実は、日本人の潔癖感からすると誠に悔しいことで、残念だとお考えの方も多いと思われますが、それは真珠湾奇襲が対米戦争の始まりだと思い込まされているからです。しかし真珠湾にいた米兵の悲劇はルーズベルト一味にとっては奇跡的幸運でした。この日本大使館の不手際を、故意に行なった日本のだまし討ちとして、やり返さで置くものかと宣伝に利用し米国青年を戦場へ送った訳です。

弁護側は、宣戦布告をしてから相手国に攻撃を仕掛けるまでの時間を決めた規則は何もなく通告は攻撃の一分前でも良いことから、宣戦布告の目的は、周辺国が戦時国際法の適用開始となる日時を認知するための取り決めに過ぎないと主張しました。

(四―六―一七一―一)　ブレークニ弁護人、ハーグ条約、宣戦布告してのち実際の攻撃開始までの時間は規定がない。一分でもよいことになる。

ルーズベルトは米国民と議会に対して、駐米大使の宣戦布告が遅刻したと云う偶然を最大限に利用して、日本が騙し討ちをしたのだと演説し、日本攻撃の大義名分としました。これで戦争には反対であった大多数の米国民はリメンバー・パールハーバーと叫び、今日までも対日戦争は米国大衆にとって正義と名誉の自衛戦争となりました。しかし真のだまし討ちとはルーズベルトが米国民と議会を騙したのです。

事実上は四年以上前に始まっていた戦争ですから、本来なら米国から日本へ、フライング・タイガーズ出撃前に出すべき宣戦布告でした。真珠湾攻撃では先制攻撃を受けた日本が、遅れたけれども戦時国際法に於ける事態明確化のために、出して置くという律儀で儀礼的な挨拶状が、さらに一時間遅れたからと云って何か問題でしょうか。過去百二十以上の戦争の前例により、また国際法学者の見解によれば出す必要もない挨拶状です。真珠湾攻撃は日本からの報復攻撃であり、宣戦布告は必要条件ではないことは明らかです。

米国人が昭和十六年(一九四一)の「リメンバー・パールハーバー」を挙げたならば、昭和十二年の「リメンバー・フライング・タイガーズ」が先だよね、と教えてあげるのがよいでしょう。

（二―六―二七二―一）ブレークニ弁護人（陸軍少佐）、ルーファス・S・ブラットン証人（陸軍大佐）陸軍省作戦局軍事課報部極東課長口供書、日本の暗号解読について。

（二―六―二七四―三）ブレークニ弁護人、レスター・ロバート・シュルツ海軍中佐、米国議会の真珠湾事件調査の証人として証言したものを証拠として提出。野村大使とハル長官の会見予定時刻の三時間以上前、日本の暗号解読文書を読んだルーズベルト大統領は傍らに居たホプキンス氏にこれは戦争を意味すると告げた。

マッカーサー証言は、日本の戦争は自衛戦争であると認めました。ホロウィッツ検察官は米国が先に日本攻撃していたことを認めましたが、これには英国もオランダも含まれます。弁護側証拠の中には、すでに昭和十六年（一九四一）四月、シンガポールに於いて英米蘭は対日戦争のための極秘会談を行ったこと。その中で英国はすでに支那側に武器を与えて教育し、ゲリラを始めさせており、米国もこれに倣《なら》うよう要請した記録があります。英米蘭側の対日戦争実行とその準備が証拠を以て挙げられています。弁護側はこれを捉えて連合国側こそが対日戦争のために共同謀議の罪を犯したと反論しています。

（二―九―五一八―三）ローガン弁護人による最終弁論、第九巻五百四ページから始まる「日本は挑発せられ自衛の戦争に起ちたるものなり」の中にある一節、英米蘭の秘密会議。

（五）侵略の共同謀議をしていたのは英米蘭支ソ

被告達の共同謀議の訴因に反論するにあたっては米国人弁護人が大活躍しました。証拠となる文書は米国にあったからです。東京裁判で被告達は昭和三年（一九二八）一月一日以降、降伏文書に調印した昭和二十年（一九四五）九月二日まで、全員が共同謀議の罪を犯したとして告訴されました。これに反駁《はんばく》して弁護側は、日本ではその十七年間に十五の内閣が移り変わったが、その間継続して閣僚であった者は一人もいないこと、二十八名の被告のうち全員が親しい訳でもなく、顔見知りであったのでもないこと、彼らのうち何人かは被告とされて入ったスガモプリズン（巣鴨刑務所、跡地は池袋サンシャインビル）で初めて会った者もいることなどを挙げ、全員の共同謀議など不可能であると反論しています。実際に共同謀議罪がない日本では理解し難いですが、大陸法にはないが英米法にはあると云われています。牛泥棒の例では、一度でも牛泥棒の相談に加わったものは、実際に牛を盗まなくとも、その後は連絡を断っても同罪となるようです。

検察側は、日本の真珠湾を含む各地の攻撃計画が約一ヶ月前の、十一月一日に出来上がったと述べています。これが昭和三年からの長い共同謀議を経て準備された最終計画でしょうか、日本は日米交渉妥結を強く願いつつも、万が一に備えた計画を作っただけです。しかも開戦の最終決定はハル・ノート到着から五日後の十二月一日の御前会議でした。この日は日本が米国により戦争を強要され平和を諦めざるを得ない日でした。

（八―一〇―七五八―一）　判決文、「東條の下で行われた戦争準備」の項、最終的な各地の攻撃計画は昭和十六年（一九四一）十一月一日に決定された。

マレー作戦としてタイ領シンゴラ、パタニへの平和的上陸通過と英領マレー半島コタバルへの敵前強襲上陸及び真珠湾攻撃の日は十二月八日でしたがその二日後、昭和十六年十二月十日オランダは日本に宣戦布告を発しました。日本が対抗して宣戦し、蘭印作戦を開始したのは、約一ヶ月後の昭和十七年一月十一日です。オランダ側が先に宣戦布告をして来たのです。記憶すべき史実です。

これはウエブスター辞典の曖昧な侵略の定義、①先に戦争を始めることに該当し、②の交渉を拒否して開戦することにも該当するでしょう。こうしてABCD四ヶ国が日本を滅ぼそうとした共同謀議は軍隊を以てする共同戦線となって真の姿を現しました。

昭和二十年（一九四五）二月初旬、英米ソは、現在はウクライナとなったクリミヤ半島のヤルタで会談しました。その会談でソ連が対日戦争に参戦することと引き換えに満洲の権益及び日本の北方領土をソ連に与えることを密約しました。まだ占領してもいないのに領土分割を協議するとは、享禄二年（一五二九）のサラゴサ条約の真似でしょうか。ヤルタ協定こそが英米ソの平和に対する罪と共同謀議の罪の証拠です。

欧州の白人同士の覇権戦争はすでに、昭和十四年（一九三九）九月一日のドイツ軍によるポーランド侵略で始まっていました。昭和十五年（一九四〇）五月十七日、欧州のオランダ本国はドイツ軍に占領され、英国に亡命政府を作っていました。蘭印に向けて本国から援軍は送れません。そのような状況下、何度も行われた日蘭協商にも拘らず、英米軍の支援を約束されていた蘭印政府は絶対に日本へ石油を売りませんでした。オランダの宣戦布告は、日本の攻撃を受けて行なった自衛戦争ではありません。パリ不戦条約における留保や曖昧な侵略の定義に従っても、オランダは日本に対して戦争を意図して英米と共同謀議を行い、日本との交渉継続中にも拘らず戦争を仕掛けたことになります。

戦争になる前に話し合いで問題解決できると狂信的に主張する日本人がいます。しかし日米交渉、日蘭協商の結末は戦争を吹っ掛けられただけで、日ソ中立条約も侵略の隠蓑《かくれみの》でした。支那事変でも各場面で結ばれた停戦協議は、早ければその数時間後には破られました。「話し合い信仰」が侵略を呼び込んだとも云えるでしょう。日本人の非暴力話し合い信仰は、天の安の河原に源があるくらいですから、日本人には強く染《し》み込んでいますが、日本文化の中でのみ有効です。穏やかで尚且つ大きな恨みを残さない問題解決の手法なのですが、日本以外の世界にあっては、弱いから話し合いを強く望むと受け取られる訳です。要するに外国との話し合いでは、後ろに大きな棍棒を持っていないと解決出来ないことが圧倒的に多い訳です。武力に於いて圧倒しているのに譲歩する必用などどこにあるのかと云う理屈で、国際社会は暴力団の社会と同じです。国際法を作っているのが暴力団なのですから、暴力行使を永久に停止させ、暴力を罪悪とする法など作れる訳がありません。自分が暴力をふるった時は、そうさせた相手が悪いのですが、相手が暴力をふるった時は名誉と正義のために報復が必要だと云う理屈が通る社会です。

（二一—九—五〇五—二）ローガン弁護人、最終弁論、検察側の主張する侵略の定義、挑発されざる攻撃、平和的手段を拒否せる攻撃。

（二一—九—五一七—三）ローガン弁護人、最終弁論、対日軍事行動、戦争準備。

（二一—九—五一九—四）ローガン弁護人、最終弁論、対日軍事行動、米国は日本が最初に明瞭な行動をとることを望む（日本が先に手を出せば、米国民を対日戦争へと駆り出す理由が出来るという意味）。

（二一—九—五二〇—二）ローガン弁護人、最終弁論、南部仏印進駐前に西欧列強に依って行なわれた対日行動の協議等。

日本包囲陣を構成する国々は日本攻撃のため秘密裡に共謀し、日本に対する物資輸出禁止、さらに蔣介石や毛沢東への巨大な軍事支援、金融支援、ゲリラ訓練支援で日本の喉首を締め上げました。日本にとってＡＢＣＤの四ヶ国は侵略者であり、後になってソ連が加わりました。日本の戦争はこれに対し生き残るための祖国防衛の自衛戦争です。マッカーサー証言は明確に日本の戦争は安全保障のためであったことを述べました。

結局、日本軍の真珠湾攻撃はルーズベルト政府の出した招待状、ハル・ノートによって演出された奇襲であり、日本はその台本を描いたルーズベルト一味の掌の上で転がされていたわけです。そしてその米国政府を上手く転がしていたのがソ連でした。

暗号をほぼ完全に解読されていた攻撃が、騙し討ちどころか奇襲にさえ該当するでしょうか。真珠湾要塞は扉を開け門番は寝ていました。それが日本軍を誘い込むための罠とも知らず、のこのこ出かけてしまったことの方が余程悔しいことだと云わざるを得ません。これを以て海軍の山本五十六元帥は米国のスパイだと非難する説も出る訳です。

四　戦争は合法、東京裁判は「兎のマジック」で南京事件を捏造した

（一）「侵略戦争は国際的罪悪」しかし国際法とはならなかった

戦争は違法か合法かという争点は、東京裁判の開始直後に検察側と弁護側の主張が正面からぶつかった項目です。高柳弁護人は複数の国際法学者の著作を引用し、第八次国際連盟の総会宣言には「侵略戦争は国際的罪悪である」と云う字句があるが、米英ソともに批准を拒否したため法的拘束力は発生していないこと、従って国際的罪悪と云う字句は唯の強調表現に過ぎず、丁度「歯を磨かないのは衛生上の罪である」と云う例《たと》えと同様の言語用法であると述べています。

これはスミス弁護人もブレークニ弁護人も同じことを何度も主張しています。要するに戦争を犯罪とする有効な国際法は存在していないにも拘らず検察側は、実質的には無意味なパリ不戦条約を国際法として無理に適用しようとしていると述べたのです。

（二一九―三六二一―二）高柳弁護人、最終弁論総論、歯ブラシを使わないのは衛生上の罪悪である。

（一―四―一八二一―四）スミス弁護人、不当審理の動議、公訴却下の動議、裁判管轄権についての五月三日の動議。

（一―四―三四七―三）スミス弁護人、雇用、被雇用に於ける被雇用者の行為に関する責任問題で

はなく、国家の主権の問題である、政府機構に従事するものが個人的責任を問われることはあり得ない。

一方的に大東亜戦争は違法だとされましたが、その前にも後にも世界史には戦争が違法ではない事例が満ちています。戦争を国家間の紛争解決の方法としないと云うのは、昭和三年（一九二八）八月二十七日のパリ不戦条約です。条約締結を推進した米仏両政府高官の名前からケロッグ・ブリアン条約とも呼ばれます。この条約は三ヶ条から成っています。要旨のみ左に記せば、

第一条、締約国は国際紛争の解決手段としての戦争を非とし、政策の手段としての戦争を放棄することを各自の人民の名に於いて宣言する。

第二条、締約国間の紛争は理由の如何に依らず、平和的手段以外で解決しないことを約束する。

第三条、この条約は各国憲法により批准し、その批准書をワシントンに寄託され、全締約国の批准書がワシントンに預けられた直後に、締約国間に実施される。

帝国政府は、「各自の人民の名に於いて」の字句は帝国憲法より観て日本国に限り適用無きものと了解する。（原文は文語文）

パリ不戦条約第一条は戦争を非とし、政策の手段としての戦争を放棄すると宣言しただけであって、犯罪とするとはしていません。さらに重要なのは批准の前段階の各国の留保です。各国とも自衛のた

めの戦争は除外し、自衛すべき範囲と方法を決定出来るのは当該国のみであることを条件として締結しました。従ってある国が自衛戦争であると宣言すれば、それを否定出来る他者は存在しないうえに、自衛の範囲は自国領土に限らず、経済的利益も含み、ある国が自衛に当たると判断するもの全てが自衛の範囲でした。これを強調したのが英国でした。世界の陸地の四分の一を所有していましたから英国にとっては当然の要求でした。米国のケロッグ国務長官も米議会で英国と同じ趣旨内容を述べました。日本も同様の留保をした上で批准し条約に加盟しています。これから理解出来ることは、西欧列強にとって植民地所有は利益獲得の手段であり、この国益を守るために武力を使うことを、パリ不戦条約は許していると云う事実です。

世界中で戦争を始めることが出来る西欧列強にとって、留保付きの不戦条約の役目は、現状維持の安定した利益確保であり、植民地独立勢力の弾圧を自衛と云う大義名分に変換する手法でした。この条約を使うのはこんな時のためだとばかりに、東京裁判ではパリ不戦条約を是が非でも適用したかった訳です。これ以外には日本非難のため使えそうな国際条約は何もなかったからです。これに対してパル判事は、法的な要件を一つも含んでおらず、何を決めたのか明確になっていない唯の宣言は国際法ではないと述べています。

弁護側は、パリ不戦条約は締結されたが何の意味もなく、戦争を犯罪とする国際法はパリ不戦条約を含めて存在しないと主張を繰り返しました。しかしキーナン主席検察官はこれに反駁して、法は裁判を通じて発展し進歩するのであると述べました。だから戦前にはなかったが戦後に作った「平和に対する罪」で被告を裁くことに問題はない。それどころか文明の進歩であるとキーナンは強弁したのですが、これは文明国の裁判の原則である事後法禁止と罪刑法定主義を否定したことになります。

今日では国際法学者の中で東京裁判を肯定する者はいないと云われるのは当然でしょう。東京裁判を許せば、勝者が事後法を作ることを許し、戦勝国判事の政治的正義感による判決は法の進歩だとして許すことになります。これは裁判でなく集団リンチ、人民裁判です。キーナンはこれを進歩と強弁したのですが、彼が嘘つきでなければ、第二次大東亜戦争、朝鮮戦争、ベトナム戦争、中華人民共和国のベトナム侵略を始め戦争に満ちていた戦後の七十年間に、第二、第三の東京裁判があったはずですが、ありませんでした。

東京裁判が連合軍の戦争犯罪を裁かなかったことが東京裁判の最も大きな犯罪でした。これらの戦争犯罪を行なった者達が自分の手についた日本人の血を洗いもせず、東京裁判を行ない日本人七名を殺害した訳です。

国士舘大学の政教研紀要二十三、二十四号、平成十四年（二〇〇二）、「東京裁判におけるパリ不戦条約の適用」柴田徳文助教授の論文中に、満洲事変の約六十年後に当たる平成元年（一九八九）に起きた米国のパナマ侵攻と比較した考察があります。当時のブッシュ米国大統領が侵攻の理由を述べたが、それは満洲事変で日本が述べた理由と同じである。すなはち米国のパナマ侵攻は自国民の生命及び財産の保護を目的としているから、侵略には当たらないと云うものです。

その後、パナマ国軍は解体され警察組織に改編され、ノリエガ将軍は逮捕され米国マイアミで裁判された四十年の禁固刑となりました。この米国の主張が正しいのであれば、満洲の件での日本の主張も正しい訳です。

（二）「南京大虐殺」法廷で証拠が捏造された裁判

東京裁判の正邪を問うのは根底から間違いです。法の原則が適用されていない東京裁判は裁判の「さ」の字でさえありません。

この「さ」の字にも当らない例を「南京大虐殺」の証言で見ると、出廷しない証人に口供書と称する書面のみで証言させ、反対尋問が不可能なまま証拠採用するという手法を以て、被告の冤罪《えんざい》を創作したことになります。従って「南京大虐殺」は口供書の中にだけしか存在せず、物証を伴わないホラ話しです。無かった大量虐殺の物証などないのは当然でしょう。そして物証があっては却って検察側が困ると云う訳です。

物証が無いのを良いことにホラ証言を多数採用し、少なくとも三通りあった虐殺死者数も審理を通じて究明することもせず、死者は当時南京にいた総人口二十万を超えて三十万を超えるまで増加しました。被害者が多いほど日本人の残虐性がより大きくなると思ったのでしょう。証拠の採用自体が捏造です。

東京裁判法廷は白人がゴッドとなった植民地でした。証人として口供書を提出した人物が本当に実在するか否か疑わしく、ほぼ全部の証言に具体性がありません。こんな証言がどんどん採用されて行きました。

速記録でその場面を辿ってみますと殆ど証言者が出廷せず、従って弁護側は反対訊問が出来ず、偽証罪という概念さえも適用されないのであれば、嘘でもホラでも捏造でも云いたい放題になります。南京攻略戦の支那派遣軍司令官で大の支那通と云われた松井石根《いわね》大将は、ただこの一件のみで有罪だとされ絞首殺害されました。これこそ東京裁判法廷が行なった無法殺人ではありませんか。

裁判で中国部分が開始されたのは昭和二十一年（一九四六）八月十五日、これを受け持ったのは、検察官として向哲濬《こうてつしゅん》、副検察官としてトマス・H・モロウ大佐、ケネス・N・パーキンソン、裘劭恆、デービト・N・サトン、ジョン・F・ハヌル少佐、アーサー・A・サンダスキー大尉の七名でした。

昭和十二年（一九三七）七月七日深夜に起きた盧溝橋事件の約一ヶ月後、すでに蔣介石の国民党軍三、四万が上海を包囲していました。そして八月十三日、約四千の日本海軍陸戦隊が守備する日本租界を突如攻撃し始めました。これはドイツ陸軍将校団が国民党軍を指揮し、最新武器やトーチカ群で上海包囲を準備させ、現地指導したものです。こうして第二次上海事変が勃発しました。日本軍も大きな被害を出しましたが国民党軍は敗走し、首都南京市へ逃げ込もうとしました。これを追撃したのが日本軍の南京攻略戦でした。これに際して、南京城陥落前から市内にいた西洋人のうち十五名が南京安全地区委員会を組織し、他へ避難出来ずに南京に残った住民保護のために働いたと云うことになっています。委員長はドイツ人のジョン・ハインリッヒ・ラーベ、しかしその行動の不誠実な実態は最初から反日組織と云うべきでしょう。

（四―一―六一八―四）

サトン検察官主尋問、ジョン・ガレスピー・マギー証人出廷、この主尋問での証言は自身の意見や伝聞だが、まるで自身が目撃したかのような口調である。

（四―一―六一九―三）

ブルックス弁護人が、証人がメモを見て証言しているのは禁止すべきであると異議。裁判長は意義を認めた。そのメモはマギーが「家内に宛てました日記の如き手紙の集まり」と説明。

（四―一―六二七―二）

サトン検察官主尋問、マギー証言、日本兵は手当たり次第住民から物を取上げた、トラックに一杯冷蔵庫を積んで行った、日本兵は黒い棒切れのようなものであちこちに放火した。

（四―一―七四六―四）

サトン検察官、南京の安全地区委員名簿。

（四―一―七四七―一）

サトン検察官、安全委員幹事ルイス・S・C・スミスが書いた福田氏への書簡は、日本軍が身勝手で自分達の邪魔をしていると云うような書きぶりで例を挙げているが、その中に三、四人の日本兵が安全地区内を夜間もうろついていると云う不可解な表現がある。

福田篤泰《とくやす》氏は日本の外交官補として外国人の保護のため、南京陥落の翌日南京に入城しました。外務省職員であり、南京安全地区ラーベ委員長の日本に対する感謝状も知っているはずの人であり、また安全地区委員会事務所で、日本兵の犯罪行為と称する伝聞を支那人が訴えてくるとそれをそのまま確認もせず、次々とマギーなどの安全地区委員がタイプライターで書面にして日本領事館にとどけ、日本軍の無法振りを非難する現場も見て、そんな事実を確認もしない文書を作るのをやめさせようとした人ですが、法廷では福田氏の体験を無視するような口供書のみの証言が採用されました

また魯甦《ろそ》と云う支那人は口供書を提出して証言したのみでしたが、この魯甦証言についてはパル判事が、日本軍は魯甦だけを殺さないで、あちこちの村を連れ歩き、死体の数を正確に勘定させる程までに愛したのは何故だろうと、皮肉を述べています。五万七千四百十八人の住民が虐殺されている最中に、日本軍に見付けられないように死体を一の位まで勘定出来たのはどのように行動したのでしょう。さらに一の位まで数を正確に計算していたのに、村の名も場所も具体的ではなく四、五ヶ村と大雑把なのは何故でしょう。

（四―一―七五一―二）　サトン検察官、魯甦証言（口供書のみ）「国軍及び難民男女老幼合計五万七千四百十八人を幕府山付近の四、五か村に閉じ込めたうえ飲食を断絶す。凍餓し死亡するもの頗《すこぶ》る多し」と述べている。

南京安全地区委員会の一人、ジョン・ガレスビー・マギー牧師は出廷して証言した最初の証人です。

検察側の主尋問に於いては、六週間に亙って南京市内のあちこちで多数の市民が虐殺され、多数の女性が強姦されたなど長々と証言しました。次いでブルックス弁護人が反対訊問しましたが、たくさんの事件の中の一つだから覚えていないと答えるなど、言質《げんち》を取られないように、細心の注意を払って答えていたと思わせます。しかし「ではマギーさん、あなたが今お話になった不法行為や殺人の現行犯を、目撃したのはどれくらいですか」と云う尋問に対して、マギー牧師の答えは変化し「自分の証言ではっきり申したと思っているのですが、唯僅《ただわず》か一人の事件だけは自分で目撃いたしました」。

しかしこれは虚です。マギー牧師は法廷に於ける証言では、殺人を目撃した数を一人であるとは述べていません。たくさんの殺人があったことをまるで目撃したかのように述べたのです。しかし反対尋問では目撃件数を質問されて、たった一人の殺害を見ただけだと証言したのでした。

（四―一―六二九―二）　ブルックス弁護人、反対尋問、マギーの目撃した殺人一件。

しかしこの僅か一件の目撃さえも、嘘であるという有力な説があります。結局マギーの証言した死体の山は本当にあったのでしょうか。支那側が出した証拠には道路が血の河になっていて、歩けば脛《すね》が血に没すると描写していますが、そのような状況はどこへ消えたのでしょう。マギー牧師が目撃件数を一件としたのは、とっさに証言の辻褄を考え、彼自身の経験が頭に浮んだものと推測されます。

この反対尋問がなければ、全員がマギー証言を信じたことでしょう。

また、たくさんあったと云う強姦についても反対尋問で明らかにされたのは、現行犯を目撃したのは一件、別のもう一件は状況証拠のみです。そしてマギー牧師が目撃した掠奪《りゃくだつ》は、日本兵が冷蔵庫をトラックに一杯積んで盗んだと云う一件だけで、隣に住んでいる中国婦人が八十ドルを盗まれた件も犯人は不明であり婦人からそう聞いたと云うだけです。十二月の南京で、戦闘中の日本軍が何のためにアイスボックスやピアノを盗んだのでしょうか。むしろ戦場で略奪や強姦をするのは支那の伝統文化です。

雑誌『正論』平成二十四年二月号と三月号に掲載の、松村俊夫氏の文章はマギー、ベイツ証言に反する証拠の発見を伝えています。以下、これに依って述べます。

米国エール大学神学部資料の中に、南京安全委員会のマギー牧師、ミルズ牧師、フォスター牧師、ヴォートリン女史、ベイツ博士、ウィルソン博士、スマイス博士、病院経営者マッカラム、また蔣介石と親しい間柄で米国内を巡回しながら反日講演会を繰り返していたフィッチ牧師、この九名が各自の家族へ書き送った手紙や日記が発見されたとして掲載されています。近年判ったことですがベイツ博士とフィッチ牧師は蔣介石に任命された国民党の宣伝部門の顧問であり、宣伝活動に功績ありとして二度も勲章を受けていた人物でした。この二人は米国共産党のスパイであって、毛沢東の中国共産党とも繋がりがあったと云われています。

これら私的な記録には、たくさんあったはずの殺人や強姦は全く記録されておらず、南京市は戦闘終了後には安全な街であったと推定できます。南京安全委員会の委員の中には、慈善活動を装いつつ最初から反日活動を目的にしていた人物が何名か居たと考えると、彼らの行動の矛盾が説明出来る訳です。その彼らはどこから資金を得ていたのでしょう。

ヴォートリン女史の文章は、何かの疑いで自分が勤務する金陵女子大学から日本軍に拘引された男性と女性達が、夜になって全員が無傷で帰って来て喜んだこと、また難民区内にたくさんの露店が軒を連らね、色々の品物を売っており、立派なドアや窓まで売っているが、多分市内の住宅からの盗品であろうと書き残しています。女史は支那の伝統をよく知っている訳です。

また、ミルズ牧師は昭和十三年（一九三八）一月二十四日の妻への手紙のなかで、上海路を車で通行することは出来ない。それは人が多く出歩いているからである。この頃は秩序が保たれ盗難、掠奪がなくなり、たくさんの小商店は繁盛しているが安全区内に限ってである。こんな南京を貴方に見てもらいたいと書いています。

ミルズ牧師は妻に、自分たちの安全区運営がうまくいっている状況を、街の様子を描写しながら自慢している訳です。上海路とは、安全区内の中心部を南北に通る長い街路ですが、日本軍による治安維持が無くては出来ないことでしょう。もし日本軍が支那住民を襲ったりするならば、商店が繁盛し人通りが多くて車が通行できないなどと云う情景が現れるでしょうか。ミルズ牧師が妻に手紙に書いたのは南京陥落の四十二日目です。日本軍によって六週間続けられたと云う三十万人の殺人や放火強姦掠奪証言と、これらの手紙に書かれている状況は全く逆ではありませんか。

さて、マギー牧師ですが妻への手紙に、殺人が一件あった時近くにいたが目撃してはおらず、何者かが理由は不明だが逃げた男を撃ったと聞いたと記しています。

マギー牧師が一段高い証言席に座る際に持込んだのは、自分が妻宛てに書いた手紙の束です。反対尋問に答えて証言した一件の目撃証言も、妻への手紙に書いた具体性の無い伝聞であり、一件の殺人を目撃したと云うのは、この手紙に書いたことをきっかけにした可能性が濃厚ではありませんか。何者かが発砲したと云うことを聞いただけであって、結局は発砲の理由も発砲した人物も、撃たれた人物は誰か、またその数も知らないで、手紙を書いたのではありませんか。南京のマギー牧師が、米国に居る妻に嘘をつく必要はないでしょう。実際の南京市内の見聞を、そのまま手紙に書いたと考えるのが自然ではないでしょうか。

この手紙や手記に書かれている南京市内の風景は、南京市が同時に二つあったのかと思わせるほど法廷証言と異なる状景です。九名の家族宛て手紙などに残された日本軍占領後の平和な南京は、同時期に百数十名もいた日本人新聞特派員、カメラマン、雑誌記者等が記事や写真、証言に残した南京の状景と同じです。

そして二十万の難民達は軍紀厳正な日本軍が来れば治安が良くなると期待し、実際に日本軍は食糧や石炭などを配って難民や病院に配慮し、子供に親しまれようとお菓子や玩具を配り、安心した難民は早速露店を連ねる有様。次いで南京市の官吏が全部逃げてしまったため二週間後には支那人による南京市自治委員会が発足し、これを祝った南京市民が多く集まった、これが現実の南京市の姿でした。南京市民のお祝いは、官吏が賄賂を貪り、住民を食い物にすることが無くなったことによる嬉しい心理もあるでしょう。

また、マギー牧師等は強盗だと聞いて現場に駆け付けると、犯人は銃剣を放り出して逃げた後であるということが何度もあり、これを不思議なことだと思ったと証言しています。銃剣としか記載されていないので、三十年式銃剣だけなのか小銃に着剣した状態の三十八年式小銃を意味するのか不明です。しかし第一巻、六三一頁、一段では、或る時にはこの銃剣を証拠として日本大使館へ持って行ったとも述べていますから、三十年式銃剣だけであろうと考えられます。また或る時にはと述べていますから、何度か銃剣が放り出してあったことを意味していることも推測できます。

しかし、この証言を読んで、敵地で日本兵が銃剣を放り出して逃げるという表現には強い違和感を覚えます。武器がなければ自分の身を守ることが不可能な戦地で、頼るべき武器を投げ出すなどとはあり得ない行為です。軍紀風紀の厳しかった日本軍では度々検査があり、支給品の員数点検も行なわれていました。炊事班のマスク一枚までも厳しく点検されたぐらいですから、菊の御紋が付いた小銃や、銃剣を紛失したとなれば兵士は大変な咎《とが》めを受けるでしょう。むしろ不利な状況になると武器も軍服も捨てて、常民の姿に変って逃亡するのは支那兵の常でした。その証拠に支那軍には督戦隊《とくせんたい》が居て、逃げようとする自軍兵士を後方から撃ったのです。日本兵が抵抗するトーチカににじり寄って手榴弾を投げ込んで沈黙させ、中を見ると支那兵が逃亡出来ないよう体が鎖でトーチカに繋がれていたと云う話が南京攻略戦の記録に残っています。また支那兵が集団で日本兵に化けて略奪などを働いていたと云う記録さえあります。日本兵の死体から軍服を盗んだのでしょう。

(四―一―六二九―一二)　ブルックス弁護人、マギー証人に反対尋問、冷蔵庫を盗んだ件、日本兵の捨てた銃剣を持って追いかけた件。

ピアノの件はマイナー・シール・ベイツ南京大学教授の証言で、日本軍は二百台のピアノや、価値があるものは何でも掠奪したと述べています。

サトン検察官、ベイツ証言の二百台のピアノ。

（四一・一一・四〇一一・三）


話は横道ですが、辻政信著『潜行三千里』によれば、終戦後の潜行中に辻がタイ国からベトナムを経由して重慶、さらに南京に移動して来た時、国民党軍中佐階級の住宅の一室をあてがわれたが、そこには似合わない豪華なピアノがあった。よく見ると聚星倶楽部の印が押されていた。誰かが分捕って隠したものに違いないと記されています（聚星倶楽部は偕行社の通称で、日本陸軍将官の親睦クラブ）。

証言では、日本兵は少数に分かれて街中をうろつきまわり、動くものには何でも発砲したと述べています。しかし、戦地で兵士が自由行動を取るなどと云う軍隊が、支那の軍隊以外にあるのでしょうか。日本軍では指示を受けて兵営外へ出る場合には、公用腕章着用で行くのであって、任務がなければ兵営にいるのが当然です。歩哨の目を盗んで、上官の許可なく兵営を出れば脱走罪が適用される恐れがあります。特に戦地で脱走したとなると、敵前逃亡の重罪に問われる可能性があり郷里に不名誉なことになります。ましてや兵営は敵地にあるのですから、兵士が一人、或いは少人数でうろつけば、どこから狙撃を受けるか知れず生死に直結することにもなります。

戦闘終了後は経過状況を戦闘詳報に記録しなければなりません。これには射耗弾数（射撃により消耗した弾数）を記さねばなりません。戦闘行為の無いにも拘らず自分勝手に弾を消費するとは考えられません。

南京安全区は日本軍が歩哨を立てて出入りを監視し、将校と雖も許可証なくては入れませんでした。当時の南京に居た陸軍法務官の塚本浩次氏は、殺人が二～三件、掠奪、強姦を入れても全部で十件以内を扱ったのみ、と証言しています。

（四―五―二八七―四）マタイス弁護人、塚本浩次証人、陸軍上海派遣軍法務官同検察官のち、中支派遣軍検察官、予審官、裁判官、昭和十二年十二月十七、八日に南京入城、昭和十三年八月まで南京にいた、事件として扱ったのは十件以内、掠奪、強姦、傷害、窃盗が主で殺人は二、三件、放火と虐殺は扱わず。この後サトン検察官による反対尋問。

当時南京安全地区委員会は迫る日本軍に対して、南京市内の非戦闘員を収容している安全区に大砲を打ち込まないで欲しいと要請しました。約束は出来ないと回答しつつ、しかし砲弾を一発も落下させなかった日本軍に対して、ドイツ人の委員長ラーベは、日本領事館あてに昭和十三年（一九三八）一月七日に感謝の手紙を記し、日本兵が自分達に敬意を以て接してくれること、日本兵が支那人を助け、子供と遊ぶ光景も見られることや、十二月三十一日には中山路で難民に米を配給したので群衆が集まったこと、一月三日には病院に牛肉と百斤（約六十kg）の豆を配給してくれたことを感謝しています。久しぶりの肉で喜んだこと、さらに日本軍は他に必要なものはないかと尋ねてくれたと感謝しています。

検察側主張では、この日も「大虐殺」が続いていたはずなのですが、ラーベ委員長は日本の配給に群衆が集まったことまで述べて感謝状を書いたのです。この群衆は虐殺されなかったと考えられる訳ですが、これも一つ捏造が見えてしまった事例と云えるでしょう。また松井石根支那派遣軍司令官と長谷川清第三艦隊司令官は一万円を難民救済のために寄付までしています。

（五―五―二七三―二）伊藤弁護人、昭和十二年十二月十四日から十三年一月七日と記したジョン・H・B・レイブ（ラーベ）の感謝状。

（六―七―四一九―四）マタイス弁護人、大内義秀証人は当時陸軍砲兵少尉、上海派遣軍第九師団山砲兵第九連隊第七中隊所属、南京攻略では外国権益や難民区に砲弾が落下しないようにせよと命令を受けたが苦心して成し遂げた、支那軍が捉えた日本兵を生きたまま焼いた死体を目撃、公用で外出した際に市内で支那兵が脱ぎ棄てた夥しい軍装が散乱しているのを見た、市街は殆ど破壊されておらず死体は揚子江畔で少し見ただけであった（第九師団は富山県、石川県、福井県の出身者を以て金沢で編成）。

また、米を配給した翌日、検察側の主張によれば南京市で虐殺が毎日続いているはずの、昭和十三年（一九三八）一月一日には南京市の支那人による自治委員会が発足し、記念式典の行なわれた鼓楼前には市民が多数集まりました。「大虐殺」の最中に市民が集まって祝賀する矛盾をラーベは説明していません。

ラーベ委員長は、在支ドイツ大使館を通じて送った本国向け報告書の中では数を挙げずに莫大な数の殺人があったと述べています。南京で毎日現実を見ているはずであるのに、日本軍に感謝の手紙を書いたかと思えば、同時にドイツ本国へは同じ日本軍が大量殺人を犯していると手紙を書きました。矛盾というより意図的に捏造している訳です。この理由を説明できるのはラーベが共産勢力と深く繋がりを持っており、日独防共協定の関係を破壊すべく離間の計を実行したと云う説だけです。近衛内閣に食い込んでいたソ連スパイのゾルゲも上海を根拠にしており、同じくスパイの米国人ジャーナリスト作家のアグネス・スメドレーもいたのですから、そこで接触したものと考えられます。

報告書中でラーベ委員長は四十九日間に四百二十五群の犯罪があり一群には三十件の犯罪があったと述べています。なぜ群に分けたのか理由は述べていないので不明です。ここにいう犯罪は殺人、強姦、窃盗などを区別する記述がありません。試みにこれが全て日中国交回復後に中国共産党が宣伝を始めた三十万人虐殺であると仮定して計算すると、平均一日当たりでは六千百二十二人、一時間当たりでは二百五十五人、一分当たりでは四人強、十四秒に一人の速さで殺害する必要があります。しかも四十九日間、昭和十二年（一九三七）十二月十三日から翌年の一月三十日まで、お正月も休まず昼夜別なく続けることになります。このようなことは現実に可能でしょうか。南京の記録には一分間に四発の銃声が二十四時間連続したなどという記述はありません。日本軍部隊が南京で餅をつき、正月の松飾りをして楽しむ写真やニュース動画は残されていますが、むしろ平和で静かであったという記録ばかりです。

そして、紅卍会が行なっていた死体埋葬の人夫達はなぜ殺害されなかったのでしょう。死体埋葬のために生かしておいたと云うのなら、日本軍から有料で埋葬を請け負っていた訳ですから、日時、場所、死体数、埋葬場所など、虐殺の証言にはぜひとも必要なのにそのような証言は一つもありません。また許伝音も紅卍会副会長であったにも拘らず、埋葬に関しても手数料受領についても何の証言もしませんでした。

仮にも、最初の十二月十三日に殺害された人はともかく、その後から四十九日目迄に殺害された人は殺されるまで何処《どこ》に監禁されていたのでしょう。そしてその食料は誰が供給したのでしょう。弾薬食料の補給に苦労した日本軍が三十万人分もの余分な食糧を持っている訳がありません。その間何処かに収容されていただろう被害者は、殺されるために餓死を覚悟しながら静かに待っていたのでしょうか。南京で虐殺された被害者三十万人はどこから現れたのかという疑問に付いて、マギー、スマイス、ベイツ、その他の南京関係の証人は全員そろって何も述べていません。実際ラーベ委員長は一万二千七百五十件の犯罪があったといいながら、犯罪の内容については具体性がありません。犯罪に関してその具体的内容をいわずに述べても、何が犯罪なのか分からないではありませんか。

（五一一一七六二一一二）　安全区のラーベ委員長がドイツ外務省へ送った手紙、日本兵が勝手に動き回り、数千人の虐殺、二万人の強姦、市内の三分の一の放火による消失、ドイツ人住宅六十戸中の四十戸と市内の商店はすべて略奪されたなどを記している。しかしこれ以上の具体性はない。

もし日本軍が南京で組織的に虐殺をする計画であれば、安全区に砲弾が落下しないように苦労する必要があったでしょうか。難民区入口に日本軍歩哨を立てて日本兵の出入りを禁止し、隠れていた便衣兵の抽出、本当の難民には良民証を配布するなど、難民保護の発想が出る訳がありません。また難民救済のための多額の寄付や病院に豆や肉の特別配給、負傷者の治療、子供に菓子やおもちゃを配るなどをしようという発想も出て来る訳がないでしょう。

また虐殺が衝動的、突発的に起きた集団パニック現象であるならば、四十九日間も続くとか、三十万人も殺すなどと云うことは考えられません。松井司令官は、南京攻略は世界中が注視しているから、失火や窃盗など些細な不祥事も起さないように何度も厳命し、強姦事件を起こした士官が死刑になった例、支那人の靴を拾って持っていて掠奪と疑われ、あわや軍律会議となるところの兵士を上官が必死でもらい下げた例さえあります。軍司令官に秘密にしたまま四十九日間も殺人、略奪、放火、強姦などの継続はあり得ないでしょう。原爆で非戦闘員が無差別攻撃された広島と長崎でさえ、死者の合計は約二十万人と云われています。三十万人もの人数を殺害するにはどれだけのエネルギーが必要でしょうか。

西島剛陸軍少佐歩兵第十九連隊第一大隊長は、南京陥落一週間後の十二月十九日頃市内を巡回し被害が酷いと云う噂は嘘であると確認した、また下関でも死体は見なかった。また米国人宣教師や医師五、六人が教会、病院、学校を視察に来ていたが、被害が少なかったため喜んでおり感謝され、その後会食して記念撮影をして別れたと証言しています。

同じような事例をヴォートリン女史も私的な記録の中で、学校を見に来た日本軍将校たちは学校が立派なことを誉め、砲弾等で被害にあわなかったことを喜んで呉れた。その学校を案内することが自分は嬉しかったと書き残しています。

法廷に受理された西島少佐の証言によれば、日本兵は日中も仕事があり夜間は外出禁止であったこと、また日本軍のために慰安設備も完備していて風紀犯は一件もなかったことを証言しています。逆に慰安施設がなければ占領地で強姦が起きることは世界中の戦場では常識で、将来も必ず起きることでしょう。この点日本軍は現地女性の被害を未然に防ぐために民間人経営の遊郭を現地に誘致し、またそのために遊郭の業者を保護し管理もした訳です。現地の女性保護を考えた人道的方法であったと思われます。

（六―七―四二一―三）マタイス弁護人、松井石根被告個人弁護、西島剛口供書朗読。

十二月十五日南京入城し民家に分宿、小火災はあった、公用以外は外出禁止、残敵掃討、衣類の虱《しらみ》の熱湯駆除作業、松井司令官入城に関する業務、警備、慰霊祭、戦場掃除兼不明者捜索、これら日課以外に戦闘報告書作成、陣没者遺族へ通信、俸給支払い、貯金、家庭への通信、数ヶ月分の内地よりの小包受領分配などで休息の時間はなかった、十二月十九日に馬で中山路から下関《しゃかん》へ巡視した（南京陥落後六日目）。

話しは横道に逸れますが、米軍は武器弾薬と食料、デザートのアイスクリームまで補給については素晴らしいにも拘らず、軍の公娼制度を認めていません。アメリカ人の宗教からくる建前なのでしょう。従って終戦後、占領中の日本では米軍兵士による強姦や強姦殺人被害が多発し、駐屯地付近では最初の一ヶ月で三千件以上の被害があったと云われています。連合国総司令部はこれら事件を報道禁止として報道を事前検閲していました。新聞には米兵と記述できないため、犯人は大きな男とか黒い人とかの表現となりました。これを防止するため東京には進駐軍専用の日本国営のＲＡＡと呼ばれる特殊慰安施設が設立されました。これは日本各地の連合軍駐屯地周辺でも運営されました。従って日本人女性と米兵の合いの子、今風にいえばハーフがたくさん生まれることになりました。このような米国の綺麗ごと理想論による現地女性の非人道的被害は、ベトナム戦争でも繰り返されましたが、建前を維持する限り今後も繰り返されるでしょう。

水間政憲著『一目でわかる日韓・日中歴史の真実』には当時の写真が数多く掲載されています。これによれば南京攻略戦に、朝日新聞八十余名、大毎（現在の毎日新聞）七十余名と、この二社だけでも百五十名以上の記者を送り込み、どのように陥落後の南京を報道したのかを述べています。

南京陥落九日後の十二月二十二日付朝日新聞には、負傷した支那兵の診察治療している写真、支那兵俘虜に食事を配っている写真、その他日本兵と難民の親善風景の写真が二枚掲載されています。支那人の子供に菓子やおもちゃを配っている日本兵、露店商が並んでいる風景、子供が集まって遊んでいる風景、日本兵が笑顔で露店の水餃子を食べている傍《かたわら》には子供も笑顔で兵士を見ています。また幾人かの支那人は日の丸を手書きした腕章をつけ、バラックの入り口には急いで作った日の丸を掲げています。また、毎日新聞の掲載した南京陥落二日目の十二月十五日の写真は、マギー牧師やラーベ委員長の証言する虐殺を完全に否定しています。これらたくさんの日本の新聞社が撮影した写真は全部捏造でしょうか。

支那人は支那三千年の歴史的教訓から口コミが素早く、戦乱の匂いがするとすぐに逃げると云われています。支那では戦争といえば掠奪放火殺人強姦の多発が常識であったのです。しかし占領したのが日本軍であったから安心して出て来た訳です。

南京にはニューヨーク・タイムズ、ロンドン・タイムズ、AP通信、ロイター通信、パラマウント・ニュース、シカゴ・デイリー・ニューズなどの記者もいましたが、難民虐殺のニュースは全く報道していません。宣伝の重要性を認識していた国民党は西欧諸国の新聞に対して毎日、記者会見をして日本非難を繰り返していました。しかし南京で多数の殺害事件があったとは、翌年二月までの会見で一度も発表したことがありません。

南京陥落当時に西欧諸国の新聞が報道したトップニュースは、南京市の城壁を囲むように流れる揚子江（長江）の上にいた、米軍砲艦パネー号爆撃沈没と英軍砲艦レディーバード号を陸軍が砲撃し艦が損傷した事件でした。

この事件の背景は、当時揚子江上には国民党軍兵士が対岸へ逃亡しようとしていたため多数の船や筏《いかだ》が動いていたのですが、それらの船は勝手に米国旗や英国旗などの外国旗を掲げて偽装し、日本軍の攻撃から逃れようとしていました。

右に述べたような支那兵の国際法も無視した、なりふり構わぬ行動により日本海軍機の誤爆事件、日本陸軍の大砲による誤射事件が起きた訳です。広田外相は日本軍の過ちを認め謝罪し、賠償金の支払いを以て外交的に解決した事件でした。

南京市内で虐殺などなかったから、英米軍艦艇への誤射誤爆が外国新聞社の大ニュースになったのでしょう。

また朝日新聞（南鮮版）が、南京陥落の四ヶ月ほど後の昭和十三年四月十七日に報じた南京の死体埋葬数は、紅卍会、南京自治委員会、日本山妙法寺の僧侶が三者協力して行ない、これまでに南京城内で千七百九十三体、城外で三万三百十一体を片付けたとなっています。「南京大虐殺」は千七百九十三名のことでしょうか。しかも虐殺された死体とは記していません。それに加えて南京で埋葬に従事していたとされる崇善堂という組織は名前が挙がっていません。崇善堂はその存在自体が疑わしい組織です。

部隊により異なりますが、日本軍は南京陥落後休む暇もなく追激戦に移行しています。治安維持のため南京に残したのは二、三個大隊と憲兵隊であったと云われています。昭和十二年八月の一個大隊の戦時編成は、千九十一名という日本軍の資料に基づくと最大でも三千三百名程度、部隊の戦死傷者が補充されなければそれ以下の兵員数が南京城内に駐屯したと思われます。日本軍が何名で「大虐殺」を行なったという目撃証言は全くありません。例の魯甦でさえ証言していません。また二万人が強姦被害にあったというのも、数字的にあり得ないと感じられます。

これらの部隊に予備の弾薬は多くはなかったと考えられます。兵士一人の小銃弾の携行数は、革帯《かわおび》前後にある三つの弾薬盒《だんやくごう》に最大でも百二十発です。補給の苦しい戦闘であれば弾薬は貴重であり、陥落した南京で兵士でもない者を殺害するために使ったとしたら、バカバカしい無駄使いではありませんか。さらに検察側証言には六、七週間に亙って殺害が行なわれたという証言がありますが、南京攻略戦に従軍した日本軍をそれだけ留め置いては、余計な経費がかかるだけです。そのうえ敗走した敵軍に体制立て直しの時間を与えるだけですから、大変な無駄です。そのような有害無益で必要性の全くない命令をする日本軍司令官が居るとは信じられません。

話は横道に逸れますが、平成二十五年十二月二十五日の産経新聞によれば、国連のＰＫＯ活動で、南スーダンに駐屯していた韓国軍から、近くにいた自衛隊に「周りは敵だらけで増加中だ、小銃弾一万発を貸してくれ」と要請があり、自衛隊は自軍の弾丸を融通しました。この時の韓国軍は一人当たり十五発の弾丸しか所有していなかったそうですが、戦地で敵と向き合っている軍隊にとっては切実極まる要請であったと思われます。

ラーベは本国への報告書では、難民救済を安全区委員会が独自に行なった慈善事業のように記していますが、日本軍は生活手段を失った難民区住民二十万人の生活安定のために米や砂糖、食用油等の食糧、また石炭を支給しました。これはまとめて安全委員会が受け取り、安い値段で難民たちに販売し、売上金は安全区の運営資金として彼らの活動を助けました。陥落直後の難民救済措置です。この食料供給のため日本軍は南京安全地区の人口を二十万と確実に把握する必要があったことがわかります。人口は一ヶ月後には約二十五万人となり五万人増加しています。人口増加の理由は日本軍が来て治安が回復し、危険な支那軍がいなくなって安心した住民が、食べ物もあると聞いて避難先から戻って来たためです。この人口数はラーベ委員長もこれを把握していました。支那人にとって戦争で一番怖いのは、敗走する時の支那軍です。支那の伝統では兵士に給料はなく掠奪が給料の代わりだそうです。人気のある司令官は掠奪を制限しない。そうでなくては兵士が命令を聞かないそうです。従って掠奪強姦殺人放火はこの時が一番激しく起きると云う訳です。南京ではなく別の街の例ですが、この被害をまぬかれるために住民が金銭を出し合って供出し、支那軍の掠奪被害をくい止めた例もあります。強盗に金を渡してこれで帰ってくれと云う状況です。日本軍が警備していた街から命令により移動することになった際、街中の住民達が行かないでくれと嘆願した例もありました。それから数十年後、イラクのサマワに進駐した自衛隊に対して帰らないでほしいと云うイラク住民のデモが起きたことはこれにそっくりではありませんか。兵士となっても日本人は、日本文化という決して脱げない下駄を履いて戦場へ来ているんだなと云う感懐を抱きます。

南京では戦意を捨てない敗残兵が、便衣《べんい》（支那人の日常服）を着て難民区へ逃げ込んだと考えられました。南京市内に捨てられた支那兵の夥しい軍服や兵器から予想が付く訳です。これに対処するため難民区で行なった敗残兵摘出で敵の高級将校や参謀、小型の砲、機関銃、小銃、弾薬もたくさん押収されました。最後まで戦意を捨てない敵部隊が、武器を隠し持ち将校に率いられて、市民を装って潜《ひそ》んでいた訳です。日本軍にとっては一番危険な状況です。戦場で武器を捨てればすぐに俘虜として受け入れられるわけではありません。俘虜になる条件はハーグ陸戦条約に規定されています。

このような情景は、在上海アメリカ領事より米国務長官宛の報告書に記載があり、それを抜粋引用した弁護側証拠に次のように描写されています。

「日本軍は相当数の支那兵を補足したはずであったが実際は少数であった。それは実数は不明ながら数千人の支那兵が軍服を脱いで、常民の服を着て市中に隠れたに違いない。日本軍入城前にも掠奪はあったはずであり、最後の数日は疑いなく人と財産に対する暴行が行なわれた。支那兵が常民服に着替えるにあたって、種々の事件が発生し着物を剥ぎ取るための殺人もあったに違いない。無秩序のなか退却する軍人も市民も、計画的ではなく掠奪したことは確かである。このため在留民間人の間では日本軍が来れば秩序と統制が恢復《かいふく》するであろうと、日本軍を歓迎する気分さえあったと想像される」。

米国人の目に映った南京の状景です。南京在留の白人でさえ支那軍の巻き起こす無秩序から南京市内の秩序回復のため、日本軍の到着を歓迎した訳です。経験によって日本軍と支那軍の性格を知っていた証拠でしょう。この中で数千人の支那兵と兵数に言及している点に注目すれば、先に述べたように日本軍の戦時編成で五、六個大隊の兵力であり、日本軍が治安維持のため南京に残した兵力の約二倍です。

しかし、伊藤弁護人が朗読したこの文書は、速記録には翻訳されなかったと云う発言があります。誰に聞かせたくなかったのでしょうか。

（五一五―二七四―一）　伊藤弁護人、在上海アメリカ領事発米国務長官宛報告書抜粋。

中村粲著『大東亜戦争への道』（展転社）によれば右の米国務長官宛報告書は、南京の米国大使館三等書記官ジョン・アリソンより漢口の米国大使ネルソン・ジョンソンに送った書翰に同封された副領事ジェームス・エスピーの報告でした。

そして検察側はこの報告書の、支那軍の暴虐を記した部分は省略して朗読したため、弁護側は検察側の省いたところを反対証拠として朗読したのでした。検察側はどうしても南京で暴虐が起きたことにして、それを日本軍の犯罪にしたかったのです。

このように行なわれた検察側の証拠隠しのような部分的選択は一種の捏造であり、日本軍による南京虐殺がなかったことを逆に証明しているのではありませんか。

便衣兵とは普通の服を着て民間人の姿をしていて、スキを見ていきなり襲撃してくる敵兵で、支那側が良く使う手段でした。このような攻撃を許せば、敵兵と非戦闘員の区別が付かず、非戦闘員を保護することが出来なくなるためハーグ陸戦条約で禁止しています。従って便衣兵は俘虜になる資格はありません。その場で射殺しても合法です。


許伝音（南京大学及びイリノイ大学卒業、文学博士、紅卍会副会長、南京安全地区国際委員会家屋委員会長）は法廷に於いて、南京の日本軍は自分とマギー牧師に対して自由行動の許可証を発行し、また死体のある場所を紅卍会に連絡し埋葬を依頼したと証言しました。許伝音は自身が副会長を務めていた紅卍会が日本軍から死体の埋葬を請負って、その手数料を貰っていたことは述べていませんが、逆にこの証言は日本軍が虐殺などしなかった証拠となるでしょう。潜在的に敵国人である支那人、米国人などを自由に行動させ、写真撮影を制限せず、加えて日本軍自らが死体の埋葬を依頼したのです。日本軍が死体を隠そうとしなかったのは、死体が戦争による死者であって、隠す理由などない死体であったからです。賃金を支払って埋葬依頼したのは当然でしょう。

「昭和史研究所會報」第十六号及び十七号に、この死体埋葬手数料について、当時南京でそれを担当していた南京特務機関員の丸山進氏の経験談が掲載されています。許伝音が副会長を務める紅卍会は死体埋葬数を水増し請求してきたが、それを知りつつ一体あたり三角（三十銭）支払ったと述べています。この丸山氏の行動は紛れもなく日本人の行動です。日本人であればこのような行動を、ただ支那人に騙された馬鹿な人の行動とは思いません。難民の生活に対する思いやりと感じるでしょう。注意点として紅卍会は死体埋葬数を水増ししていたと云う点です。この紅卍会の埋葬数はどこまで信用できる数字なのか全く不明です。

紅卍会副会長の許伝音とマギーは、カメラを持っていたと証言しました。虐殺死体があれば必ずや撮影したでしょう。許伝音はマギー牧師と共に酷《ひど》い損傷のある死体の写真を撮《と》りましたと証言しているのです。これ以上ないほど有力な虐殺証拠を手に入れたはずではありませんか。これを法廷に提出しなかった理由をマギー牧師も、許伝音も説明していません。さらにもし虐殺があれば写真を撮ったのはこれだけではないはずだと思われます。安全区委員会ラーベ委員長は四十九日間に、一万二千七百五十件の犯罪があったと報告していますから、マギー牧師が写真を撮るのには絶好の状況ではありませんか。カメラを持って自由に歩き回れるのであれば、この事件が起きている現場を目撃し、写真を取ることは可能であり、犯人を写真から判別することも不可能ではないでしょう。

（四―一―三八九―二）　サトン検察官、許伝音証人（出廷して証言）「マギーさんと私はこれらの死骸の写真を撮りました。なんとなればこれらの死体は裸であり、そうして酷い傷を受けていたことがはっきりして居ったからであります」

戦死者の体からすべて剥ぎ取るような仕業は支那の文化です。直近の大規模な事例はその四ヶ月ほど前に勃発した通州事件で、日本人が二百六十人程度（約半数が朝鮮人）が支那人保安隊に虐殺された時にも起きていて、殺人もただ殺すのではなく、如何に苦しませながら殺すかという、相手の苦痛を喜ぶ虐殺手段は支那何千年かの伝統文化でしょう。その証言は裁判速記録に記録されています。

（四—五—一七〇—二）萱島高証人（陸軍中将）、通州に救援のため急行しその虐殺の惨状を証言、ここでは死体三百五十、行方不明二から三百人と証言している。具体的な死体の状況を証言。

（四—五—一七二—一）桂鎮雄証人（陸軍少佐）、写真も提出、右に同じく具体的な死体の状況を証言。

（四—五—一七三—一）桜井文雄証人（支那駐屯軍歩兵第二連隊小隊長）、右に同じく具体的な死体の状況を証言。

南京城内へは日本軍のすぐ後から多数の報道陣が競うように入って来ました。この中には外国の報道機関の記者も居たのですが、死体の山を写した写真はありません。マギー牧師や許伝音がカメラを持って南京市内を歩き回っていたのと時を同じくして、八十数名を南京に送り込んでいた朝日新聞の現地トップ、上海支局次長の橋本登美三郎氏（戦後政治家となり大臣も経験）は南京で昼間は取材し、夜になると各社の記者達とも一ヶ所に集まって一杯やりながら、ワイワイガヤガヤ情報交換していたそうです。そこでも支那人虐殺の話は出たことがなかったと語っています。

万一日本軍による支那人虐殺があれば、記者に銃声が聞こえ、誰かしら写真を撮影出来る条件が揃っている状況にあって、検察側だけが主張する「南京大虐殺」ですが、一人の死体が倒れている面積を二平方メートルとすれば、三十万人では六十万平方メートル、約六十町歩、東京ドーム約十三個分の面積が必要です。その死体写真が一枚もないと云う事実は、最大値で三十四万人という虐殺がなかった決定的な証拠であると考えられます。

検察側がこの「南京大虐殺」はあったと主張するには、許伝音やマギー牧師撮影の写真を法廷に出せばよかったのです。しかし写真を法廷に一枚も出さなかった、または出せなかった。この理由を誰も説明していません。法廷では、マギーさんと一緒に死骸の写真を撮ったと許伝音証人が証言しているのに、弁護側はなぜ反対尋問で追及しなかったのか、今思えば残念です。

その他の南京安全地区委員会の会員もプロテスタント系キリスト教関係者が多いのですが、その中のキリスト教系大学の米国人教授達も伝聞を自分の目で見たかのように証言し、しかも後に偽証だと反論されないように、気を付けて逃げ道を作りつつ、日本を貶める支那のプロパガンダの伝導者となっています。なるほど彼らは偽証罪のある法治国家のインテリです。証言内容をみると、彼らは反日的キリスト教の愛の故に異教徒には嘘をついたのでしょう。多分彼らは米国共産党の隠れ支持者であったと考えられます。

米国では元来キリスト教プロテスタント派が主流で、貧しい上に日本に侵食されている哀れな支那人に、自派キリスト教を伝導し、援助することが使命であるとする宣伝が行なわれ、伝導団体には寄付金がたくさん集まったそうです。これら多くの平和、人権、民主主義を標榜する民間慈善団体などを反日に導いたのはコミンテルンの共産勢力、米国共産党でした。コミンテルン、支那の毛沢東軍閥、蔣介石軍閥、米国共産党、日本共産党はソ連の敵である東の日本と西のドイツを共産革命するために、連携していました。

日本が武力を以て支那を悲惨なほどまで侵略していると大声で宣伝することは、米国人の同情を誘い、寄付金がより多く集まる手段であるため、彼らは新聞、雑誌、などを利用しましたが、共産主義勢力の反日テロ活動や日本人の被害などは伝えず、真実は少数の米国人しか知らなかったようです。

昭和六年（一九三一）から米国外交官として上海副領事を務め、支那の実情をよく知るラルフ・タウンゼントは、帰国後に著作『暗黒大陸中国の真実』を出版しました（田中秀雄、先田賢紀智共訳、芙蓉書房）。この中で支那から酷い目に遭っているのは日本であると主張したため親日派とされて真珠湾攻撃の後一年間獄舎につながれました。米国政府は支那の真実が米国民に伝わることを恐れたのです。真実に従えば助ける対象は日本だと云うことになるからでしょう。こんなことが出来るのは、共産勢力が各種団体を動かし政府を動かしていたからでしょう。

ラルフ・タウンゼントはその他にも、日本が居なければ共産主義がアジアを病気にさせること、また支那人の性格として正直と協調性が全くないこと、誠実そうに見えていてもいざという時に裏切ること、支那人の愛嬌のいいのは騙しの手段であるから、金持ちになるほど貧乏人より騙しの技が上手であること等々、支那人の徹底した利己主義、我欲、他人に対する冷淡さをこれでもかと云う程述べています。日本はこのような相手と誠実に約束を守って騙され、裏切られ、テロに遭った訳です。支那人の性格は三国志演義の時代より何千年経っても不変であることが良く理解できる評論です。

また、当時の南京の状況をマンチェスター・ガーディアン紙記者ティンパーリーが英語で初めて『戦争とは何か』と題して、またスマイスが『南京地区における戦争被害』と題した書籍を出版しました。世界に「南京大虐殺」を広めた最初の英文書物です。日本領事館の福田篤泰氏は、ティンパーリーが結婚することになったので帰国したいと云ったため、骨を折って南京からの脱出を助けたのですが、これは原稿を持出す方便でした。

話は横道ですが、近年、立命館大学北村稔名誉教授によって、この二人の正体が露見しました。二人の出版は、国民党の国際宣伝処処長であった曾虚白の策謀で、支那人が顔を出さず白人が英文で書くことで世界を信用させるとして、金を払って書かせた政治的宣伝のための書物でした。ティンパーリーは中国名では田伯烈と名乗り、盧溝橋事件の後に対外宣伝を行なう国民党中央宣伝部の顧問に任命されていました。要するに国民党のスパイ活動です。このような謀略文書によって松井岩根大将は絞首とされ殺害されました。

（三）兎のマジック

さて、このような有様の東京裁判を近代文明国の裁判であると考えることは、手品に目を眩《くら》まされていることになりますから「裁判」と呼ばないのが良いでしょう。法廷では高柳弁護人がインド人アチャリア・クリバラニ氏の言葉を引用して、この裁判は英国が、帽子からウサギが出る「兎の手品」のような目眩《くら》ましを使って、長年インドを支配して来たのと同じやり方であると述べています。その意味は、検察側は自分に好都合な法律を、あらかじめ裁判という帽子の中に仕込んでおいて、種も仕掛けもない公平な裁判であると云いつつ裁判を進め、公正な裁判の結果このような判決が出たのだと云い、他者にその判決を強制すると云う意味です。これに倣《ならう》なら東京裁判も「兎のマジック・ショー」と呼ばねばなりません。

（二一九―三六九―三）　高柳弁護人、最終弁論総論、兎のマジック。

東京裁判ではシルクハットから日本は侵略戦争犯罪国だというウサギが出ました。しかしあまりに稚拙強引で誰の目にもウサギを仕込んだ手口が見えており、「南京大虐殺」という捏造ウサギを無理やりに帽子に押し込んだ面々も知れ渡っています。

速記録を読むと西欧列強にとっての東京裁判とは、むき出しのコルト・ピースメーカーと同じく、自己の利益を即座簡単に得る方法に過ぎない唯それだけのものです。真実の解明や正義の追求などは無縁です。西欧列強の主張する国際法と軍事力と平和の三角関係です。コストを将来に亙っても安くするため、日本が犯したとする犯罪と証拠の両方を同時に捏造したマジック・ショーが東京裁判でした。このように「南京大虐殺」を見ると、日本側では誰も知らなかったこの事件は昭和十二年の支那事変開始時にはその準備が始まっていたと考えねばなりません。マジック・ショーには種も仕掛けも必要です。

戦後日本を破滅に導くため、日本軍の戦争犯罪をあらかじめ用意しておくための工作組織が南京安全地区委員会であったと考えられます。白人の委員十五名が全員そのために動いたかどうかわかりませんが、少なくとも東京裁判に出廷したジョン・ガレスピー・マギー牧師、南京大学教授ロバート・O・ウィルソン博士、南京大学教授マイナー・シール・ベイツ博士、許伝音、尚徳義、伍長徳、陳福寶、徐節俊、加えて出廷しなかったジェームズ・H・マッカラム宣教師、ジョン・H・D・ラーベ、米キリスト教青年会の国際委員会書記ジョージ・A・フィッチ、天津英国租界警察署長ピーター・ジェー・ローレス、スタンダードオイル会社支配人漢口市在住A・A・ドーランス、米国キリスト教伝道教会南京大学教授ルイス・S・C・スミス、インターナショナル・ニュース・サービス（I・N・S）記者ジョン・ゲッテ等は日本兵の住民に対する残虐な犯罪を出廷或いは口供書提出により証言しています。これらは南京のみではなく天津、漢口、長沙、桂林その他の都市でも大虐殺が行なわれたと云う噂を広めつつ一方では後日の戦犯裁判のための証拠になるような文書を作っていたと思われます。

事後法によって日本を起訴したものの、日本の犯罪を立証できる物的証拠はありませんでしたが、日本に立証責任はありません。口先で強弁するだけで、物的証拠が出せなかったのは連合国側でした。南京で何の物証、傍証、写真などの記録も記憶も残さぬまま、二十から三十万人を虐殺することがどうすれば可能でしょうか。多くの証人が出廷もせず反対尋問も出来ない支那人の証言の中にしか存在しない「南京大虐殺」です。裁判の証拠として南京の官憲が南京市陥落の八年後、東京裁判開始直前に作った調書でも誰一人虐殺の目撃者がおらず、証言する者がなかったので無理に証言を取ったと述べています。これは証言を捏造したという自白ではありませんか。

（三―九―一―一―四）検察側最終論告、南京地方裁判所検事正の報告書、昭和二十一年一月二十日附けでは南京市内とその周辺で日本軍が殺したのはおおよそ二十六万名。

（三―九―一―一―四）南京地方裁判所検事作成の日本人戦争犯罪調査に関する略式報告書、昭和二十一年二月附けでは、少なくとも南京に於いて三十万名が殺された。

殆ど同時に同じ役所で行った調査であるのに、ひと月後には被害者数が約四万も増加している。また日付から見ると右の調査報告書は丸八年以上経てからの調査であり、昭和十二年十二月又は翌年、事件直後に作られた記録はなかったと思われる。記録の必要がなかったのか、それとも記録するような事態がなかったのか。そして南京の官憲報告書作成の経緯を見ると、南京虐殺事件を捏造したカラクリがわかると云うものです。また十五名の反日的白人達のグループ、南京国際安全区委員が日本大使館あてに、全く確認もせず支那人のいう事件をそのまま即座にタイプして報告書を乱発したことが判っています。彼らはこうして後日の日本非難のための材料を仕込んだのでしょう。
（四―一―三八〇―三）　ロバート・O・ウィルソン（一九〇六年南京生れ、南京大学病院外科医師）証言、
日本軍による傷害者を病院で診た。

これ以後南京の検察側証言が開始された。マタイス弁護人は全部が伝聞ではないかと抗議したが、ウェッブ裁判長は異議を却下して、口供書による証言を採用した。

さて、これらと同型なのはその後の米国による占領政策の一環として行われたウオー・ギルト・インフォメーション・プログラムでした。何も知らない日本人に日本軍兵士が残虐極まりない戦争犯罪を行なったと云う刷り込みと共に、罪悪感を持たせる目的の情報操作計画でした。この悪辣極まりないプログラムは、西欧列強がアジアで三百五十年も前から行なってきたように、有色人の土地を支配し、処女以外の男女の皆殺し、強姦、略奪、民族浄化、有色人に対するハンティング・ゲーム等々、残虐行為を行なって来たことを、そっくり日本が行なった犯罪として刷込むものでした。

法廷で、ブレークニ弁護人は「ソ連の十七名の証人は口供書提出の時すでに死亡していた」。と述べて抗議しています。「死人に口なし」ですが、東京裁判では「死人に口供書あり」、死人に証言させ、それを許した裁判です。

また、ブレークニ弁護人は「十六ヶ国から五百四十六通の検察側証人の口供書が提出されている。内訳は米国人が七十六人、オーストラリア人が七十二人、英国人が五十六人、ビルマ人十五人、中国

人十九人、オランダ人六十九人、比島人三十三人、仏国人三十五人、インド人三十人、インド支那人七人、インドネシア人二十六人、日本人三十八人、朝鮮人一人、ポルトガル人四人、露国人五人、南洋島嶼人三人、スイス人一人と数をあげ、しかし出廷しないので反対尋問が出来ない。昨年十一月に証人喚問のためあらゆる便宜を与えると法廷は約束したではないか」と昭和二十二年五月二十九日の法廷で抗議しています。半年以上の放置と云う訳です。

（二―五―五六六―一）ブレークニ弁護人、反対尋問が出来ない。

（六―七―四四五―四）ブレークニ弁護人、「証人の出廷なき場合は証言を無視す」という法廷の裁定に対して、一事不再理に反して検察側は裁定取消の動議を出した。その理由なるものは「今や事情は変化した」であり、その事情変化とは検察側が自己に有利な証拠を提出することを見逃していたのであった。長い異議申し立て。

この昭和二十二年十一月十日から暫くの間、代理裁判長は米国陸軍中将マイロン・C・クレーマーがマッカーサーに依り任命された旨発表あり。辞令日付は十一月七日（金）。

東京裁判を設置させる基となった裁判所条例は、占領軍の長たるマッカーサーが作らせました。そしてマッカーサー以外の根拠をあげていません。この事実は裁判管轄権問題でも、検察側の最終論告の冒頭でも、さらに判決の冒頭に於いてもはっきり述べられています。結局マッカーサー自身が法源でした。

西部劇を思い出して下さい。「ここでは俺が法律だ」とコルト・ピースメーカーを構えている早撃ちガンマンという場面です。連合国側にとって東京裁判の苦労とは、証拠にもならない多くの伝聞を証拠だとして強弁する苦労だったでしょう。裁判所条例は魔女裁判時代へ回帰したかのようです。

（七―八―六二六―三）キーナン検察官、検察側最終論告は第三七一号、昭和二十三年二月二十一日から開始。冒頭、「法律の古い制度より言葉を借りて申しますならば、我々は『門を閉める』時刻に達したのであります」と述べ、次のページでダグラス・マッカーサーがすべてを承認し指示して裁判が運営されたことを述べ、原爆は正当なものであったと述べ、ポツダム宣言は行われるべきだと述べている。

キーナンは、広島の俘虜収容所に約千数百人の米軍兵士が収容されていたにも拘らず、それを知りながら原爆が投下され、味方の原爆の被害者になってしまった米兵のことも正当だと云ったことになります。

（四）日本有罪のため冤は何匹も仕込まれた

裁判三回目のこと、清瀬一郎弁護人はウェッブ裁判長に対して裁判官忌避動議《きひどうぎ》を提出しました。理由はウェッブ氏がオーストラリアの検察官としてニューギニアに於ける日本軍の戦争犯罪調査を行なった経歴があり、その報告書中にはアトロシティー・マーダも含まれていると云う理由でした。しかし裁判官忌避動議は判事達の合議により却下、理由はマッカーサーが指名した判事を忌避出来ないと云うものでした。日本軍の戦争犯罪を調査した検察官、ウェッブ氏が裁判長として指揮を執るのでは、これはもう裁判では無いでしょう。公正、公平さは最大限に疑われることになります。それだけでなく東京裁判では中立国出身の判事は一人もいませんでした。このような細工をしなければ全被告に対して有罪と判決することが出来なかった訳です。多分、この細工がなかったなら判決は逆転し、大東亜戦争の評価も逆転するでしょう。裁判冒頭またそれ以後何度も、弁護側は被告を起訴すべき国際法はどこにも存在しないと指摘し、公訴棄却《こうそききゃく》を主張しました。

（一―一―七―一）清瀬弁護人、裁判官忌避の動議申し立て、文中のインダイトメントは起訴状（indictment）、アトロシティー・マーダは残虐なる故意殺人（atrocity murder）。

弁護側はポツダム宣言に関して、検察側の解釈に異議を申し立てました。ポツダム「宣言」とは云いながら、実質は日本降伏のための「条件」である。その証拠に全部で十三項目ある中の第五項目に「われらの条件は左の如し」と記載して、第六項目から十三項目までは条件の箇条書きとなっている。そして第十項目には「俘虜《ふりょ》虐待を含む一切の戦争犯罪人は処罰される」と記してあるが、この戦争犯罪中の「平和に対する罪」、「人道に対する罪」は過去にも大東亜戦争開始時にもなかった罪である。この裁判の起訴時に突然犯罪とされた。このような事後法による罪で起訴する裁判は、文明国の法の原則に反する故に承認できないと反論しました。

（五－四－四三〇－二）山岡弁護人朗読、「ポツダム」米英支三国宣言、昭和二十年（一九四五）七月二十六日　このページ前後にはカイロ宣言、降伏文書、裁判所条例などあり。

これに対して米国代表キーナン検察官、英国代表コミンズ・カー検察官が、日本は無条件降伏をしたのだから異議を出す権利はないと述べました。この発言は日本に対して連合国が行なった最大の捏造です。占領を征服にすり替えたのはこの時でした。

しかし弁護側も黙ってはいません。昭和二十年（一九四五）七月二十六日のポツダム宣言中の条件を双方が受け入れて条約となり、その結果停戦となった訳であるからポツダム宣言は双方を拘束する。日本政府は条約に含まれている条件に従って降伏をした。よって無条件降伏ではない。条約がすでに実施された後で勝手に内容変更される事態はポツダム条約違反であり、裁判は成立しないと強く抗議しました。

また検察側に座るソ連は、少し遅れて八月八日にポツダム条約追認加入したのですが、日本のポツダム宣言受諾以後も日本を攻撃し、日本の領土を不当に占領したままです。これはポツダム条約違反です。宣言を承認すればその承認国の間では法的拘束力を持つ条約となるわけですから、ソ連もポツダム条約に拘束されるのは当然です。

連合国であれば停戦するのが条約の精神であるところ、ソ連は自身の行動によって実質的に連合国ではないことを表しています。停戦した日本軍を見てチャンスと考え、日本に対して新たな侵略戦争を行なったのはソ連です。北海道を占領すると主張したのですが、米国が承知しませんでした。そのようなソ連が検察側及び判事としてその席にいる裁判が東京裁判でした。

清瀬一郎、ファーネス、ブレークニなどの弁護人が喰い下がって抗議しますが、ウェッブ裁判長はこの件打ち切りと述べました。日本が無条件降伏をしたと云う戦後の嘘はこの場面から始まり、現在に至るも多数の日本人は捏造された日本無条件降伏説を信じています。当時の新聞、ラジオは米兵の犯罪については云うに及ばず、東京裁判に関する記事内容も占領軍は厳重に事前検閲を実施し、問題字句は×××と伏字にするのではなく書き直しをさせていたため、報道検閲があったことも含め国民は知りませんでした。

無条件降伏とは日本軍が降伏するにあたって条件は付けないと云う意味です。もし国の無条件降伏があるとすれば、それはその国が降伏ではなく征服されたことを意味する訳です。その国民は何をされても受け入れる以外なく、一片の権利もなく生命財産までも相手に握られると云うことです。早く云えば奴隷です。

征服された日本は何をされても従う以外の権利がないと云う捏造がなければ、東京裁判は通例の戦争犯罪以外の起訴は出来なかった訳です。そして日本はこの時すでに真面目にも一兵も残さず武装解除をした後でした。

ドイツでは独裁者ヒットラーが自殺してしまった後、誰がドイツ政府を代表して降伏文書に署名するのか不明なまま時は過ぎ、ドイツ軍は国軍一体として降伏出来ないで個々バラバラに降伏し、ついに征服されました。昭和二十年（一九四五）六月五日ドイツ征服の一ヶ月後、連合軍はベルリン宣言を発表し、ドイツの消滅と、ドイツには統一された政府が存在しないため主権は英米仏ソが把握したと宣告しています。これに比べて日本は戦争中と雖《いえど》も帝国議会は開かれ政府も機能していました。

天皇陛下もあらせられ、政府も議会もある。降伏はしても征服はあり得ないことです。無条件降伏したのは日本軍です。その証拠に昭和二十年九月二日米戦艦ミズーリ号上で、日本軍はその所在に拘らず全軍が無条件に降伏すると記した停戦協定に調印したのは、天皇陛下の名代として、政府代表の重光葵《しげみつまもる》外務大臣と大本営代表の参謀総長梅津美治郎《うめづよしじろう》陸軍大将でした。

裁判を実施する基礎となる法が存在しない、と云う弁護側抗議に対してウェッブ裁判長は「後で答える」とだけ宣言して裁判を進めてしまい、二年半も経ってから判決の中で次のような答えらしきものを述べました。

「弁護側の主張した全七項目の国際法、近代法の原則、パリ不戦条約の解釈等は、裁判所条例により却下する。またそれ以外の弁護側主張に関しては、新しい解釈をせずニュルンベルグ裁判の判決を援用した方が良いと云う理由で却下する」。

またしても裁判所条例の登場です。弁護側はどこにも法源がなく突然現れた裁判所条例に依る裁判を無法な行為であるとして、もし合法ならばその根拠を示すべきであると主張しているのに、裁判所条例を肯定する為に裁判所条例を根拠にするとは虚偽虚構以外に付ける名前がありません。

法的根拠がない裁判と云われたら即座に根拠を示さない限り法廷ではありません。この時点で東京裁判は裁判でないことを自から証明しました。従って死刑とされて殺害された七名の日本政府高官達は判事と検事によって虐殺された訳です。虐殺は南京でなく東京裁判で行なわれました。

この裁判という手段で日本を侵略国であると主張するために、連合国はまず国際法を無視しました。次いで近代法の原則である罪刑法定原則、一事不再理原則、事後法禁止、伝聞証拠禁止などを無視しました。さらに加えてパリ不戦条約の解釈は連合国に都合の良い解釈を強行するため、この解釈を日本側にさせてはならじと却下しました。これは連合国側が侵略罪という事後法を新設し、日本に適用するためでした。連合国は自国内では到底不可能な不法なやりかたを東京では行なったことを記憶しておくべきでしょう。こうして東京裁判は、兎のマジック・ショー「世界秩序は今まで通り、白人は強いぞ、正義だぞ」「有色人種は征服したぞ、白人はゴッドだ、平和だぞ」を上演する劇場となりました。

そして東京裁判にニュルンベルグ裁判の判決を援用する決定は、日本をドイツ同様に征服したことにしてポツダム条約を無視し、征服裁判を続行するための措置でしょう。

さらに日本国憲法を一週間で制定したことも、征服を前提にしなければ出てこない発想でしょう。この時白人による地球規模の有色人征服は一時的に完成したかに見えました。ウェッブ裁判長の「後で答える」とは「うるさい、ここでは俺が法律だ」とコルト・ピースメーカーを構えた場面です。

（一―一―二九―二）　第七号、昭和二十一年五月十七日の法廷、すべての被告に関する裁判管轄権が無いとする申し立ては総て却下されました。その理由は将来宣告いたします。弁護側に他に申し立てが無ければ起訴状は其の儘にしておきます。これにて休廷し開廷は追って通知します。この日、第七回目の法廷は十時五分開廷、十時十分閉廷、僅か五分でした。

（八―一〇―五九〇―一）から（八―一〇―五九一―二）昭和二十三年十一月四日。判決、A部第二章、法（イ）本裁判所の管轄権。ここで弁護側が昭和二十一年五月三日に要求した裁判棄却の動議に対する却下の理由をのべている。

右に引用した判決言い渡しのなかで、裁判棄却動議を却下した理由を、動議を却下した時点ではまだ存在しなかったニュルンベルグ裁判の意見を採用すると述べたことで時間が逆転してしまいました。東京裁判の根拠が無かったことを明らかにしてしまった発言でしょう。動議を却下した時に存在しなかったものを根拠にして二年半後に却下を正当化したのです〈ニュルンベルグ裁判は昭和二十年〈一九四五〉十一月二十日から一昭和二十一年〈一九四六〉十月一日まで〉。

二年半もかけて却下理由を探していたにしては、ここで述べている理由はただの強弁です。判決は日本を裁判することが正しいと一生懸命述べているのだが、その同じ理由で連合国の元首を含む政府高官達は有罪になるでしょう。とにかく何でもいいから日本が悪かったと云う理由無き理由がその理由でした。

戦争が終わって一年足らず、まだ東京は焼野が原でした。日本の敵国であった米国人でありながら、スミス弁護人は東京裁判には法的根拠が無いと執拗に追及しました。頭にきたに違いないウェッブ裁判長は、何度目かのスミス弁護人の発言の言葉尻を捕えて、法の存在問題を裁判長に対する侮辱問題、法廷侮辱罪にすり替えて謝罪を強要し、さらに謝罪の理由がないと拒否するスミス弁護人の資格を剥奪し、強権を発動して昭和二十二年九月五日、法廷から追放しました。この間スミス弁護人はウェッブ裁判長と半年間戦いました。このウェッブ対スミスの戦いは法でないものを法であると云う連合国の虚偽に対する戦いでした。コルト・ピースメーカーはここで一発発射されました。

このことは逆にウェッブ以下の連合国側が、東京裁判には法的根拠がない事実を熟知していたことを示しています。どうにも云いくるめることが出来ないような問題を追及されて、答えに窮するとウェッブは度々「この件は打ち切る」また「議論は終わりだ」などと云って弁護側の異議反論を封じ込めています。

また米国人の弁護人から核心を突いた反論を受けて苦し紛れのウェッブ裁判長は、弁護人は米国の軍服を着ているにも拘《かかわ》らず、日本のために弁護するのは祖国に対する裏切りではないかと云わんばかりの発言を行なっています。

では逆に日本の戦争犯罪を調査していた検察官の経歴がありながら、中立であるべき裁判の判事を務めるのは判事の中立性に対する裏切りではありませんか。ウェッブ裁判長は法的根拠を明確にするか、または「法なきところ罪なし」の原則に従って起訴を却下すべきでした。

ウェッブがどちらの方法も採用しなかった、出来なかったことは、東京裁判が「裁判」を騙《かた》る別のものであったことを示しています。それ故にスミス弁護人の法廷での発言を封じるためには追放以外なかったのです。


（一—四—二八二—四）スミス弁護人、不当審理の動議申立。

（一—四—三四七—三）ウェッブ裁判長、全部去年の五月に提出済みの問題だ。

（四—四—五二五—三）スミス弁護人とウェッブ裁判長の対決、法廷の不当な干渉という言葉を撤回しなければスミス弁護人は退廷と宣告。

（二—六—四九二—一）スミス弁護人、その理由が無い、発言撤回を拒否、辞任。

（二—九—三五七—一）高柳弁護人、最終弁論総論（甲）「戦争犯罪」。

（二—九—三五九—一）高柳弁護人、事後処罰は裁判の仮面をかぶった私刑である。

東京裁判とは別に所謂B級（犯罪の命令、示唆《しさ》）、C級裁判（犯罪の実行）と呼ばれ、通常の戦争犯罪を裁いた軍事裁判が、横浜裁判を含めアジア各地の四十九ヶ所で開かれ約千百名が死刑判決という名で殺害されました。このA、B、Cの分類は米軍の新聞「スターズ・アンド・ストライプス」紙が裁判の区分として報道して広まったものと云われています。新聞記事中の区別のための記号であり、A、B、C級戦犯などという犯罪は存在しません。

そのB級裁判の一つマニラ法廷で、第二十五軍司令官山下奉文《やましたともゆき》将軍の死刑判決に関して米国代表マーフィー判事は次のように述べています。

「少なくとも自分の知っている限りに於いては、あらゆる歴史又は国際法には敗北した部隊の降伏した指揮官に対するかかる告発を正当化するものは何一つないのである。戦勝部隊（米軍）によって作り出された（日本軍の）無能な混乱を口実として、敗北軍の将校（山下将軍）を断罪するための主要な基準を定めることは、正義または軍事的現実とはおよそ似ても似つかぬものである」（マーフィー判事発言の引用文中、丸カッコ内は意味を明瞭にするために筆者が挿入）。

（六一一〇一二四一二）コール弁護人、武藤章最終弁護、マニラ法廷に於ける少数意見、マーフィー判事の言葉の引用部分。

もしマニラ法廷が正義の実現であるならば、バターン半島で部下の兵士を置き去りにして逃げたマッカーサー将軍も「バターン死の行進」と呼ばれる無能な混乱の犯罪事実で、被告とならねばならない訳です。結局、日本軍は降伏したことだけが悪かったと云われる所以《ゆえん》です。

逆にこの「東京裁判」で証明されたことは、正義と平和は全て軍事力に変換が出来ると云う簡単な事実です。「力が正義」と云う公式の答えが「平和」です。従って力がなくなると平和が枯れ、戦争が芽を出す訳です。コルト社のピースメーカーという拳銃の名はなかなか含蓄《がんちく》深い命名ではありませんか。当時、日本が原子爆弾を一発でも持っていれば米国は報復を恐れて使用しなかったでしょう。フランスの戦略家アンドレ・ボーフル将軍、そして英国の元首相サッチャーも述べたように、核爆弾は現代のピースメーカーです。

（五）ＤＶＤ『東京裁判』映像記録

「裁判」の過程は速記と映画によって記録されました。

言語的障壁が高い中で、日本語は裁判公式言語の一つであり、法廷内の発言はＩＢＭ製の機械を使用して日英仏露語に同時通訳されたはずです。はずというのは、仏ベルナール判事は翻訳官が仏文に翻訳した文章を二日遅れで読んでいたと、蘭レーリンク判事が述べているからです。

さて、速記録は発言を日本語で記録したものですから、外国語による発言で翻訳されなかった部分は記録されていません。しかし裁判の過程は米国側により映画撮影され保管されており、その一部を複製編集したものが講談社から二枚組ＤＶＤ、上映時間四時間三十七分、日本語字幕付き映画『東京裁判』として出版されています。

この記録映画があるため、日本語速記録では単に「以後通訳なし」と記述されている部分も映画には音声が記録されており、この結果として図らずも「裁判」の素性までが記録されていたことが解ります。

（一―一―二―四）以下通訳なし、昭和二十一年五月十四日、裁判開始五日目。

DVDによればこの日、「以後通訳なし」として日本語速記されなかったブレークニ弁護人の発言の要旨は次のようなものでした。

戦争は犯罪ではない。戦争の開始並びに戦時に於ける国家の取るべき行動に関する国際法の存在は戦争を前提としているではないか。これ自体が戦争は合法であることの証拠である。さらにもし戦争が犯罪であるなら原爆を使用した者を、犯罪者として裁くべきである。計画した者、命令した者、実行したその者達の名前もわかっている。しかもこの裁判はその者達が行なっている。その者達は、自分が罪を犯していると知りつつそれを行なったのではない。なぜなら戦争は犯罪ではないと認識していたからである。しかし一方で日本の行なった戦争は犯罪であるとして裁判を行なっている。これは大きな矛盾ではないかと云う発言でした。記録映画にはこの声が残されています。この部分はなぜ通訳なしだったのでしょうか。

（三―八―六二六―四）米国代表キーナン検察官、検察側最終論告、原子爆弾の使用は正当だ、まだ不十分なくらいだ。

裁判所は自分が決めた規則を日本には適用し、自分については無視したまま進行し、原爆を正当として判決に至りました。連合国、特に米国にとって広島、長崎への原爆投下による非戦闘員の大量殺戮は正当であり、まだ不十分なのでした。これによって核兵器はいつかまた使用されることが運命付けられました。さらにこの場面で「極東国際軍事裁判」は約半世紀前から通用して来た国際法を紙屑にして、非戦闘員の保護はしなくても良い、非戦闘員の大量殺戮は正当であると認めた訳です。広島俘虜収容所の米軍兵士千数百名を原爆被害者にしたのも宜《むべ》なるかな。

さて、このように考えると問題が四つ生じます。

一つ目は、捏造された所謂《いわゆる》「南京大虐殺」が同じ法廷で裁判され、松井岩根《いわね》大将は南京市の非戦闘員の大量殺戮で死刑判決を受けました。しかし、この判決より先に松井大将に適用した国際法を検察側自身が否定してしまいました。判事達がこの矛盾に気付かなかったとはあり得ないでしょう。まるで広島長崎の原爆投下は非戦闘員の虐殺ではなかったかのように、広島長崎を正当としながら、南京では松井石根大将を死刑に処した訳です。同じ行為を白人が行なった場合は許し、有色人が行なった場合には犯罪として許さないことになります。さらに南京ではその犯罪事実と証拠が捏造であったとなれば、連合国の出鱈目です。裁判を実行した者達が共同謀議し、日本人を虐殺したと云えます。人道に対する罪を犯したのは連合国側ではありませんか。

二つ目として、核兵器廃絶を叫ぶ人々は、広島、長崎への原爆投下を正当だと主張する東京裁判判決を認めるのか、否定するのかどちらを選択するのでしょう。答えが要求されます。核兵器反対運動と東京裁判否定は同時に同じバスケットに入れなければ、二重規範となって意味をなしませんが何と答えるのでしょうか。

三つ目に、東京裁判判決を以て日本を非難する人物は、核兵器使用を含め非戦闘員の大量殺戮をも正当とすることになりますが、これには何と答えるのでしょう。

（六）三つ目の戦争は東京裁判

映画を残したのは連合国の失敗でした。裁判の記録映画は日本の犯罪を判決として確定するための全過程を記録し、日本人は野蛮人であると云うことを後世に残し、翻《ひるがえ》って連合諸国は最初から正義の天使であったことを宣伝し歴史に特筆大書するため、記録映画まで撮影していたのでしょう。連合国にとっては、日本に平和に対する罪を負わせて葬り去り、同時に自分達は正義の側に回り、従来通りに白人優先主義と植民地の継続維持を図る名案でした。裁判では日本の行動が罪であるとして起訴されていますが、皮肉にも起訴された行動の原因を追究し遡《さかのぼ》って行きますと、西欧列強の強欲《ごうよく》なアジア侵略と、それを拒否するアジアの有色人種の自衛であったことが、誰の目にも見えてしまいます。

東洋史の研究者ヘレン・ミアーズ女史はＧＨＱ（連合国総司令部）の一員として来日し、昭和二十三年に『アメリカの鏡・日本』を出版しました。この著作は日本の行動に公平な光を当てて理解しようとしており、日本の云い分をよく代弁しています。アメリカは十分に物資豊富なため貿易は余ったものを輸出すればよい国であるが、日本は小面積で人口が多く、生活必需品のためにさえ貿易が必要な国である。そのために貿易に関する周囲の障壁を排除しようとしたのであった。また日本の行なったことは米国と同類であり、これを裁判する意味が分からないと述べています。マッカーサーはこの日本語翻訳本を出版禁止にしました。女史も日本古来の文化については多くを知らない西欧人なるが故に誤解があります。日本はアメリカと同じことをしたのではなく、アメリカを含む西欧列強、白人の文化とは逆のことを実行したのでした。

裁判進行、証人や証拠の採否も、西欧列強の都合と思惑により実行され、証拠の採用は判事の多数決で有効だと判断すれば証拠価値ありとする規定でした。十一名の判事が全員集合して打ち合わせするようなことは一度もなく、多くの決定は七対四の多数決であったとウェッブ裁判長自身が法廷で述べました。またオランダ代表判事のレーリンク（昭和六十年死亡）は『東京裁判とその後』（中公文庫）で、国際法学者で国連でも活躍したカッセーゼのインタビューに応えて同じことを述べ、また七名とは英、米、中、ソ、フィリピン、ニュージーランド、カナダの七ヶ国代表であったことも明らかにしています。

さらにレーリンク氏はキーナン首席検事が酒に酔って法廷に来ているという噂であったこと、ニュルンベルク裁判では総ての被告がヒットラーと距離を置こうと努力し自分が助かろうとして弁護した。しかし東京裁判ではその逆で、日本人は自分のことは敗北した者の運命と諦め、しかしアジアを解放し世界を変えるために行動したと弁護した、と述べています。また二年以上も法廷で向かい側の日本人被告達を見ていたが、一人として卑怯な振る舞いはなく信念に裏打ちされて威厳を持ち、頭の良い人々で、特に東條英機被告は頭が良いと思った、被告達は日本人から見れば尊敬されて当然と云う人々であっただろうと述べています。日本文化はオランダ人にも理解者を得たわけです。

さらにレーリンク氏は、日本政府が取った政策は平和的手段でアジア人のアジアを作ろうとするもので、それは植民地独立を認め促進するものであった、広田弘毅の示したこの日本の方針は広田自身を絞首刑に追いやった原因の一つであったが、この政策方針はそれから十五年後には国際連合の方針となった、昭和三十五年（一九六〇）十二月の「植民地独立付与宣言」と同じ内容だと述べています。そしてこの宣言により植民地所有は違法とされ、のちには犯罪的と看做される様になった。四半世紀も経たぬうちに国連自身が死刑にされた広田の行動と同じことをしようとした、まさにそのことをしようとしたのだ、と述べています。これでは東京裁判判決が後追い自殺をさせられたようなものだとお感じになるでしょう。

さらにレーリンクは、判事達は老齢者が多く法的実務経験は国内法の中で積んでおり、国内法と国際法の差が分からない人が多かったとも述べています。この「植民地独立付与宣言」決議は賛成八十九、反対は無く、英、米、仏、西、豪、ポルトガル、ベルギー、南アフリカ、ドミニカ共和国の九ヶ国は棄権しました。

東京裁判を文明の裁き、正義の実現であったと評価することの誤りは、ここに見事に表明されているではありませんか。世界に先駆けて人類の進むべき正しい方向を示したのは大日本帝国国民とその政府だったことになります。日本は悪事を働いた、反省せよという執拗な政治的宣伝をしているのは中華人民共和国と朝鮮半島の国ですが、それは連合国側に向かって云うべき科白《せりふ》ではありませんか。

連合国は植民地を開放しようとした日本を、平和に対する罪を犯したとして全員有罪、そのうち七名を殺害しました。しかし死刑判決の十五年後に、国際連合が植民地独立附与を宣言した訳です。日本に先見性があったと云うより、大東亜戦争以前の世界が西欧列強の歪んだ欲望によって極度に支配されていたと云う訳です。日本はこれを普通に戻そうとしたのです。

四番目の問題がここに生じます。こうなると人種差別と「人道に対する罪」との関係はどうなるでしょう。レーリンク氏によれば、米国代表キーナン首席検事は日本が他民族に対して殺戮、奴隷化、強制的移送、政治的あるいは人種的迫害など人道に対する罪を犯した故に、国際法により裁くとしたのだが、この罪に対する被告は日本以外にふさわしい国がたくさんあった、キーナン検察官はこの罪を日本にだけ適用しようとして四苦八苦したが、結局余りに狡《こす》い二重規範であるので適用は出来なかった。こうして米国の目論見は自国内で行っている黒人差別のために引っ込めざるを得なかった、と述べています。

もし人種的迫害を理由にして日本を国際法で裁くことが可能であるならば、米国にも適用されねばなりません。こうなった場合には米国内の黒人に対する差別問題が表面に出るでしょう。黒人達は米国版東京裁判を起こし「人道に対する罪」で米国政府を起訴することが可能になります。キーナン検察官はこの米国内の矛盾の表面化から逃げましたが、東京裁判を肯定する人はこれに関してどう答えるのでしょう。

東京裁判では判事と検事は全て連合国側から選任され、中立国出身の人物は唯の一人もいませんでした。しかし中で異質な関係者と云うべきなのは、フィリピン代表のペドロ・ロペス検察官です。彼が第一号法廷に出席した昭和二十一年（一九四六）五月三日は、まだフィリピンはアメリカの植民地でした。最後の独立（三回目）をしたのは昭和二十一年（一九四六）七月四日です。何故かアメリカの独立記念日と同じ日になっています。

二人目は、裁判開始の五月三日より少し遅れて、五月十七日に着任したインド代表のパル判事です。そして三人目は裁判開始の冒頭で数日中に到着されますと紹介された、インド代表ゴビンダ・メノン検察官で、六月三日の裁判からは出席者の中に名前があります（第一巻、三十一頁、二段及び三段）。

この二人のインド人は英国の思惑で参加させたものでしょう。当時インドはまだ英国の植民地であって独立国ではありません。インドの独立記念日は昭和二十二年（一九四七）八月十五日、東京裁判が半分終わった頃でした。

当時はインド、フィリッピンともに独立国家の代表とは云えない時期でしたが、インドとフィリピン出身の判事及び検察官を、その任に当てた英米の思惑は、大東亜戦争が目的とした人種差別撤廃、人種の平等獲得と云う側面を覆い隠すためでしょう。つまり白人との人種戦争、民族戦争、宗教戦争、植民地独立戦争と云う側面を隠し、侵略者は日本で、被害者は西欧列強であったと云う構図を演出する目的で、現地住民の被害者代表として彼らを参加させたのでしょう。

また中華民国代表の梅汝敖《ばいじょごう》判事、向哲濬《こうてつしゅん》検察官ですが、当時の支那大陸は国民党と共産党が内戦していた時期であり、支那大陸には国家が成立しておらず、存在していたのは軍閥です。正式な代表なのか疑わしい二人です。それでも中華民国が代表となっていたのはＡＢＣＤ包囲陣の名残でしょう。東京裁判法廷では米ソが冷戦を戦いながら支那国内では米ソの代理戦争のような熱い内戦が継続しており、結局東京裁判終了の一年後に勝利したのは毛沢東の中国共産党政権です。梅汝敖は共産党のスパイと云われていましたが、裁判が終わるや中国共産党へ寝返り出世しました。一方の蔣介石は台湾へ逃げ込んで台湾人を支配し、中華民国と名乗りました。フィリピンは米国Ａ、インドは英国Ｂ、国民党はＡとくくれば、これは結局ＡＢＣＤ国のうち英米の発言権の増強策と云う訳です。しかしインド、フィリピン、支那以外のアジア人は、何故裁判に参加しなかったのでしょう、或いは出来なかったのでしょう。この疑問は東京裁判及び大東亜戦争を理解する時、便利且つ重要な補助線です。

さて連合国は無罪の判決は出すつもりが始めからなかったと考えて間違いありません。裁判は日本を有罪と決めつけるための儀式なのですから、真実は重要ではありません。証拠により真実を究明するより、連合国側が、中でもＡ、Ｂ、Ｃ、Ｄ四ヶ国が被害者であると云う印象を醸し出せることはひと欠けらでも、時には意味をひっくり返しに付け替えしても、証拠として採用したのでした。証拠が多ければ刑量を重く出来ると云う寸法です。西欧列強にとって単に日本への復讐以上にこの裁判の重要性は、白人優先の価値観、歴史観、宗教観を以て有色人支配を維持することでした。すなわち白人のゴッド化を継続することでした。

もし日本を有罪に出来なければ、世界の価値観は日本の主張するものと置き換えられるかもしれないと云う恐怖があったのでしょう。大東亜戦争はアジアの国々の自主独立をかけたものでしたが、もう一方では価値観独立もかけた戦争でした。

この三つ目の東京裁判戦争に於いて連合国は目的を達成出来ませんでした。日本が勝利したと云うことは、裁判が終了してから六十九年も経ってみるとますます明白です。

(七) アジア人の起訴状となっている東京裁判

さて日本の敵国側でのみ構成された判事達が採用した、換言すれば否定することが出来なかった証拠の中には、弁護側、検察側を問わず日本に有利な証拠や記述、発言がたくさんあります。これを補助線として考えると、「判決」は完全に逆転し、西欧列強がアジアでして来たことへの「起訴状」になってしまうことに気付きます。見直せば東京裁判は当初の検察側の目論見とは反対に、アジアから西欧列強に対する起訴状としての力を発揮してしまった訳です。

従って東京裁判は同時進行する二つの裁判で構成される二重構造になっています。発言されず、記録されなかったにも拘らず、その裏側にはアジア人としての、また日本人としての云い分による裁判が進行されていた訳です。東京裁判に光を当てて透かして見ると、写し出されるアジアの影法師が無言の裁判を演じます。

この無言劇の被告は西欧列強であり、原告はアジアです。大東亜戦争を考える時には、必然的に戦場となった広汎なアジア住人の物語を聞かねば、その世界史的意味を知ることは出来ません。東京裁判速記録の行間に影法師の告訴が記録されています。影法師をよく見てその無言を聞かねばなりません。

多くのアジア人が悲惨な体験をしましたが、悲惨な境遇から幸福を育てたのであれば頑張ったアジア人が偉いのです。有色人種は諦めず、何度も失敗し何度も立ち上がり、最後の戦いに勝利して今日があるのですから、大東亜戦争を否定するならばアジア、アフリカ諸国の独立、米国内の黒人差別撤廃も否定するのでしょうか。

東京裁判の検察側発言を見ると、大東亜戦争までのアジアの状況が正直に明確に表れています。特に米タブナー検察官、蘭ムルダー検察官、英コミンズ・カー検察官らは、西太平洋の支配権は西欧列強にある。それを横取りして利益を得ようとした日本は、それら独立してもいない国に傀儡政権を作り、白人を痛めつけただけだと云うことを何度も主張しています。

アジア人の立場からこれを見れば、検察側の云い分は、アジア地域にある植民領土は昔から自分達のものだ。独立勢力は西欧列強への反乱だとして弾圧せねばならない。植民地は永久に維持し続け、そこから得られる利益は手放さないぞ、と云うことになります。

検察側の発言はアジアの有色人の置かれた現状を説明する言葉になっています。ひっくり返せばアジア有色人から西欧列強に対する起訴状となっています。これが今から七十年ほど前の西太平洋の実情でした。

宇宙から撮った地球の写真には国境線はありませんが、地球儀は色分けされ、線が引かれて国境が記されています。実線、点線、丸印などに意味を与えているのは人間の歴史です。歴史が形となっています。アジアの国境線をアジア人に関係なく、陣取りゲームのように引いたのは西欧列強です。検察側はその過去の成果にアジア住民から異議が出ていることに目を閉じています。この両者の戦場が東京裁判でした。

東京裁判という兎のマジック・ショーで日本国首脳七名を他の有色人種への見せしめのように殺して見せ、強権を以てマスコミにこれを宣伝させ、アジアと日本の連帯を謳《うた》った書籍は七千七百種以上も集めて紙パルプに溶かし、歴史を抹消しようとしました。これを行なったのは自由と人権を宣伝する米国であったことを忘れてはなりません。

櫻井よしこ著『ＧＨＱ作成の情報操作書「真相箱」の呪縛を解く―戦後日本人の歴史観はこうして歪められた』（小学館文庫）によれば、国民向けに昭和二十年十二月から始められたＮＨＫラジオ番組「真相はかうだ」は、その後「真相箱」などと名を変え昭和二十三年一月まで続けられました。この番組で日本人は初めて聞く「南京大虐殺」が日本軍の仕業と云う捏造宣伝で洗脳された訳です。

こうして理由なき「日本人は悪人だ感」、「アジアに申し訳ない感」、「世界に頭が上がらぬ感」を醸《かも》し出し、「原爆を落とされても致し方ない感」「過ちは二度と致しません感」、軍部と一般国民の反目を作り、「軍部横暴、国民は知らされていなかった」「軍隊は悪だ、軍事力は悪だ感」を作り出しました。これでは軍をトカゲの尾にして国民が逃げるようなものです。同じ日本人じゃないかという一体感は破壊され、目先の利益に引きずられる劣化精神を吹き込まれ、とことん個人を強調し自分さえ良ければよい風潮になりました。「軍備反対、九条守れ」の反日平和カルト集団はこうして出来たと思われますが、もちろんこういった風潮をマスコミを使用して作り出し、最大限利用して日本衰退、滅亡を画策したのは日本国内と周辺の共産勢力でしょう。

さて、さらに同型なのは最近始まった「従軍慰安婦二十万人強制連行」です。これを反日の共通目標として利用しているのは大韓民国の反国家勢力であり、これと連携した中国と米国のリベラル共産勢力です。先に六十九ページでブランドン・パーマーの著書を引用したように、戦争中から朝鮮の反日勢力は、日本軍が女子挺身隊の名目で集めた女性を慰安婦にしているなどと、反日デマを拡散させることにある程度成功していました。日韓離反の目的です。この反日勢力は李承晩を中心に三百人程度が上海で作った亡命政府と称する組織であったと云う説があります。いまだ日本叩き工作に利用されています。

現在の米国民は大東亜戦争をどう見ているかに関して、江崎道朗著『コミンテルンとルーズヴェルトの時限爆弾』（展転社）によれば、米国の有権者の約一割を占める、草の根保守団体の会長として有名なシュラーフリー女史は、ハミルトン・フィッシュ上院議員の意見には賛成と述べ、ルーズベルト大統領が工作をして日本に真珠湾攻撃を促したことを理解してくれていると云うことです。

右をまとめればアジア各国の独立戦争は、「第二次大東亜戦争」として東京裁判と並行して行なわれ、加えて日本は三つ目の戦争として東京裁判の戦場を強要されましたが、圧倒的な不利のなか約三年間諦めず頑張り続けました。

第一次及び第二次大東亜戦争と東京裁判戦争は、大東亜戦争の三つの局面として切れ目なく連携し継続しています。三つの戦争に於いても日本の勝利を確実にするため、いまだ続いている東京裁判史観すなはち連合国による日本人洗脳を完全に破ることが、大東亜戦争の勝利の最後の要点です。第四部の（一）に記しましたが、その鍵は大東亜戦争の戦場となったアジア諸国人の云い分を聞くことにあります。

五　日本国憲法と東京裁判の不倶戴天

（一）東京裁判の法源

東京裁判は、昭和二十一年一月十九日、マッカーサー連合軍最高司令官の命令により始まり「極東国際軍事裁判所設置条例」が発せられてより、昭和二十三年十二月二十三日に七名が絞首により殺害されるまで、約三年掛ってこの条例を基準として行なわれました。東京裁判開催の法源はこれ以外に示されていません。判決に置いても冒頭部分で再度条例について述べています。

（五―四―四三〇―二）山岡弁護人、「ポツダム」米英支三国宣言、昭和二十年（一九四五）七月二十六日。

（五―四―四三二―四）山岡弁護人朗読、特別宣言書　極東国際軍事裁判所の設置。

この中に日本はポツダムに於ける降伏条件を受諾した故に、ダグラス・マッカーサーに付与された権限に因り、極東国際軍事裁判所を設置するものであるとして連合国最高司令官ダグラス・マッカーサーの署名あり。

（八―一〇―五八七―一）判決文冒頭部分、裁判所設置はカイロ宣言、ポツダム宣言、降伏文書、モスコー会議を踏まえてマッカーサーが決定した。

パル判事は個別判決書の中で、宣言はどれだけなされようと国際法にはならないと述べています。

昭和二十一年四月二十九日起訴（昭和天皇誕生日）、五月三日開廷（一年後の昭和憲法発効日）、判決言い渡しは昭和二十三年十一月四日〜十二日、弁護側控訴は米国が受け入れず、昭和二十三年（一九四八）十二月二十三日（当時の皇太子殿下誕生日）に連合国は、土肥原賢二、広田弘毅、板垣征四郎、木村兵太郎、松井石根、武藤章、東條英機の七名を殺害し、これで東京裁判と云う兎のマジック・ショーは終りました。マッカーサーの作った裁判所条例は巣鴨監獄（スガモ・プリズン）の片隅に七つの「黄色いストレンジ・フルーツ」の実をつけたことで役目を終えました。その場所は巣鴨監獄の跡地に出来たサンシャインビルに隣接した東池袋中央公園の一角で、記念碑が建てられています。

話は横道にそれますが、七名の遺体は秘密裡に横浜へ運ばれて火葬され、一片の遺骨さえ家族へ返されることなく太平洋に捨てられたと云われています。敵軍の将とはいえ国家首脳であった人々の遺体も返さない米国の行為は、人道礼節をわきまえぬ野蛮人の行為と云わざるを得ません。相手が白人ならこのようなことはしないでしょう。東京裁判で終身刑とされ獄中で死亡された小磯國昭被告を弁護した三文字正平弁護人は、火葬を察知し、横浜で秘密裡に焼かれた七名の僅かに残った遺灰を一度目の失敗にも諦めず、米兵の目を盗み決死の覚悟で拾い集め、熱海市伊豆山にある興亜観音の傍らに隠しました。興亜観音は松井石根大将が建立《こんりゅう》したもので、東洋平和を願い日支双方の戦死者慰霊のため支那の土も練りこんで作られました。有志の手によってしばらくの間、ここに隠されていた遺灰は昭和二十七年のサンフランシスコ講和条約成立の後、有志によって愛知県幡《は》豆《ず》郡《ぐん》の三ヶ根山に「殉国七士廟」が建立されて、やっと正式に祀《まつ》られました。

（二）英文で書かれた日本国憲法の矛盾

さて、まだ占領下であり東京裁判審理開始の一周年目である昭和二十二年五月三日は日本国憲法が施行された日でした。マッカーサーは日本国の憲法を二十一人の部下に一週間そこそこで作らせ、東京裁判開廷の一周年記念日に合わせて施行しました。形式的には日本の帝国議会が審議し決議した形ですが、実質は「銃剣憲法」であって、銃剣の下に脅迫され変更を許されず承認する自由だけが自由であった憲法です。このように被占領国の法を変更することはハーグ陸戦条約違反です。昭和二十一年（一九四六）二月十三日、日本の憲法改正委員長松本烝治国務大臣に対してＧＨＱ民政局長のホイットニー将軍及び同次長のケーディス大佐などが、彼らが作った憲法の採用を迫り、日本側は日本案を出すなどしたが抵抗しきれず、三月六日にＧＨＱ案が「憲法改正草案要綱」として国会に提示されました。この八ヶ月後の十一月三日には議決され、昭和二十二年五月三日には施行と云う速さです。一説には採用を拒否すれば、天皇陛下の御身上を保障し難いと脅迫があったと云われています。彼らは共産主義者で、この当時のＧＨＱ内部には相当数の共産主義者がいたようです。少し特異なのはハーバート・ノーマンです。日本生まれのカナダ人で日本人の友人も多く日本研究家と云われ、ＧＨＱの一員として招請されて来日しました。ＧＨＱ内では熱心に日本共産党の擁護を行ない、共産主義者の法学者鈴木安蔵と共に昭和憲法草案を作り、その一部は条文になっていると云われています。このノーマンが共産主義者になったのは米国のハーバード大学でソ連共産党のスパイであったハリー・ホワイトの授業を受けていたからだと云われています。同大学へ留学していた日本人達も帰国後に共産主義擁護の学者、評論家、ジャーナリストになり、有名人になった者も多い訳です。

日本国憲法の原文が英文であったと云うのはブラックジョークですが、それがソ連共産党の謀略の結果となれば、どれほど深い暗闇ジョークでしょう。日本国憲法の正体は、他国による日本征服のために書かれた計画書になっています。敗戦後の混乱期に武装放棄したのは、まことにソ連に都合が良い訳です。ソ連共産党の望んだ「敗戦革命」計画の通りの展開です。

先にも述べたようにこの時期は日本が占領され、ＧＨＱが日本の国会より上位の最高の専制権力を持っていた時期、ラジオ局支配によるやらせ番組の放送を行ない、全ての出版物を事前検閲していた時期、当時の朝日新聞が原爆投下は米軍の戦争犯罪だとする記事、及び日本人の戦争犯罪に関して米軍が証拠を捏造していると推量させる記事、この二つによって二日間も新聞発行を禁止された時期、過去の書籍などで連合国に都合の悪いものを七千七百種類もかき集めて古紙パルプにしていた時期、新憲法にＧＨＱが関与していたことを秘密にし報道禁止としていた時期、ＧＨＱの政策を批判的に報道することを禁止していた時期、東京裁判の批判的報道も禁止していた時期、個人の手紙さえ郵便局に数万人といわれる検閲官を配置して開封し、内容を検閲するほどの大規模な検閲など、通信書の自由がない時期、右のような占領政策が行なわれていた時期に日本国民の主権の発動である日本国憲法制定だけが自由になされ、自由な国会審議のうえ決定され施行されたとは嘘でしょう。昭和憲法は日本最大の矛盾と呼び変えてもよいでしょう。

むかし楚国《そのくに》の商人が、どんな盾でも突き通す矛《ほこ》と、どんな矛でも突き破れない盾《たて》を売っていました。それを見ていた一人が「その矛でこの盾を突いたらどうなるんだ」と云ったのが矛盾《むじゅん》の故事です。よく御存じの話ですが、その後はどうなったのでしょう。楚国《そのくに》の商人はにっちもさっちも動くことが出来ず、盾と矛を持ったまま立ち枯れてゆく以外に無かったでしょう。

さらにその条文についても、小室直樹は『三島由紀夫と天皇』（天山文庫）に於いて、三島由紀夫が述べた昭和憲法の矛盾を引用しています。三島は、第一条は天皇の地位は国民の総意に基づくと述べ、第二条はこの地位は世襲であるとしていて相互の矛盾甚だしいと述べています。最初から心棒が不安定で、第一条、第二条でさえ矛盾したまま放置されている憲法です。日本の姿は楚国の商人です。

東京裁判には法的根拠が無い事は弁護側が再三抗議し、パル判決書に何度も述べられているところです。また東京裁判の二十八名の被告は日本の国内法上の罪を犯したために起訴されたのではありません。国際法にも国内法にもA級戦争犯罪などありません。特に殺害された七名は政府中枢の高官として、懸命に日本のために仕事をして来た訳です。

戦争が勃発してしまったのは、通常なら外交の失敗と云えなくもないのですが、外交問題は相手の側にも解決しようとする意志が無ければ、日本の努力だけでは解決する訳がありません。ましてやソ連に操られたルーズベルト政権は意図して日本を戦争に追い込んだのですから、米国は戦争の終始全部に責任があると云わねばなりません。

外交が失敗したのだとしても、当時は男子普通選挙が施行されて議員が国会におり、国会は運営されていたのですから、マスコミに上手に煽《あお》られたにせよ間接的に有権者の多くがそのような外交を望んだと言わねばなりません。国会で予算が通過する限り政府は国民から政策遂行を認められた訳です。この政策を実行したところ、結果として戦争に到ってしまった。それが犯罪であったと後になって政府首脳個人が、国内法上の罪を犯していないにも拘らず、自国民にではなく他国軍に逮捕されるなどは、あり得ないことです。

さて日本政府は第三次近衛内閣から、天皇陛下の思し召しに沿って軍部を抑え戦争を回避するために東條内閣に代わり、それから五十日程で開戦となってしまいましたが、東條首相の最大の目標は日米交渉妥結、戦争回避でした。外交交渉の努力はこれを実現するために行なわれていたのでした。遂にハル・ノート到来のため天皇陛下の御心に反し開戦に至ったことを悔やみ、東條首相は自宅で深夜に一人で宮城に向かって正座し、声を出して泣きました。

日本では国内法によらずして罪も刑も存在しませんから、日本国内に於ける東京裁判判決の執行はマッカーサーとその共犯者達による七名の殺人と十八名の不法監禁事件です。日本国内で殺人を犯した者は日本の法によって起訴されねばなりませんが、マッカーサーと共犯者達は逮捕も起訴もされませんでした。右事実によって日本国憲法を振り返るならば、憲法は産まれながらにその親であるＧＨ

Qに殺されたのです。最初から死んだ子を押し付けられた訳です。死んだ子が国家のために働くことはありません。

小室直樹著『昭和天皇の悲劇』（光文社カッパビジネス）によれば、これと正反対なのが明治憲法と明治天皇と明治憲法を作った伊藤博文の関係です。伊藤内閣は日清戦争を決定し明治天皇に上奏しました。もちろん陛下は戦争には大反対のお気持ちで激怒されたが、内閣が決定して上奏したものはそのまま裁可されました。この時、国権の発動に於いて天皇に対する内閣の優位性が確立しました。天皇陛下によって生まれて間もない憲法の生命は守られ国家のために働きました。

マッカーサーは部下に憲法を作らせ、英文で書かれた日本国憲法が翻訳されて日本の憲法と云うことになりました。昭和憲法が尊重する言論の自由がないのに憲法が発意され、自由に報道され、周知され、議論され、決定され、発布された、としてこれを尊重せよとは、憲法自体によって憲法であることを否定された憲法でしょう。東池袋中央公園に八番目のストレンジ・フルーツとしてぶら下がっているのは昭和憲法です。

昭和憲法を云い換えると白人に対する抵抗禁止法であり、ソ連にとっては共産主義革命計画書です。自衛戦力も保持せず、日本以外は平和愛好国であるというお花畑の幻覚でも見てろと云う訳です。二千数百年の風雅と武勇の歴史文化を捨てろと命令されたも同然です。

十五世紀以来の白人キリスト教徒による有色人の奴隷化は五百年も継続され、第一次、第二次の大東亜戦争によってやっと主権回復されたことを思い出してください。他国は武装していて日本をいくらでも攻撃出来るのに日本は武力を持たないと決意したと云うのでは、昭和憲法は日本人と歴史文化を道連れにして亡ぼす以外に能がない憲法です。柵もなく番犬もいない野原に羊が群れていれば、大陸狼が涎を垂らして喜ぶでしょう。

昭和憲法施行のちょうど三年後の昭和二十五年六月二十五日朝鮮戦争が勃発しました。ソ連に占領されていた北朝鮮の共産軍と、その僅か八ヶ月前に建国した中華人民共和国の人民解放軍が共同で三十八度線以南の　米軍占領下の朝鮮へ攻撃侵攻を開始しました。その先に予測されるのは非武装日本への侵略です。

このため慌てて日本に再軍備を迫ったのは昭和憲法を作った米国でした。死に体憲法は国のために働きません。そして大韓民国と日本防衛のために満洲の人民解放軍補給基地を原子爆弾で攻撃しようとしたのはマッカーサーでした。事程《ことほど》左様《さよう》に米国の共産主義者が英語で書いた昭和憲法は侵略される危機を招くことが明白になった、いや、危機を招くための憲法であったとわかった瞬間です。ソ連と中華人民共和国の共産軍が蒙古襲来のように日本に押し寄せなかったのは、日本軍はすでに解体されていたが、米軍という大きな番犬が、うようよと数多く日本各地にいたからと云う理由以外に理由はありません。

（三）日本語で書かれるべき日本国憲法

ブレークニ弁護人は、日本には原爆投下に対する報復権があると法廷で述べました。確実に報復出来る武力のみが戦争を阻止出来る、故に平和は維持出来ると云うのがこの世の定理です。しかし定理を無視した東京裁判で裁かれなかった部分は、放置され野生化しました。そして今年もまた花を咲かせています。楚国の商人が立ち枯れしないためには報復する権利の保持が必要です。GHQが日本国憲法に九条を設け、報復禁止を盛込んだのは大東亜戦争が日本の自衛戦争であった証拠ではありませんか。仕掛けた戦争の相手国である日本から報復される恐怖があるため、戦力も交戦権も禁止したかったというのが連合国特に米国の本音でしょう。ソ連の思惑は共産革命であったことは先に述べました。憲法を日本人が厳守すればするほど連合国は安全で日本は立ち枯れる仕組みです。

雑誌『正論』平成二十八年六月号の「憲法『緊急事態条項』批判論の虚妄、ナチス独裁を生んだのは護憲原理主義だ、護憲派たちのデマゴギーを駁す」に於いて、福井義高教授はエルンスト・フレンケルの格言を引用して「憲法への忠誠は憲法フェティシズムに陥ってはならない」と述べています。換言するならば憲法を奉《たてまつ》り、憲法が神聖化することを許すような精神状態とでも云うのでしょうか、ナチス党のドイツについて論じています。

第一次世界大戦後のドイツがワイマール共和国とも呼ばれるのは、ワイマールで作られた憲法が大変民主的だとして有名だからです。しかしこの憲法から独裁者ヒットラーを生んでしまった。その理由をフレンケルは、憲法を重要視する余り憲法フェティシズムに落ち込んだ結果だと云うのです。最初は暴力的改革を行なって失敗したヒットラーは経験に学び、憲法に反しないように合法的手段を利用して政権に迫りました。時のパウル・フォン・ヒンデンブルク大統領はそれまでの憲法解釈を変更すればナチス党の台頭を阻止することが出来たのに、自由を強調するワイマール憲法の精神を余りに厳重に守ったため阻止出来なかった。自分が解釈を変更したと云う汚名を着ることを恐れたのがその理由です。独裁者は憲法に保護され、合法的に誕生したと云う訳です。

ワイマール憲法に似ているといわれる昭和憲法は、国民が真剣かつ自由に発議、議論した結果であると云う虚偽の前提条件から生れています。ソ連のスパイ同然の米国共産主義者が英文で書いた憲法九条を護れという日本人グループの主張は、日本に共産革命を起こせと云う昭和憲法フェティシズムでしょう。

建築では図面の上では立派に見えるが、現場では組み立て不能な建築物を地獄と称します。現場で鉄骨ボルトの締め付け用工具を入れる隙間が無いと云うような例です。この昭和憲法という日本の設計図を厳格に守れば守るほど、九条フェティシズムとなって工具を入れる隙間は狭くなりボルトは締まりません。設計者は最初から工具で締めるという組み立て上の常識を働かせなければ、風が吹けば安定を失った建築物が国民の上に倒れ掛かり、国家存亡にかかわる事態となる訳です。

もし日本人にして東京裁判を正しいとするならば、それが明治憲法にも一年後からは発効していた昭和憲法にも抵触しないことを証明する義務があります。しかし法治国家で憲法以下の諸法律に反する行ないは違法行為です。戦争したことが政府高官の罪であるとする法が無いにも拘らず裁判を行ない被告を処罰した東京裁判は、そのような条文を持たない昭和憲法を完全に否定しています。

一方、昭和憲法を正しいと認めるのであれば、その憲法下日本国民十八名の不法逮捕監禁及び七名の殺人で、マッカーサーと東京裁判の検事、判事達を起訴し、日本国内法による裁判があるべきでした。昭和憲法は東京裁判を否定しています。しかし現在この一方を選ぶことは不可能です。

これは占領下に起きたことであり、日本に主権の無い占領下の異常事態であって仕方がない、諦めるべきだと云うのなら、それこそは昭和憲法が英文で書かれた米国製憲法であり、どこをどのように突いても正統性がないと認めたことになるでしょう。

昭和二十七年（一九五二）四月二十八日の占領終了、主権回復以後はどうでしょう。これは戦争が最終的に終わりチャラになった日です。日本史にこの日がある限り、日本人は昭和二十年九月二日から サンフランシスコ講和条約が発効したこの日まで、六年半の間敵軍に占領され、敵軍の手による支配が行なわれたことを忘れることは出来ません。講和条約発効より前の占領期間は戦争期間中です。弾丸は飛びませんが大川周明被告の述べた法廷戦争という言葉通り、この期間内に施行された昭和憲法を始め全ての行政は、敵軍が日本に叛乱させないために行なった占領政策でした。昭和憲法は米国製です。それが施行されている場所は米国であると云えるでしょう。昭和憲法が日本に被さっている限り、真の日本の姿が見えません。姿が見えないままでは主権国家ではありません。

東京裁判もA級戦犯も昭和憲法も主権回復以後の日々も全部が一つの大きな地獄構造です。国際社会はお花畑だと信じることが、世界一長い歴史を持ち文武に於いても豊な文化を知る日本人のすることでしょうか。このまま放置すれば日本はこの憲法によって判断力を奪われ、危険予知の感度が腐蝕し、投げ込まれた小石でさえいずれ日本を立ち枯れさせ、倒壊させるでしょう。ボルトが締まらない鉄骨建造物を強い風圧の中で維持出来る訳がありません。

パル判決書の最終の一文を思い出して下さい。虚偽の仮面は連合国のみならず日本人も被っています。「日本は悪ゆえに敗れた。日本が正義の平和念仏を唱えていれば世界は平和だと云う怠けた仮面」です。このような戦争後遺症を正気に戻し、「大東亜戦争の本当の戦勝国」としての日本は、嘗ての大東亜戦争同盟諸国のために働かねばなりません。これを掲げて言行一致の内に繰り返すならば、八紘一宇は必ずや世界精神になるでしょう。

日本人が真に頼りにすべきものはすでに用意されています。神武天皇の肇国のお言葉、十七条の憲法、五箇条の御誓文、教育勅語、武士道など憲法の芯の柱とすべきものは用意されています。高天原の神々から続いて、本年で神武天皇からでも二千六百七十七年に及ぶ歴史的正統性を持つ日本文化を基礎にせずして日本を存続させる方法はありません。日本の憲法は古来の歴史文化の伝統を踏まえた日本語で書く、これ以外ないでしょう。

第四部

日本と云うこと、八紘一宇、大東亜共栄圏、相互等量幸福論

一　アジアの理解を得た日本、アジア人の発言

神武天皇の肇国《ちょうこく》（国の始め）の御言葉は後々になって「八紘一宇」と簡略に表現されますが、これは四方八方の人々が、各自の望むところを得て生き、一つ屋根の下で暮らす家族のように仲良く幸福に生きる国を作ろうと云うものです。

日本建国の基本方針は、一言で云うと「皆で幸福になりましょう」です。これが世界最古の施政方針演説であり日本の国是です。何かの思想がどうこうではありません。領土を増やそうでもありません。単純ですがこの世に生まれて来たからには、幸せを好むのは人の常でしょう。他国の植民地であるよりは、自主独立の国家である方が幸せだという価値観は人類普遍のものでしょう。

『明日への選択』平成二十八年一月号中の記事によれば、「こうして今一度我々は、いわれなき侵略によって踏みにじられ侵入された一弱小国の権利を防衛するために、剣を抜かざるを得なくなったのである。今一度生命と名誉を掛けて」の一句があります。

これは大東亜共同宣言そっくりに見えますが、実はポーランドに侵入したドイツに対して、戦争を決意した英国海軍大臣チャーチルが発した言葉です。自主独立の国家でなければ幸せではないと云う価値観の表明です。この価値のため英国人の命と名誉を掛けると述べたわけです。しかしポーランドではなくアジア、アフリカの有色人の弱小国のためであってもその価値観のためにチャーチルは生命

と名誉を掛けて剣を抜いたでしょうか。

ポーランドを防衛する名誉と価値を勇ましく演説している時も、英国は世界の陸地の四分の一を手中に収めていました。それらは全て有色人種の土地であって、英国が弱小国の権利を剣で踏みにじって自国領土にしたものです。有色人には何の権利も名誉もない典型的な人種差別の二重規範です。昭和十六年（一九四一）八月の大西洋宣言のチャーチルの演説は、政府の形態の決定はその人民の意志によると云いながら、やはり有色人種は除外されていました。ですから白人にとって大東亜戦争とは、奴隷の叛逆、優先民族たる白人への挑戦以外の何ものでもなかったでしょう。

さて、西欧列強の植民地ではなかった日本が、なぜアジアへ出征して戦わねばならないと思ったのか。なぜ昭和十六年（一九四一）十二月八日午前一時半、真珠湾攻撃より一時間半も早くマレー半島のタイ領シンゴラ、パタニへ上陸、加えて英領マレーのコタバルへ敵前強襲上陸したのか。なぜ昭和十六年十二月十二日に「大東亜戦争」と呼称すると発表したのか。これらの疑問に対する答えは、先ず約三年半に亙って激動の戦場となったアジアの人々から聞くのが良いでしょう。「日本はアジアを侵略し植民地支配した」と云う村山談話をアジア人の認識と比較して見て下さい。

タイのククリット・プラモード首相が昭和三十年（一九五五）、バンドン会議開催の年に次のように述べた事はよく知られています。

「日本のおかげで、アジア諸国は全て独立した。日本というお母さんは難産して母体を損《そこ》ねたが、生まれた子供達はすくすくと育っている。今日、東南アジア諸国民がアメリカやイギリスと対等に話が出来るのは、一体誰のおかげであるのか。それは『身を殺して仁《じん》をなした』日本というお母さんがあったためである。十二月八日は、我々にこの重大な思想を示してくれたお母さんが、一身を賭《と》して重大な決意をされた日である。さらに八月十五日は我々の大切なお母さんが、病の床に臥《ふ》された日である。我々はこの二つの日を忘れてはならない」。

日本はアジア諸国を生んだ母だが、そのため母体を痛めたと述べています。しかし子供達はすくすくと育っているとも述べています。身を殺して仁をなしたこの行動は重大な思想に基づく決意であったという認識です。重大な思想とは八紘一宇でしょう。すべては日本神話から発動しました。タイ国は植民地ではありませんでしたが、西側から英、東側から仏によって領土浸食を受けていた国です。

ビルマ初代外務大臣、首相ウ・ヌーは、「歴史は、まさに高い理想主義と目的の高潔さに動かされたある国が、抑圧された民衆の解放と福祉のためにのみ、生命と財産を犠牲にした例を一つくらいは見るべきである。そして、日本は人類史上初めての歴史的役割を果たすべく、運命づけられているかに見える」。

理想と道徳的精神の高い国（日本）が、自己犠牲を厭《いと》わずアジア諸国の独立という目的のため命を懸け財産も消費したが、これは日本の歴史的使命、運命であった。身を殺しても仁をなしたという認識はククリット・プラモード首相と同じです。人間にとって最高の人権擁護とは、自分の国が独立国として存在し、治安が良く政治経済が安定していることではありませんか。暗に英米蘭仏は我欲によってアジアを奴隷化し抑圧し搾取したと述べたことになります。

ビルマのバ・モ国家元首は自伝の中で、「ビルマを英国より解放したのは東條大将と日本帝国政府であり、日本ほどアジアを白人の支配から解放するのに貢献した国はない」と記しています。

東條英機陸軍大将を始め、日本政府がビルマ解放に貢献したと、大東亜戦争に感謝している言葉です。日本がビルマを侵略し植民地支配したのであれば、このような発言があるでしょうか。

マレーシア言論界、政界の重鎮、モハメド・ソビーは、「日本のお陰で我々は独立を早める事が出来た。日本とマレーシアには英国には無い共通点がある。八紘一宇の精神だ」。

神武天皇の八紘一宇の精神はマレーシアに生きていると、マレー人自身が述べている訳です。古いどころかこの精神は英国に代表される西欧列強の文化にはありません。と云っても日本に独特の精神ではなく、他民族にも理解された事実を示しています。

マラヤ大学副学長、ウンク・アジズは、「当時のマレーシアが独立するためには戦争という体験、それと同時に日本軍がもたらした『大和魂《やまとだましい》』がどうしても必要でした」。

大東亜戦争を肯定しています。白人に負けないために大和魂で戦い独立したと云う認識です。幸福になるためにどうしても必要な戦争だった、「戦争は反対だ」のスローガンなどではなく、命懸けの戦争が植民地を独立させたと云う認識です。断じて行えば鬼神もこれを避くと云うのは本当でした。大和は大いなる調和です。大和《だいわ》が日本の心です。民族が内部の小異を捨てて大和にまとまった時、単なる合計以上により大きな力を出します。個人的勇猛果敢ではなく、大和のための勇気が必要な時があるわけです。

マレーシアの元上院議員、ラジャー・ダト・ノンチックは、「私達は、マレー半島を進撃して行く日本軍に歓呼の声をあげました。敗れて逃げてゆく英軍を見た時に、今まで感じたことのない興奮を覚えました。しかも、マレーシアを占領した日本軍は、日本の植民地としないで、将来のそれぞれの国の発展のために、それぞれの民族の国語を普及させ、青少年の教育を行なってくれたのです」。

白人が有色人に負けて逃げるところを見てしまった時、百聞は一見に如かずで民族意識が点火された瞬間です。しかも日本は英国にとって替わってマレーシアや他のアジアの支配者になろうとしたのではないと事実に即して理解しています。

そして、その証拠として各国の国語教育、その他の青少年の教育をあげています。民族の未来は青少年の教育に掛っていた訳です。明治維新後の日本の発展は教育にその淵源があったことを思い出します。行く先々で日本が学校を作ったのは、その国の発展を願ったからです。統一された国語は一体感を高め他国の侵略を防ぎ、国家が発展するための拠り所になったことがわかります。

コミンズ・カー検察官は「大東亜共栄圏はアジアに貢献したと云うがその実態は、白人を痛めつけてアジアから徹底的に奪っただけではないか」と日本を非難しています。徹底して白人の利益を維持したいだけのタブナー、ムルダー、コミンズ・カー、村山富市等の発言と、アジア諸国人の認識は正反対です。日本がアジア諸国の独立を支援し、西欧列強が搾取強奪していた利益を本当の持ち主たるアジア諸国の手に取り返したことを感謝してくれています。しかし、これは西欧列強にとっては日本が犯した許し難い犯罪でした。

インドネシアの高校の歴史教科書は、繰り返しになりますが、「アジアが覚醒したのは、太陽の国がいまだ闇の中にいたアジアに明るい光を与えた結果でした。日本は八紘一宇《はっこういちう》（Hakko ichiu）の旗のもと、世界支配に向けて一層精を出した。神道に従って他の民族を指導する神聖な任務があると考えていた」と記しています。

植民地の有色人にとって、日本は夜明けの光でした。陸海軍を運用し戦闘機、軍艦、戦車、小銃、機関銃、大砲、火薬、弾丸等を自国の工業力で作ることが出来る国、米国とほぼ互角、英国の二倍となる十隻の空母を運用して機動部隊を太平洋やインド洋へ投入出来る有色人種で唯一つの国、そのうえ緒戦では短時間でアジア植民地の白人を打ち破った日本の存在は、アジアの人々にとっては、白人の奴隷から脱出する希望の出口に見えたのでしょう。しかもその日本の精神は「八紘一宇」であると発音まで添え、それは神道の中から出て来る神聖な思想であると教えています。

そのように教科書に書かれた神道は、神武天皇からさらに遡って高天原でお暮らしになっている八百万《やおよろず》の神々の生き方、生活そのものでしょう。神話は天然自然を敬《うやま》いながら調和して仲良く暮らす民族の理想的生活の手引き書です。インドネシアは自国の将来を担う若者に自国独立の歴史を伝えようとしています。奴隷状態から命懸けで戦って主権を回復した自国の歴史は誇りです。これを知らない者は先祖の苦労と幸せを知らない故に、幸福になる方法を見つけられない訳です。

弁護士、南方特別留学生のシャリフ・アディル・サガラは、「一番好きな日本語は『徳』です。戦争中の日本人の団結心、愛国心、大和魂、民族意識。私もそうなりたいと思った」。

そうなりたいと思われた日本は、さらに精進が求められます。ちと大変ですが、日本人が幸福になる方法は一言でいえば「人徳」を高めるために研鑽することです。その徳と云うことが日本人以外にも、アジアから来た留学生にしっかり伝わった例です。

インドネシア元首相、モハメッド・ナチールは、昭和三十二年、来日に際して、「アジアの希望は植民地体制の粉砕でありました。大東亜戦争は、私達アジア人の戦争を日本が代表して敢行したものです」。

アジア人が望んだ植民地独立が、英米蘭仏との話し合いで実現する可能性はあったでしょうか。ある訳がないとすれば永遠の植民地か、独立戦争かと云う二者択一しかないでしょう。村山談話では日本に侵略された側にいるはずのモハメッド・ナチール氏は、大東亜戦争はアジア人の戦争であったと大東亜戦争を肯定し、自分たちも一緒に戦ったことを誇りにしているではありませんか。侵略して植民地支配しアジア人を痛めつけたのが西欧列強であったことはアジア人の常識、世界史の事実です。

インドネシア元情報相、ブン・トモは「日本軍が米英蘭仏を我々の面前で徹底的に打ちのめしてくれた。我々は白人の弱体と醜態ぶりを見た。アジア人全部が自信を持ち、独立は近いと知った。一度持った自信は決して崩壊しない。抑《そもそも》大東亜戦争は我々の戦争であり、我々がやらねばならなかった戦争である。そして実は我々の力でやりたかったのだ」。

百聞は一見に如かず。自分の目で目撃したため民族意識が高まり、独立の実現願望に導火線が付けられた訳です。大東亜戦争は日本の手前勝手な我欲のための戦争ではなかったと述べている点に注目して下さい。アジア人全部が、出来れば自分の力でやりたかった戦争だったと述べています。当時の日本は有色人の国で唯一つ、米国に次ぐ精強な国民軍を持っていた国でした。この日本軍は世界中を相手に孤独な戦争をした訳ではありません。アジア諸国からは大変望まれた戦争であり、支持された戦争だった訳です。大東亜戦争と云う呼び名にはアジアの正統性があり、共に戦った同盟諸国のアジア人には世界史を変えた誇りがあります。

セイロン（現在スリランカ）の初代大統領となったJ・R・ジャヤワルダナは、昭和二十六年（一九五一）サンフランシスコ対日講和会議の演説で次のように述べました。

日本の将来についてのセイロン政府の発言は、アジア諸国民の感情を代表するものであると前置きしたうえで、「なぜアジア諸国民は日本が自由であるべきだと切望するのでしょうか。それは長い付き合いがあったためであり、日本に対する高い尊敬のためである。往時、アジア諸民族の中で、日本のみが強力かつ自由であって、アジア諸民族は日本を守護者且《か》つ友邦として仰ぎ見た。当時、アジア共存共栄のスローガンは、アジア諸民族に強く訴えるものがあり、ビルマ、インド、インドネシアの指導者達は、最愛の祖国が解放されることを希望して、日本に協力した者がいたことを思い出します」。

彼はアジア諸国民を代表する意見だと冒頭で念押ししたうえ、アジアを解放へ導いたリーダーは日本であり、アジアは日本を尊敬し守護者として見たのだと述べています。だから日本は、日本のおかげで自由になった我々のように、連合国の占領から自由になるべきであると述べています。アジア諸国は日本の味方であると宣言したに等しい演説です。そのアジア諸国民の心に沁み込んだ、共存共栄のスローガンとは大東亜共栄圏建設や大東亜共同宣言であると思われます。

さらに重要なことはこの演説に依って西欧列強、白人連合国に対してアジア諸国の独立台頭を告げ、過去の植民地の実態がアジア人への奴隷的支配であったことを西欧列強に思い起こさせ、白人優先主義の価値観をアジア諸国は容認しない時代が来たと、宣言したことになります。またこの演説により、ソ連が強硬に主張した英米中ソ四ヶ国による日本分割統治案は否定されました。さらに彼は、ソ連が占領した南樺太と千島列島は日本に返還さるべきであると述べ、日本の全権代表として、これを議場で聞いていたはずの吉田茂首相、池田隼人蔵相、その他四人の代表は、アジアのためになったと大東亜戦争を肯定する演説を聞いてどの様な思いを巡らせていたのでしょうか。

同じことを英国の歴史学者アーノルド・J・トインビーは、一九五六年十月二十八日の英国オブザーバー紙に於いて、「日本は日本のためと云うよりは、大東亜戦争によって利益を受けたアジアの国々、すなはち大東亜共栄圏に含まれる国々のために、偉大な歴史を残したと云える」と述べています。大東亜戦争で日本が利益を得たのではないと云うことを理解しています。我欲のための戦争ではないと述べている訳です。大東亜戦争は大東亜共栄圏の国々にとって利益であり、歴史的偉業だと述べています。これを逆から見れば、失ったのは英米蘭仏であった訳です。アジアの利益はアジアへ、三百年以上も西欧列強が強奪してきた利益を、本来の持ち主であるアジア諸国に返還させました。大東亜戦争は日本のためと云うよりはアジアのためであったと云う認識です。ククリット・プラモード首相の談話同様、日本は身を殺して仁をなしたと云う訳です。

韓日文化研究協会の朴鉄柱は、「現在の日本の自信喪失は敗戦に起因しているが、そもそも大東亜戦争は決して日本から仕掛けたものではなかった。平和的外交交渉によって事態を打開しようと最後まで取り組んだ。それまで日本はアジアのホープであり、誇り高き民族であった。最後はハル・ノートをつきつけられ、それを呑むことは屈辱を意味した。『事態ここに至る。座して死を待つよりは、戦って死すべし』と云うのが、開戦時の心境であった。

それは日本の武士道の発露であった。日本の武士道は、西欧の植民地勢力に捨て身の一撃を与えた。それは大東亜戦争だけでなく、日露戦争もそうであった。日露戦争と大東亜戦争、この二つの捨身の戦争が歴史を転換し、アジア諸国民の独立をもたらした。この意義はいくら強調しても強調しすぎることはない」。

韓国元国会議員の朱耀翰は、「正義人道の仮面を被り、摂取と陰謀をほしいままにしている世界の放火魔、世界一の偽善君子、アメリカ大統領ルーズベルト君、君は口を開けば必ず正義と人道を唱えるが、パリ講和条約の序文に人種差別撤廃文案を挿入しようとした時これに反対し削除したのはどこの国だ？　黒人と東洋人を差別待遇して同じ席にも着かせず、アフリカ大陸で奴隷狩りをあたかも獣を狩る如くしたのはどこの国であったか？　しかし君らの悪運はもはや尽きた。一億同胞なかんずく半島の二千四百万は渾然一体となって大東亜聖戦勇士とならんことを誓っている」。

右の二人の韓国人の発言は大東亜戦争に白人優先主義、人種差別の撤廃と云う大義があったことを堂々と述べています。また日本は最後まで平和を望んだが米国にその気はなく日本は戦争を仕掛けられたとも述べています。大東亜戦争は有色人種にとって聖なる戦争であり、それに二千四百万韓国人の総てが参加する誇りを述べています。アジア解放は韓国人も他のアジア人と共に勇躍参加したと云う歴史の事実をきちんと認識しています。大東亜戦争の戦勝国はアジア諸国でした。韓国人も歴史の勝者であり、全有色人がその勝利を喜んだ訳です。朝鮮民族が日本の植民地住民であるなどという認識ではなく、人種差別撤廃達成のための聖戦の勇士だという認識です。現在の韓国では忘れられた歴史の事実に気付けば、民族のアイデンティティーが安定確立すること間違いないでしょう。

フィリピン、カミカゼ記念協会会長のダニエル・ディゾンは、「私は、ヨーロッパ、アメリカ、中国、フィリピンの歴史を様々な角度から検証してみました。その結果、なぜ日本が立ち上がり、戦争に打って出たのかが良くわかったのです。そして日本が、欧米列強の植民地支配に甘んじていたアジアを叱責《しっせき》した理由も理解できたのです。当時、白人は有色人種を見下していました。これに対して日本は、世界のあらゆる人種が平等であるべきとして戦争に突入していったのです。神風特別攻撃隊は、そうした白人の横暴に対する力による最後の〝抵抗〟だったと云えましょう」。

ダニエル・ディゾンに一言でも反論できる白人はいるでしょうか。中国の歴史も様々に検討した結果だと述べ、日本が支那を侵略したのではないと認識し、大東亜戦争は白人に対する抵抗であると肯定し、そのさいごに八紘一宇の日本精神が神風特攻隊となって表れたという認識に至ったことを暗に述べています。このような見たことのない勇気と忠誠心にあふれた神風特攻隊をフィリピン人が称賛して記念館まで建ててくれています。最初にマバラカット基地から飛び立ったのは愛媛県西条市出身、関行雄大尉の率いる「敷島隊」の五機でした。異説もあるが、関大尉（二階級特進で中佐）は米空母セントローの撃沈と共に散華されました。

二　八紘一宇を行動するということ

有色人だからと云う理由で奴隷状態にあるアジア人の窮状を見かねて、白人連合軍を相手に大東亜戦争を起こし白人をアジアから追い出しました。日本人は人類史上初めて身を殺してもアジアの有色人に仁をなさんとした民族と云うことになるではありませんか。

「天に代わりて不義を撃つ忠勇無双の我が兵は、輝く仁義の名も高く知らるるアジアの日の出国」の日本軍は、誠に気宇壮大にして古今東西空前絶後の快挙ではありませんか。

強大な白人連合の支配からアジア解放のために、滅亡寸前まで頑張り、瀕死の傷を受けながらも、アジア諸国を独立させるその目的は達成された訳です。日本の文化は紀元以来二千数百年の歴史の水に洗われ、鍛えられ、八紘一宇の精神は日本人の行動に表れています。

ナチスやソ連によるユダヤ人迫害から逃れようとして、昭和十三年（一九三八）三月、満ソ蒙国境が接する辺りのオトポール駅へ数千人のユダヤ人難民が到着し、それから先のビザがなく満洲へ入国出来ずに困っているのを救ったのは、ハルピン特務機関長樋口季《き》一郎《いちろう》中将や、大連特務機関長安江仙《のり》弘《ひろ》大佐、関東軍参謀長の東條英機中将、陸軍大臣板垣征四郎中将、南満洲鉄道総裁で後に外相となった松岡洋右《ようすけ》氏などでした。満鉄は救援列車を出してユダヤ人を運びました。これは八紘一宇の精神と云ってよいでしょう。

話は横道にそれますが、ポツダム宣言を受け入れて日本軍が降伏した三日後の八月十八日早朝から、ソ連軍は日本占領を目指して、カムチャッカ半島南端から大砲の射程距離にある占守島《しゅむしゅとう》の侵略を開始しました。その方面を担当する日本軍第五方面軍司令官が樋口季一郎中将でした。攻撃を受けた占守島守備の第九十一師団司令官 堤《つつみ》不夾貴《ふさき》中将は北海道を守るため、八月二十一日の停戦命令までの間、約二万のソ連軍を殲滅寸前に追い込むまで優勢に戦い、ソ連軍を釘付けにしました。その間に占守島の缶詰工場で働いていた民間人婦女子は漁船に分乗して北海道へ逃れました。その後ソ連は樋口中将をA級戦犯と主張しましたが、米国のユダヤ人協会はこれを阻止するため米政府を動かし、東京裁判被告から除外させたと云うことです。

また、右のオトポール事件の約二年後、ソ連に併合される直前の、バルト三国の一つリトアニア国カウナス市で迫害から逃れようとして、日本通過ビザを求めて来たユダヤ人に二千通以上のビザを発行し、結果として約六千人のユダヤ人難民を救ったのは、岐阜県八百津《やおつ》町出身の日本領事代理杉原千《ち》畝《うね》でした。日本を通過した後の受け入れ国のビザと、そこまでの旅費を持っていない者には、通過ビザを発行しない原則に反して日本外務省はビザを認めました。ソ連によるリトアニア併合のため領事館立退きの迫る中、動き出した汽車の中までも書き続けました。

日本政府は当時ドイツと同盟関係であったのですが、ナチスからのユダヤ人虐待要請とユダヤ人救済に対する抗議を無視、日本はドイツの属国ではない、ユダヤ人差別を許すことは国体（国民の根本精神、憲法）に反するとして、ユダヤ人と雖も通常の外国人と同等扱いにする閣議決定までしていました。

このユダヤ人難民は敦賀や神戸を経由して上海、アメリカなどへ渡り、戦後はイスラエルの宗教大臣バルハフティク氏のように政府要人になった人物もいます。差別され放置された難民を救ったのは、外務省や杉原千畝だけではありません。

大正九年（一九二〇）、日本赤十字とシベリア出兵中の日本軍が協力して、ポーランド人孤児約八百名とその付き添いの大人若干名を二度に亙って救助し、日本を通過して孤児たちはポーランドに無事帰り着きました。日本政府も国民も難民の幸福を願った訳です。阪神淡路大震災の後、日本人の被災児達をポーランドへ招待してくれたのは、大正九年の救援に対するお礼と云うことでした。百年も前のことを覚えていてくれた訳です。他の幸福を願う者が、他から幸福を願われる。他から幸福を願われる者が本当に幸福になれる。逆に、幸福になるには他者の幸福を願うのが近道だという実例ではありませんか。

このような行動の心根は古代から続く日本文化です。先祖の行動が継続されて蓄積、醗酵《はっこう》して日本の歴史文化となっています。神武天皇以来の八紘一宇の心は人種差別、人種迫害などをしない文化です。

八紘一宇の心の根は現代にも続いています。自衛隊は平成十六年（二〇〇四）から二年半ほどの間、イラクのサマワ基地に於いてイラク復興援助をしました。住民の間に最初は他国の軍隊に対する恐怖感、違和感などがあったようですが、作業を命令するだけではなく、一緒に作業し同じものを食べる姿に日本精神を汲み取ってくれたのでしょう、自衛隊への攻撃があった時には自衛隊を守ろうというデモ、自衛隊に帰らないで欲しいと云うデモが起きました。これらデモ隊は手作りの日章旗まで掲げていました。数十年前、日本軍が南京城へ入城した時や、大東亜共栄圏の国々へ上陸した時と同じ景色ではありませんか。

八紘一宇の精神は伝わります。言葉にすることが難しいのですが、言葉より行動の積み重ねによって伝わる精神でしょう。言葉は嘘をつきますが行動には真が出る訳です。

三　天照大神の耳孫《じそん》であらせられる神武天皇以来の皇統

さて『古事記』ですが、和銅五年（七一二）、大化改新の六十年ほど後、第四十代天武天皇の御指示で、稗田阿礼《ひえだのあれ》が口伝えていた古き事々を太安萬侶《おおのやすまろ》が文字に記したとされていますが、そこには日本国の由来を伝える、国生み神話があります。日本国、日本人の心根はこうして出来上がって今の自分があるのだと、そのアイデンティティーを子孫に教え知らせる話です。

天地《あめつち》の始めに七代の神が現れて六代までは一人で現れ、性別がなく現れた後すぐに消えましたが、七代目に現れ給《たま》いしは男女の神でイザナキノカミ、イザナミノカミと申され、この二神が天浮橋《あめのうきはし》から長い天沼矛《あめのぬぼこ》を下界に下し給い、まだ混沌であった下界をコオロコオロとかき混ぜて引き上げ給うたところ、滴《したた》り落ちた滴《しずく》から出来たのがオノゴロジマでした。この島が最初に出来た日本で、淡路島のことだと云われています。そして二神はオノゴロジマに下り、ここで結婚されさらに多くの日本を産み給ひました。国産みの最後に、「イザナミノカミはカグツチノカミ（火の神）を産み給ひしに因《よ》りて、ミホト炙《や》かえて病《や》み臥《ふ》せり」そして亡くなってしまいました。たくさんの日本を生んだお母さんは、最後は火の神を生んで火傷により身体を痛めて、亡くなったと伝えています。

さて母の命と引き換えのようにして生まれたカグツチノカミは、妻を亡くしたため怒った父、イザナキノカミに天尾羽張《あめのおはばり》の剣で切り殺されます。しかし死んで終わりにならないのが日本神話の特徴です。剣から飛び散った血と切られた体から十六のカミがお生まれになり、それらの神は岩、火、雨、雷、山、水など自然の神でした。イザナミノカミもカグツチノカミも、死んでなお他の神々を誕生させ給いました。身を殺して仁をなす原型がここに確かにあるではありませんか。

神武天皇紀元二千六百年は昭和十五年です。古事記が記されてから千二百年後の世界に大東亜戦争は始まりました。タイ国首相ククリット・プラモード氏の口を借りて、日本の国生み神話が、今度はアジアの国生みとして語られた、不思議な感懐を抱きます。

昭和三十年のバンドン会議にはアジア、アフリカから有色人の国ばかり二十九ヶ国が参加しました。このうち二十六ヶ国は新たに独立した国でした。

初代神武天皇の肇国《ちょうこく》の精神は、第百二十五代今上陛下まで続く歴代天皇陛下の御心に受け継がれています。

第十六代仁徳天皇は国民を大御宝《おおみたから》と思《おぼ》し召され、家々の炊事の竈《かまど》の煙が少ないのをご覧になって国民の疲弊を心配され、税を三年間年まるまる免除され、お住まいも雨漏りする程になりましたが、三年後、竈の煙が盛んに立ち昇るのをご覧になり、大御宝が富んでいると云うことは、自分はすでに富んでいるのだと仰せられました。この風景は干拓された河内湖に出来た水田風景、今の大阪市の上町台地から、東方を見た時の風景であろうと云われています。その西方は大阪湾でした。

推古天皇の甥にあたる聖徳太子にも十七条の憲法「和を以て貴しとなす」として伝わっています。

争いは結局双方を幸せにしないことに気付いている憲法です。我欲が過ぎれば争いが生じ、争えば一方に怨みを残し因果は廻る糸車、お互いに不幸になります。

昭和天皇陛下の終戦直後の全国巡幸と同じく、第百二十五代今上陛下にもこの御心は途切れることなく続いています。平成二十三年の東日本大震災の時、身一つで避難した国民を見舞われた両陛下は、被災者が座っている同じ床に膝をついて御話しなさいました。迷子が親を見付けた気持ちといえばよいでしょうか、有難さに嬉し涙を流す国民がたくさんいました。天災にあった難儀を生き抜く力が湧いた国民が大勢いました。あのお歳を思えば膝が痛みあそばすでしょうに。神武天皇以来二千数百年の伝統の力です。何にも云わずとも無限に有難い信頼があります。天皇陛下のシロシメス日本は、目に見えないが相互に信頼して疑いの一かけらも挟まっていない大和《たいわ》があります。

話しは横道にそれますが、当時の民主党政権、菅直人《かんなおと》元総理大臣はどうでしょう。東日本大震災の四十日後の四月二十一日ANNニュースは、菅首相の震災被災地視察を映しました。

その時「もう帰るのか」と被災避難民からの怒声が、田村市総合体育館の空間に響きました。「いや知らなかったもんで…」菅氏の小さな声をマイクが拾いました。

「知らなかった」とは何事ぞ。無視されるとは学校のイジメのように、死にたくなるほど残酷ではないでしょうか。シラスと完全に反対の、国民を大御宝《おおみたから》とは思わぬウシハク姿、すなわち我欲支配です。菅直人は自分の政治的人気向上のためにテレビカメラを意識しながら、被災者のいる体育館の中を歩いて通っただけでした。その映像がテレビニュースに放送されれば、自身のために政治的効果を上げるだろう、次の選挙に役立つ、その証拠作りのために来たと云うことが国民に見えてしまった瞬間です。日刊ゲンダイ紙の記事ではこれを「スケベ心」とまで表現しています。国民の幸福を願うためではなく我利我欲を満足させようとする行動でした。菅直人は還暦を過ぎても、他人の幸福を願ったことがない人だと、日本中に知らせてしまった映像でした。民主主義の国では国民の幸福を願わない人物でも首相になれるという恐ろしい話です。「もう帰るのか」で検索すればユーチューブの動画に行き当たります。彼の選挙区で同じように感じた有権者もきっと多かったのでしょう、その後の選挙で菅直人は落選し、民主党の都合により比例割当で議席を得たに過ぎません。その民主党も民進党と改名したのですが、国民の幸福を願わないのであれば消滅もまた宜《むべ》なるかな。

天皇陛下は選挙で選ばれたのではありませんが、逆に云えば古代から現在まで歴史上の日本人達が選び続けて来たともいえます。大御宝《おおみたから》の幸せを祈り念ずる御存在を、国民自身が望み敬慕するその心の的《まと》が天皇陛下のお姿です。このようなことが普通の人間に出来る訳がありません。ですから天皇陛下は現人神《あらひとがみ》です。

日本民族の故郷、高天原に一番近く、しかも男系のご存在です。日本人は天皇がシロシメされるからこそ心の故郷へ帰る道を保証されていて、この道を辿って幸福になる文化を生きる民族です。天皇陛下は代々道標《みちしるべ》としてシロシメされ、国民の幸せを祈っていて下さるという幸福です。「知らなかったもんで」とは絶対に云われない幸せです。

自分のことしか考えないのは日本人にとっては穢れた徳の無い心です。他人の幸福のため真剣に業をなすことが穢れを祓《はら》うと考える文化です。

天皇陛下は一番穢れから遠くあらせられます。このような人間が他のどこにいるでしょう、いるはずはありません。ですから現人神に違いないのです。

四　日本の利他資本主義、西洋の我欲資本主義

江戸時代初め、もとは武士で曹洞宗の僧侶となった鈴木正三《しょうさん》は、自己の仕事に打ち込むことは仏門に入って修業することと同じであると説きました。「仕事は修行である」これに打ち込めば救われるとする思想が、生業に忙しい庶民の「救い」として拡がり、日本人にとっては労働が覚《さと》りを得て救われるための修業になりました。労働を修行に転化させた思想です。日本人は仕事に精を出せば救われるという生き方を得ました。職人を尊敬する風潮はこうして出来上って来たのでしょう。

鈴木正三より約百年後の江戸中期、京都の商人であった石田梅岩《ばいがん》の思想は石門心学と呼ばれましたが、それは個人の覚りを超えて社会全体の相互関係にまで、労働を通じた救済を広げるものでした。

商売を一生懸命に行うことは修行であるが、商売の修行を一時の気まぐれではなく安定して継続するに於いては、自分の利益も必要だが相手にも利益がなければならない。さらに加えて第三者、広く社会全体の利益も考えるべしと教えました。近江商人の「売り手よし、買い手よし、世間よしで三方良し」の商売心得につながっています。日本人にとって商売は我欲の追求に留まらず、相手の幸福、社会全体の幸福のための修行であるところまで到達しました。これは八紘一宇の実践方法論と同じと考えて良いでしょう。日本人にとって世間様が大切と考える理由はこれでしょう。

西洋と日本では禁欲的な宗教から、その禁欲からは正反対のような資本主義が発生しました。キリ

スト教プロテスタント派の厳しい宗教的禁欲が西洋資本主義を生んだように、鈴木正三、石田梅岩の思想は日本式の資本主義思想を産んだと云われています。ここで強調されるのは我欲を満たすだけの利益は全体の幸福に反する、相手の幸福に役立つ商売が廻りめぐって社会全体の利益、幸福となって浸透し、社会全体の幸福を底上げ出来るとする思想です。人間は一人では生きることも幸せになることも出来ない、常に相手のことを視野に入れた幸福修業論です。一言にまとめて「徳」でしょうか。米沢藩主上杉鷹山《うえすぎようざん》の領民を宝と見る藩政の基礎も、遡《さかのぼ》れば仁徳天皇、そして神武天皇の肇国の精神に行き着くと思われます。

　また明治維新の十年前に亡くなった二宮金治郎の報徳思想は、至誠《しせい》、勤労《きんろう》、分度《ぶんど》、推譲《すいじょう》と分けて考えながら実践するための思想です。お互いの幸福から社会の幸福に向かって計画と行動、辛抱と利他に積極的努力が求められています。さらに金治郎は大まかに千三百数十年前の第三十八代天智天皇の御製《ぎょせい》である「秋の田の刈穂《かりほ》の庵《いお》の苫《とま》を粗《あら》み　わが衣《ころも》手《で》は露《つゆ》にぬれつつ」を、政治の目が粗いためこぼれ落ちて苦しむ人々がいることを想うと涙がこぼれると解釈していますが、これは金治郎の心が天智天皇と共鳴しているのでしょう。

「盥《たらい》の中の水を、私の方へ、自分の方へと掻き集めても、水は盥の縁にそって脇へ逃げてしまい自分の所に貯まる訳ではないから得にはならない。しかし横であなたの行動を見ている相手は、あなたを我欲が強くて他人はどうでもよいと考えている人だと見抜く。こうなればあなたが困難に落ち込んでも相手は自業自得だと思うであろう。逆に相手の方へ、お先にどうぞと水を押しやったとしても損にはならない。相手の所に水を貯めておくことは出来ず盥の縁を回って還ってくるからだ。しかしそれを見た相手はあなたが他人をも気遣う利他の心を持った人として喜び、私のことを気遣ってくれる人と感じるだろう。相手に喜んでもらったそれ自体が自分の喜びになって還って来る上に相互関係が良くなる。つまり水の多い少ない、損や得やではなく、双方の幸福感が相互に共鳴し増幅して幸福は増大して行くことになる」。

筆者がまだ本当に幼い頃、曾祖母《ひいばあちゃん》が盥で洗い物をしながら、右に述べたようなことをやって見せ云って聞かせた事は私の目と耳のどこに残っていたのでしょうか。そんなことはすっかり忘れていましたがその後五十年も経ってから私の人間関係が行詰ってしまった時、不意に脳裏に浮かんできました。「先に相手を幸福にしなさい」曾祖母の言葉は半世紀も経ってから曾孫《ひまご》を救ってくれました。たぶん何時かこの鼻たれのためになるかも知れない、盥が目の前にあるから、ついでに話しておこうと思ったのでしょう。さらに後になってそれは二宮金治郎の盥の教えを聞いたのだったと知りました。

この盥の教えは夫婦間ではより即効性があります。男女とも結婚する時は幸せになろうと思うのですが、もう一歩踏みこんで相手を幸せにしようと水を送れば、一旦は相手の方へ行った盥の水は直ぐに、相手から自分のもとへ全部かえってきます。たくさん水を贈ればたくさん帰ってくるから一つも損ではありません。夫婦の幸せは家族の安定、そして多くの家族が幸福なら社会はより安定するでしょう。会社でもご近所でも、日本社会全般の人間関係に応用可能です。日本人の共通認識には高天原から一直線につながる天皇陛下を長として、もともとイザナキノミコトとイザナミノミコトから産まれた一つの家族だと云う神話があるからです。

この逆を主張するのが共産主義です。皆が平等にという点は八紘一宇に近いのですが、その手段は富を独占しようとする階級があるから、闘争によって奪い取れと云う訳です。

因果は廻り闘争に終わりは無く幸福は来ません。盥の教えは国家間の問題解決にも役立つはずですが、国際社会ではこの理を全く理解せぬまま、自我の欲望を膨らまし、力に頼って水を掻き寄せ、しかもそれを誇る大国が多いことに要注意です。このような文化を持つ民族に対しては、梶棒を大きくして自衛することが必要です。

明治天皇も「それぞれの人に、それぞれの民族に、それぞれの国家に、それぞれ其の所を得さしむべし」と仰せになりました。五箇条の御誓文にも教育勅語にも、神武天皇の肇国の精神は引き継がれています。日本は徳の深い民主主義を、天《あま》の安《やす》の河原《かわら》で行なわれていた八百万の神々の話し合いから引き継いでいます。高天原は天照大神の独裁国家ではありません。神話の時代から実行して来た世界最古の話し合い文化の国です。古代日本人は独裁と云うことを思いつかなかったものと見えます。高天原に倣《なら》って明治天皇は国民に、秩序を保ちながら好きな方面で幸福追求をするのが良いと仰せになったのです。これは完全に八紘一宇の実践でしょう。

五　八紘一宇と相互等量幸福論

日本民族存亡の秋《とき》、大東亜戦争に至って歴史の地下水脈から現れた八紘一宇の標語は、日本の精神が神武天皇の御代から全く変っていないことを示しています。侵略のスローガンではありません。それとは逆に侵略を受け、戦争を避け得ざるに至って、依るべき精神を歴史の初心に求めたのです。日本文化の故郷に帰ってなしてはならぬこと、なさねばならぬことを考え、今すべきはアジア全体と日本が幸福になる行動であると考えた訳です。アジアという大きな屋根の下で仲良く生きて幸福になりたい、と云うのはアジアという盥の中で生きてゆく知恵です。これの達成目標を大東亜共栄圏と呼びました。

アジアの現実に目をやれば、アジア人は白人に支配されて「ところ」を得ず、人種差別に苦しみながら搾取され幸福とは程遠い状況でした。この現実を目の前にして日本の行動はアジアの独立支援に行き着くものとなりました。

西欧列強の植民地のままでは共存共栄になりません。共存共栄するためには双方が対等の独立国家でなければ始まりません。有色人種ばかりが集まった昭和十八年の「大東亜宣言」は大東亜諸国の共存共栄、自主独立、相互尊重、経済発展、人種平等を謳《うた》いました。人種差別をしながら共同宣言実行は不可能でしょう。日本は言行一致の国だと見たから大東亜会議にアジア各国から代表者が参加した訳です。日本の幸福とアジアの幸福は一枚の紙の裏表の関係です。

宮沢賢治は世界全体が幸福にならないうちは個人の幸福はあり得ないと述べました。これは大東亜共同宣言も含め神武天皇の御言葉と同じではありませんか。

日本人の過去は何処へ繋がっているのでしょう。生物学、遺伝子解読、考古学でも答えられない心の故郷は、高天原に八百万の神々が生活していらっしゃると云う神話です。神話がしっかり残っているのは日本人がしっかりした故郷を持っていることを意味します。いつでも帰れる田舎があれば、どこで苦労しても頑張ることが出来ます。千三百年前に、よくぞまあ故郷の在《あ》り処《か》を、文字に残してくれました。

さて、八紘一宇を侵略戦争遂行のスローガンだと思ったのは、昔から武力による征服ばかり繰り返してきた連合国側です。弁護側からは井上孚麿《いのうえたかまろ》証人が出廷し、佐伯有義著「日本書記」を引用しつつ説明をしています。八紘一宇とは祖国愛を肯定するが、それに偏《かたよ》らず人類愛を忘れることなく、侵略主義、帝国主義を廃して、全人類の完全円満幸福を目指して、正法による平和秩序を確立するのであると解説し、「大東亜共栄圏」建設は文字通り共に繁栄しようと云う目的を述べたものであって、侵略や支配とは逆の意味であると弁論しています。むしろ所を得て生きたいと云う庶民の幸福を願う標語と云う訳です。

法廷では二千六百年前の、神武天皇の御言葉の解説が二度行なわれ、連合国代表たちも全員が静かに聞いていました。検察側からも反論はありません。理解出来なくて反論出来なかったのでしょう。自分の利益最大が最高の幸福であると云う文化から見れば、他人の幸福を願う相互幸福論は意味不明でしょう。東京裁判で面白くもあり、また日本と西洋諸国の文化の差を感ずる場面です。侵略主義、帝国主義を何百年も推進して来た西欧列強にとっては、日本の思想は馬鹿々々しいと感じたかもしれませんが、日本の八紘一宇が全世界を幸福の方向へ動かしたのは事実です。

（四―四―五四五―三）ロバーツ弁護人、井上孚麿証人（憲法学者）八紘一宇の説明。大日本帝国憲法は従来の伝統を革命によって断切って、新たに作られた革命憲法ではなく、国が肇《はじ》まって以来の不変の不文憲法を、時宜に応じて展開したものである、従って憲法の研究はおのずと古い時代のことも研究することになる。

（四―四―五八〇―三）ロバーツ弁護人、井上孚麿証人再喚問、八紘一宇の説明。

（四―五―六七五―四）ロバーツ弁護人、井上孚麿証人再喚問、「八紘一宇」「皇道」の検察側解釈が誤っている事の説明、約三ページに亙っている。

満洲建国の理想に関して、満洲の関東軍司令官、本庄繁陸軍中将が一九三一昭和六年十月四日に声明を発表しています。

「満蒙《まんもう》在住三千万民衆のため、共存共栄の楽土を速やかに実現せんことは衷心《ちゅうしん》熱望するところにして、道義の上よりこれを見る時は、速やかにこれが統一を促進するは、けだし我が皇國が善隣の好誼《こうぎ》を発すべき緊急の救済策なりと信ず。これ東洋永遠の平和を確立すべき方策にして中外に施して敢《あえ》て悖《もと》らざる行動たり」。

共存共栄を目指す満洲建国は三千万の民衆の幸福のためであり、日本がこれを応援するのは緊急の民衆救済策、東洋の安定平和策としてどこへ出しても恥ずかしくない正しい方法だ、と述べている訳です。

満洲には、満洲人ではない張学良軍閥の苛酷非道な政府を廃して、独立国家建設を希望する満洲人グループが幾つかありました。本庄司令官の声明はそれを支援して共存共栄の楽土を建設するのであると述べ、それは単に言葉だけではありませんでした。満洲国独立後は治安が良く、日本の投資により産業の大発展があり、社会制度が整い安心して生活出来るため、毎年百万人の支那人が万里の長城を越えて流入し、楽土は証明されたようなものでしょう。

支那大陸全般の庶民にとっては「苛政《かせい》は虎よりも猛《たけ》し」の言葉通り、庶民を虫けら同然に扱い、暴力を振るって税金を搾取し、多額な賄賂を取る官吏は、虎が出る土地より恐ろしいのであり、予《あらかじ》め立法され公布されている法律通りの行政が行なわれ、治安が良いのはそれだけで王道楽土でした。本庄関東軍司令官が民衆のため平和のため行って恥ずかしくないと云うのはこれです。王道は徳による公平公正な政治であり、この反対は覇道《はどう》で、武力により庶民は搾取されるだけの政治です。

八紘一宇は相互の幸福の追求であり、言い換えれば大東亜共同宣言となり、その具体的目標は大東亜共栄圏建設すなはちアジア諸民族の主権回復です。八紘一宇は国難のとき決死の覚悟で実行され、大きな犠牲を払いましたが、アジア諸国の独立と日本の自存自衛を確固たるものにして、各国の幸せの基礎を作りました。

八紘一宇は「相互等量幸福論」と云い換えてみると意味がより明確になります。近視眼的に目先の利益に惑うことなく、助け合ってお互いの幸福を願い、双方とも同じだけ幸福になろうと云うことです。私の幸福は他人から願われなければ成就しません。他人から幸福を願われた時が私の幸福の始まりです。そして先に他人を幸福にしなければ、自分のところに幸福が来ることはないでしょう。日本人は八紘一宇の民族です。

六　桃太郎の鬼ヶ島征伐

明治時代からアジア諸民族の独立勢力は、日露戦争で白人強大国に勝利した日本の援助を期待し、日本もそれに応えました。まだ独自の国名を名乗れない、西欧列強のアジア植民地からたくさんの独立の志士達が日本へやって来ました。ある者は国家反逆罪で指名手配になって密航して来ました。ある者は独立国家建設のため学ぼうとして来たのです。

「情は人のためならず」もまた八紘一宇ではありませんか。朝鮮独立運動家の金玉均を助けた福沢諭吉、孫文を援《たす》けた梅屋庄吉、頭山満《とうやまみつる》、内田良平、福沢諭吉。ビハリ・ボースとチャンドラ・ボースの二人のインド独立運動家を援けた新宿中村屋の主人相馬愛蔵、宮崎滔天《みやざきとうてん》、犬養毅、ベトナムのファンボイチョウを助けた浅羽佐喜太郎《あさばさきたろう》、その他多くの日本の愛国者達はアジアの愛国者達の情熱を理解し留学を受け入れ、或は日本へ密航して来た独立運動家達を、植民地政府の追及から匿《かくま》うなどして応援し続けました。戦前の日本はアジアの植民地独立センターでした。そして最後は日本自身が、アジアに蟠居《ばんきょ》する西欧列強を討つべく起ち上がりました。

この行動に「桃太郎の鬼が島征伐」を思い起こしたのは検察側でした。東京裁判では子供向けの漫画映画や紙芝居が、日本の侵略の意図を表す証拠として提出され、法廷で映画上映会が二回も開かれました。検察側は日本が侵略したと主張したのですがその証拠とはこんなものでした。

このような子供向け漫画映画まで侵略の意図の証拠として提出したのですが、鬼の立場から見れば桃太郎は侵略者でしょうが、鬼に支配されていた鬼ヶ島の住民にとって見れば桃太郎は救いの神となるでしょう。検察側は自分達が桃太郎の被害者だと主張し、日本を非難することに頭がいっぱいでしたから、鬼が島の住民にとっては西欧列強自身が正しく鬼であったことまで頭が回らなかったのでしょうか。速記録は馬鹿々々しい証拠を記載しています。ましな証拠はなかったのです。

当時のアジア植民地各地には、北の方から黄色い神様、または白い神様、或いは太陽の神様の軍隊が天から降りて来て、支配する白人を追い払い、少しの間我々を支配するがすぐに帰って行く。残った我々は幸せになれると言う伝説があったそうです。ビルマ、インドネシア、インドでは日本軍の連隊旗を見て太陽神の軍隊が来たと狂喜乱舞した村があったと云うことです。日本軍の軍旗は旭日旗とも云われ、日の丸から十六条の光線が放射されたデザインです。

根拠のない白人優越意識と際限のない我欲、ブロック経済や日本を潰そうとするＡＢＣＤ包囲陣は西欧列強の暴力的グローバリズムでした。換言すれば白人による世界経済征服です。相互等量幸福に大きく反するグローバリズムは有色人種を考慮せず、自分の利益だけを大きくすればよしとするものでした。八紘一宇の民族にとっては穢《けが》れたやりかたと云わざるを得ません。

西欧列強に御互い様の相互尊重、情は人のためならずの大局観、お陰様の謙虚な心があり、西欧列強とアジア各国が共存共栄、自主独立、相互扶助、人種平等であったなら大東亜戦争など最初から起きるはずがありません。

アジア諸国民は幸福から悲惨なまでにかけ離れている現状を拒否して自分達の幸福を望み、西欧列強に対して武力を以て起ち上がり自国の独立を勝ち取りました。自主独立は幸福の種といわねばなりません。また日本は西欧列強の故地へ侵攻した訳ではありませんから、西欧列強は植民地を失ったけれども、領土はもとの状態に戻っただけです。

大東亜戦争の結果、アジアは他者に支配されない幸福を獲得し、また西欧列強は我欲に駆られて他民族を支配し、有色人からの復讐を心配なくてもよい、寝覚めの良い心の平安を得たのではありませんか。西欧列強にとっても八紘一宇に沿った世界が出現したことになります。アジアと西欧列強の間の相互等量幸福はその基礎が出来たことになります。大東亜戦争は白人までも幸福にしたと云うべきでしょう。神武天皇以来の相互等量幸福の日本文化の視点に、大陸文化の人々が気付いてくれることを願うばかりです。

七　愛語よく回天の力あり。F機関、南機関など

大東亜戦争の約一年前に藤原岩市少佐を機関長としてF機関という対英謀略機関が作られました。Fは藤原、フリーダム、フレンドシップのFであると説明されています。

平成二十七年（二〇一五）三月一日付け産経新聞及び『新潮45』平成二十七年八月号の岡部伸の記事によれば、英国もF機関に気付いて、秘密裡に調査していたがその記録がこの度、英国立公文書館の情報局保安部が秘密解除した文書の中から見つかった。その反英闘争の地下組織は「KAME」と称し、シンボルマークは左右方向へ細長く両端が尖っていて上下方向にはぺたんこな六角形でした。日本の亀甲紋は上下が尖った正六角形ですが、ちょうどこれを九十度横に倒して上から押潰して扁平にした形です。この「KAME」はマレー青年同盟（YMA）のことであり、英国の東洋支配の中枢要塞であるシンガポール島内から、英空軍の動きを無線で日本軍に知らせていたそうです。

またF機関は他の反英組織マレーのハリマオ（虎）と呼ばれた谷豊《たにゆたか》などとも連携し、英軍のインド兵、マレー兵などを投降させ、脱走させ、寝返りさせるなどの成果を上げていたとも述べられています。谷豊が反英闘争に加わったのは、英国と結んで反日ゲリラをしていた華僑のマレー共産党に、実の妹を誘拐虐殺されたからだと云われています。

F機関は、インド独立連盟（IIL、首席ビハリ・ボース）と協力し、イギリス軍中のインド兵をイン

ド独立義勇兵として勧誘募集しＩＮＡの原型を作りました。次いで英国領のインドからお尋ね者となって陸路脱出し、ドイツにいた独立運動闘士チャンドラ・ボースを潜水艦でシンガポールへ招いて司令官とし、昭和十八年（一九四三）七月に約四万二千のＩＮＡインド国民軍が出来上がりました。このＩＮＡ軍はその後、インド解放のため日本軍と共同でインパール作戦を戦いました。

このようなＦ機関の大きな実績を不思議に思った英軍は、復員していた藤原をインドへ召喚し逮捕留置し尋問しました。藤原の答えは、謀略と云うがその内容は、誠心誠意インド人の苦境を救うためにどうするのが良いか話し合っただけだ。そしてお互いに心が通い合ったから出来たのであると云うものでした。

天の安の河原で行われた話し合いの再演であり、道元禅師の「愛語《あいご》よく回天《かいてん》の力あり、ただ能を賞するのみにあらず」（相手の幸福のため誠心誠意話すならば、その言葉はこの世を変える力となる。ただ能力が優れているだけでは不可能なことだ）を知らなくともその実例を英国人は目撃した訳です。藤原を尋問した英国人は、原住民を友人として話し合うなどと云うことは、我々には考えもつかないと述べたそうです。彼ら白人が発するのは現地人へ命令のみと云う訳です。

諜報のための学校、陸軍中野学校では「諜報は誠なり」と教育しましたが、八紘一宇の神髄そのものでしょう。

誠心誠意の付き合いが出来ないのであれば、相手から誠心誠意を受け取ることも出来ない訳です。ルーズベルト大統領の死去に際して、敵国とはいえ丁重な弔電を打った日本政府に比べ、「獣には原爆がお似合いだ」と笑いあった米国大統領トルーマンとその閣僚達とどちらに誠があるでしょうか。

後にＩＮＡ軍兵士は英国に対する国家反逆罪で裁判に掛けられましたが、インド国民は独立の英雄達を裁判する英国に反英独立闘争を強め、インド兵は英国人司令官の命令を聞かなくなりました。

インドを支配した英国人はインド人とは同じテーブルで食事をしないし、同じ車にも乗らなかった。また蘭印では、オランダ人と話しをする時、インドネシア人は跪《ひざまず》いて話さねばならなかった、現地人メイドが失敗すると裸にしたうえ鞭で打つなどと云うこともあったそうです。白人は有色人に対してはゴッド化しました。エデンの園で禁断の木の実を食べたアダムとイブを罰したゴッドを真似て、キリスト教でないことが罪であるとして、現地人に労働の苦しみ、現地女性には強姦による陣痛の苦しみを与えたキリスト教徒は、アジア人の前でゴッド化し独裁者と化していました。アジア人との間に相互等量幸福とはほど遠い世界を作ってしまった訳です。もし本当のゴッドならばエデンの園がその地に実現されたでしょう。しかし彼らは欲に目がくらんだゴッドでした。

「ＩＮＡを有罪にしてみろ。イギリス人は一人も生きてはインドから出さない」と英国人の目の前で平気な顔でいうインド人番兵の自信に満ちた姿、それが聞こえていても素知らぬ顔でいる英国人、戦犯容疑者となったＦ機関長藤原岩市少佐は、次第に出入り自由なゆるい管理になってしまった独房から見ていたそうです。もはやインド人は誇りと自信、やる気に満ちていました。英国人はゴッドの地位から落ちた訳です。

マレーのF機関と同様、ビルマ独立に大活躍した南機関の鈴木啓司大佐などを通して、日本の文化はアジア人の心に沁み込みました。アジア各国諸民族が日本と共に大東亜戦争を戦ったのは、このような心の共鳴によるものと思われます。八紘一宇は大東亜のみならず世界を回天させる思想です。これを考えると、現在いわれるグローバリズムの我欲はどうでしょう。世界の株価と為替、政変や戦乱を操って、自分だけが利益を得ようという我欲が飛び回っています。

さて第百二十四代の昭和天皇陛下は、昭和二十年九月二十七日敵軍の総大将マッカーサーをご訪問になられました。

「戦争の責任は自分ひとりにある。文武百官は私の任命するところであるからその者に責任はない。罪があるとすれば私一人である。この身は貴方にお任せする。しかし国民が飢えに瀕しているのは忍び難い。貴方の援助をお願いしたい」。

この御言葉はマッカーサーの予想を裏切りました。てっきり自身の命乞《いのちご》いか、亡命を頼みに来たものと思いこんで見下していたからです。しかし、昭和天皇は御自身を投げ出して大御宝《おおみたから》の食料を心配されて、頼みますと仰せられました。マッカーサーは「身を殺して仁をなす」と云うことを見た訳です。敗戦国の元首は国民によって殺害されるか、他国へ亡命するか、逃亡して行方知れずになるのが歴史の常であるところ、昭和天皇陛下は歴史に例を見ないことを敵軍の将に頼むと仰せられました。マッカーサーはその瞬間から昭和天皇陛下を崇敬する人に変化しました。昭和天皇陛下が御帰りになられる時、お迎えには出なかったマッカーサーは思わず車のそばまでお見送りに来たのでした。昭和天皇陛下は愛語よくマッカーサーをして回天させ、国民を御救いになりました。初代神武天皇や第十六代仁徳天皇の御心は、まっすぐにここへ受け継がれているではありませんか。このまっすぐな心の道を見るにつけ、日本は神話の通り高天原の天照大神から続く神の国と云うに、何の憚《はばか》りがあるでしょうか。

やがて米国からの小麦粉と脱脂粉乳の食糧援助が始まりました。小学校でパンと脱脂粉乳の給食が始まったのは欠食児童をなくすためでした。学校に行けばパンとミルクの昼食が食べられたのです。筆者と同年齢の知人は、朝礼で校長先生が給食に付いて「パンを食べると頭が良くなる」とお話しされたのを聞いて、不思議なことを云うなぁと思ったそうですが。

八　八紘一宇はどこから来たのか

産経新聞平成二十五年八月八日の記事が、「八紘一宇」の心は何処から来たのかと云う根源的疑問に答えるような研究成果を報じました。

「他人に親切にした人は第三者から親切を受けやすいと云う、ヒト特有の行動の仕組みを、大阪大大学院の大西賢治助教（発達心理学）らの研究グループが五、六歳児の行動観察で確認し、七日付の米オンライン科学誌プロスワンで発表した。グループは、情けは人のためならずということわざを初めて科学的に実証できたとしており、ヒトの強い利他性進化の解明につながると期待している」。

「他に親切にした児童は周囲の児童から約十二倍の親切を返され、互いに接触するなどの仲好し行動も約二倍になることが観察された」と述べています。

子供は知らず知らずのうちに八紘一宇、相互等量幸福論を実践していると云っても良いではないでしょうか。人はなぜ利他心を持つようになったのかと云うより、むしろ利他心を持ったが故に猿から人になったと云う訳です。社会を作って生き延びる生物にとって相互の利他心は繁栄のための基礎の一つではありませんか。

卵を産み放しにする動物と短期間の子育てをする動物の差は、短期間だけでも利他心を持つことであり、殆ど一生を通じて利他心を持つようになった猿が人間になったと云うことでしょうか。これはダーウィンには思いもつかなかった「心化論」です。

筑波大学村上和雄名誉教授の研究はこれを裏付けるかのように、「心と遺伝子は相互作用する。従って良い心は良い遺伝子のスイッチを入れる。だから人間は心を変化させて進化する」と述べています。諺《ことわざ》にあるような「笑う門には福来たる」「虚仮《こけ》の一念、岩をも通す」等々でしょうか。

同じく野球の松井秀喜選手の座右の銘は「心が変われば行動が変わる。行動が変われば習慣が変わる。習慣が変われば人格が変わる。人格が変われば運命が変わる。運命が変われば人生が変わる」だそうです。やはり心を変えて進化する人間の在り方を云うものでしょう。

「日《ひ》の本《もと》は言霊《ことだま》の幸合《さきあ》う国」です。お互いに相手の幸せを願う言葉が幸合って、双方がともに幸せになる文化を持つ国です。心に関する微妙な語彙の多い日本語は、利他心の発達の例を示していると考えられます。

さて、予期せず八紘一宇の心に到達したと思われる若い人の例を見つけました。産経新聞平成二十六年四月三日の記事に、ＡＫＢ48の大島優子さん（二十五歳）へのインタビュー記事があります。この中で彼女は東日本大震災の後で、迷いつつもＡＫＢの仲間と現地慰問に出かけた時のことを述べています。

「歌や踊りを披露したところ喜んで下さって涙を流す方もいて、私自身が変りました。最初はメジャーになることを願っていて、自分のことが一番でした。ところが震災の後は誰かのため、日本のためと思えるようになりました。自分の視野や活動の幅が広くなって人のために動けるって、すごく力が湧いてくることだから、自分のためよりもパワーが湧いてくるんです。こんな力があることを自分でも知ることが出来たし、それを受け取ってもらえてうれしかった」。

ＡＫＢ48は「恋するフォーチュンクッキー」の中で、「ツキを呼ぶには笑顔を見せること」と歌っています。良い心のスイッチが入る。笑顔で幸せな気分を贈り、相手からも笑顔で幸せを願われる、良い心の相互スイッチが幸福のツキを呼ぶと云うことでしょう。仏教でいう「和顔施《わがんせ》」でしょうか。困っている相手に差し上げるものが何もなくても優しい顔で接すれば、これも一つの布施ですと教えています。穏やかな笑顔は相手と自分を幸福にする素です。

彼女の行動が知らず知らずの内に、内奥に眠っていた良い遺伝子のスイッチを入れてしまったと云うことでしょう。神武天皇以来の、言霊の幸合う国に生まれた幸せを、日本文化の地下水脈から汲み上げたと云う訳です。この地下水脈を一緒に汲んだのは歌や踊りを喜んでくれた東北の被災者達です。幸せは自我の力で得たものは一時的な達成感に過ぎません。しかし幸合う相手がいて互いに幸せになると、単なる充実感を超えて相互に等量の永続的幸福を得る事が出来ると云う訳です。相手の幸せのために自分が変わる方が確実で速い、相互等量幸福論の極意でしょうか。

九　日本軍と俘虜虐待

さて、八紘一宇が日本人の心に遺伝子のように根付いている事例を、東京裁判速記録の中に見ることが出来ます。俘虜の虐待問題です。

検察側の提出した俘虜虐待に関する口供書は反対尋問が出来ないものが殆どです。その中に泰緬《たいめん》鉄道建設に使役された俘虜の証言があります。英国兵、オーストラリア兵、また労務者として雇われたアジア人などがいますが、これらの訴えは食糧が少なく医薬品や衣服がない。病気になっても放置された、ビンタされた等があります。

一方、赤十字から届いた救恤品は公平に配られ、中身が抜取られることはなかった。鶏や豚を飼育することを許され、野菜を作り、それらを現地人と物々交換して日用品を入手した。またある収容所では俘虜達が別の収容所に移動する時、この収容所長たちと御茶会をして別れを惜しんだなどもあります。

過酷な俘虜生活は捕虜の居た場所による条件の差、さらには米軍の潜水艦による通商破壊攻撃で日本の輸送船は約八十％が沈没したと云うような事情に依るところが大きかった訳です。日本軍に物資が届かないため、医薬品、食糧なども届かないと云う事情で、俘虜の生活環境は悪化したでしょう。俘虜と同じ場所にいる日本軍自身も、特別に良い条件があった訳ではありません。証言全体の中では泰緬鉄道建設現場で働いた俘虜たちが、一番苛酷な環境であったと思われます。

法廷ではフリーマン弁護人が日本の俘虜及び一般被抑留者の待遇に関して弁論しています。日本は昭和四年（一九二九）ジュネーブ協定を批准していないが、俘虜の扱いはこの協定に従うのかと、米国などからの問い合わせがありました。これに答えて日本は米、英、カナダ、オーストラリア、ニュージーランドに対して、可能な限り協定を準用すると回答しました。日本が準用すると答えたのは、国会で批准していないため適用すると云えなかったためです。批准出来なかった理由については、松本俊一証人（昭和十五〜十七年まで条約局長）が証言しています。ジュネーブ条約と日本国内法が余りに違い過ぎるため、そのままでは日本の監獄法、陸海軍刑法、陸海軍軍法会議法などと整合しません。国会で国内法を改訂する作業が終了しなければ批准できない訳です。仮に俘虜にジュネーブ条約を適用すれば通常の日本人兵士より遥《はるか》に贅沢《ぜいたく》な西洋料理、宿舎や衣服など、当時の日本人が経験したことのない好待遇を与えねばならず、俘虜の方が通常の日本兵より豪勢で楽な収容所暮らしになってしまうと云うような事情が批准を妨げた訳です。

（二一—六一—四〇三—三）　フリーマン弁護人、個人弁護冒頭陳述、ジュネーブ条約を準用するとした項、松本俊一証人は第六巻四〇五ページ第二段。

また、工藤忠雄証人（条約局第三課長）の証言では、国際赤十字の代表が、昭和十七年（一九四二）三月から八月にかけて日本の俘虜収容所を善通寺、東京、香港、上海の四ヶ所、民間抑留所を東京、横浜、長崎、広島、神戸、仙台、香港の七ヶ所を訪問し、訪問団は結果を良好、優秀として報告しています。こう云った収容所訪問は戦地を除き何度か行なわれました。この報告書は証拠提出されていますが、苦情をいう俘虜や民間人の収容者はおらず、宿舎の場所は日当りも良く、食糧や健康状態も素晴らしく良いと記されています。

マニラ、グアム島、ウェーキ島などをパラヴィンシニ博士、イグレ氏が訪問し待遇及び生活状況が優良であったとして感謝の意を表明しています。

また、バタアン死の行進についても弁護側最終弁論で実態は検察側の云う状況とは異なることを述べています。平成二十二年三月十九日ＡＰ通信が、昭和二十年にバタアン行進の最中に米軍俘虜が殺され、死体を運ぶ写真を日本軍から入手したと発表した写真は、実は死の行進とは関係がなく運んでいるのは俘虜の死体ではあるが、その葬儀の時の写真であったと、六十五年ぶりに訂正しました。このように説明書きを日本非難に変えてプロパガンダに使用された写真は、アイリス・チャンの「南京大虐殺、レイプ・オブ・ナンキン」が良い見本です。

大げさに「バタアン死の行進」と宣伝されましたが、実際は一日平均十三キロメートル強でした。日本兵も車に乗ったのではなく俘虜と一緒に、俘虜より格段に重い自分の荷物を背負って歩いたのです。米兵俘虜はむしろ荷物が少なく楽でした。序《ついで》ながら比較のために、日本兵の通常の行軍は一日で十里、四十キロメートルです。筆者の小学校は往復で田舎道二里八キロメートルでした。

（二一─九─四三三─一）　最終弁論、パラヴィンシニ博士は、昭和十七年（一九四二）五月十六日スミレ女学院俘虜宿舎を視察し良好と報告、イグレ氏のマニラのサント・トーマス非戦闘員抑留者に関して生活状況は良好の報告もあり。

（二一九一四三三一四）

最終弁論、俘虜の使用と規律の項、明治四十年（一九〇七）ハーグ条約第六条は俘虜の労役について「作戦とは何の関係あるべからざること」と規定している。

（二一九一四三七一三）

バタアン死の行進に関して、陸戦条約は戦闘地域から俘虜を安全な場所に移動させるよう要求している、バタアンは陥落したが近くのコレヒドールではまだ戦闘が継続中、日本軍は俘虜の数は三、四万と予想していたが実際は八万であったため輸送手段や食料に困難を来たした、俘虜はすでに食糧不足とマラリヤその他の病気になっていて極端に疲労していた、検察側は俘虜が九日間で百二十キロ歩かされたと述べているが、実際は一日当たり十三キロ強だ。


その他、俘虜虐待は日本軍でも禁止されていたこと、ドウリットル爆撃隊飛行士の裁判は感情に駆られて行なったのではないこと、香港虐殺二千人などはなかったことなど、細かい事例が多く挙げられています。

一方、満洲や朝鮮では俘虜は大変満足すべき状態であったことが解ります。日本国内でも最初は良かったが、戦況悪化で物資が窮乏して来るに従って、その扱いに問題が生じるようになりました。

函館俘虜収容所長細井大佐の報告によれば、昭和二十年（一九四五）三月十一日に函館憲兵分隊へ投書があり、軍は俘虜と日本人とどちらを大切にするつもりか。我々は一日三合足らずの配給で十二時間以上働いている、俘虜ばかり大切にして戦争に勝てるか、と云うような内容でした。

また、大阪俘虜収容所長村田大佐の報告は、梅田の日本通運作業所へ通う俘虜の食事を見た日本人が、俘虜の一食分より国民の一日分の配給が少ないことに怒って、日本人指導員班長に殴りかかったことがあったと述べています。

（四―六―五〇六―一）「非難妨害の例」から。

（四―六―五〇八―四）「感謝状」の例まで、フリーマン弁護人。

俘虜収容所長は俘虜を保護していた、函館俘虜収容所長細井大佐の報告、大阪俘虜収容所長村田大佐の報告、東京俘虜収容所長酒葉大佐に対する俘虜達からの感謝状。

これは日本国内でも物資が窮乏している中、国民と俘虜の配給に甚だしい差があり、また一般国民には配給の少ない魚、肉等も俘虜達には多く配給されていた証拠です。収容所職員達は国民に見られないように、卵、パン、肉などを闇で買い入れしたこともあったと述べています。日本が連合国の問い合わせに、俘虜にはジュネーブ条約を準用すると回答していたことから、約束を遵守しようとしていた証拠となるでしょう。

また新潟分所では昭和十九年末頃、肺炎にかかった俘虜を三日三晩、久田衛生兵と藍澤軍曹が手厚く看病し患者が助かったため、俘虜を代表してフルマーリチャード・ビー少尉が感謝の言葉を述べました。同じような例として、昭和十九年（一九四四）十二月二十六日に東京俘虜収容所の俘虜一同を代表してメーヤー米海軍中佐が収容所長の酒葉大佐に感謝状を贈っています。内容は、今回が三回目になるクリスマスを祖国の習慣で祝った。過去二回以上に楽しく過ごしたが、日本軍の協力がなければできなかったことで、酒葉大佐とその部下の方々に心から感謝すると云うものでした。

証言は他にもあります。チャールス・リーム・ジャクソン米海兵隊准尉は、バタアン及びコレヒドールで活動中捕えられた。その後秋田県ハノワ収容所に着き、三菱鉱山で労働した。三菱鉱山は色々と俘虜受け入れのため努力を払い、宿舎などは村内の普通の建築より立派であった。鉱山には中国人や朝鮮人も働いていたが、私達は東洋の標準からすると大変厚遇されていると感じた。米国の標準から見れば相当の虐待になるが、当時は戦争中で我々を捕えたのは東洋人であったのである。中にはピンタをする看守も居たことが書かれていますが、俘虜による仲間同士の窃盗や、鉱山から盗んだダイナマイトを床下に隠していたことなども原因となっていたことが正直に述べてあります。フィリピンで見たような悪性の残忍行為は絶対なかったと断言しています。

また、ここでは五百名以上の俘虜のうち八名しか死亡者が出なかったことを良かったとしています。

秋田県ハノワとは、現在の秋田県鹿角市花輪、奈良時代から金銀銅などを産出していた尾去沢鉱山のことと推測されます。奈良の大仏にも使われたと云われていますが昭和五十三年閉山されました。

（四―六―五一九―三）　フリーマン弁護人、チャールス・リーム・ジャクソン米海兵隊准尉口供書。

また、たくさんある俘虜達からの感謝状は、日本が降伏してからのものが多いことにも注目されます。俘虜達は戦勝国兵士となった訳ですから日本軍を憚る必要はないでしょう。

以下に、作成日時と感謝状をもらった収容所長名、送った側の俘虜代表者名のみ列挙しますが、どの文面も丁寧な言葉で、俘虜の扱いに感謝するものばかりです。

昭和二十年八月二十五日、福岡第二十一俘虜収容所長ヒライシ・ヒロキ中尉殿、英国オーストラリア軍隊担任エイ・エス・デビス准尉。

昭和二十年八月三十一日、福岡第一俘虜収容所長殿、英国陸軍准尉ファルル・R、英国陸軍准尉スミス・F（二名の連名）。

昭和二十年八月二十五日、富山県第七俘虜収容所池田二郎陸軍伍長殿、米国人百九十五名を代表して米陸軍ＣＡＣ中佐ガイ・Ｈ・スタツブス。

昭和十八年二月十七日、奉天俘虜収容所長殿、奉天俘虜収容米国人連絡総長、米国陸軍少佐ＳＯＨＯ・ハンキンズ。

ここまで弁護側が証拠提出したところで、モーネン検察官が異議を申し立てました。

検察側は何ら抑留者の待遇に関して証拠を出していないからこれら弁護側証拠は関係がないと云う

ものでした。これは敵の利益となるものは一つでも出させまいと云う異議申し立てだったのでしょう。
次に、昭和二十二年八月七日付けのローマ法王駐日使節のパオロ・マレラ神父の覚書があります。要旨のみ次に引用します。

日本に長く暮らしていて知り得た日本人の考え方の特徴を述べ、特に俘虜を悲惨な扱いにすることはなく出来る限りの工夫で苦痛を和らげようとする例が多くあった。しかし英語を理解するものはおらず、厳格な仕事をする日本人は誤解されたかも知れない。俘虜の衣服、住居などは一般の日本人と同じであった。連合国人にとっては悲惨残酷であったが差別した訳ではない。それに日本人はキリスト教文化の俘虜の概念を知らない。そして習慣が全く違うので共同風呂、殆ど裸で作業するなどは故意に侮辱したのではない等々。

（四―六―五二三―四）　フリーマン弁護人、俘虜収容所の良好な例、俘虜からの感謝状、ローマ法王駐日使節のパオロ・マレラ神父の覚書。

パオロ神父の証言と同じ目的でルス・ベネディクト著『菊と剣』が証拠として提出されたが却下されました。

ここまで見て来て日本人は人種差別を知らない民族であると感じます。高天原には人種差別がないからです。俘虜の虐待はあっただろうと想像出来ますが、俘虜が戦友を殺した敵だという怨みを持っている兵士にとって、感情が抑えられなかっただろうこともあったでしょう。その他にあったかも知れないのは、個人的性格による残虐性が出た場合でしょう。俘虜収容所管理にあたった朝鮮人軍属が一番残虐であったと云う説もあります。また現在では殆どなくなりましたが、小学校でもビンタすると云うことは、先生も時々行い、仲間内でも、先輩後輩の間でもあったことでした。殆どの親が子に対してすることであり、ビンタで体に直に教えた時代だったのです。しかし、それでも収容所長に感謝状が出された例がいくつもある事実は、日本人には八紘一宇、相互等量幸福の精神がその根底にあると考えられます。

十　二つの戦争の呼び名、その二つの意味

第二次世界大戦という呼称は、地球規模の戦国時代のことと云っても良いでしょう。その中には、ヨーロッパ諸国の白人同士の領土と利益の争奪戦争であった欧州戦争と、アジア人の自由を求める人種差別撤廃のための大東亜戦争、この全く異なる二つの戦争が含まれています。欧州とアジア、二つの戦争に共通するのはその時期と、全ての局面にソ連共産党が関与し、コミンテルンを作り世界を全て共産主義国にするため、謀略的関与を秘密裡に行なっていたと云う点です。

さて、アジアで起きた一つの戦争の二つの呼名について考えます。米国は命令を以て大東亜戦争という呼称を使用禁止としました。その替わりに強制したのが太平洋戦争と云う呼名でした。この呼び名はアジアにあった西欧列強の植民領土と利益の維持、そして白人優先主義思想を固守するための戦争の名でした。これらは法廷に於けるコミンズ・カー、タブナー、ムルダー検察官達の発言によって明らかです。

また大東亜戦争とは、昭和十六年（一九四一）十二月十二日、支那事変を含め今次戦争を大東亜戦争と名付けると日本政府が発表した呼称です。

それは日本自身と広汎なアジアの植民地に生きる有色民族の自由のための戦争でした。日本が独占的にアジア諸国から、何か特別に利益を搾取したと云うようなことは無く、逆にアジア諸国から感謝

の声が上がる戦争でした。

大東亜戦争に関して英国人の歴史学者アーノルド・J・トインビーは昭和三十一年（一九五六）十月二十八日、英国オブザーバー紙上で「日本の歴史的偉業とは、有色人種に対して二百年にも亘ってゴッドの如く振る舞った白人のアジア侵略を止め、帝国主義、植民地主義、人種差別まで止めたことである。しかも日本が西欧列強になり代わって利益を取ったのではない」と評価しています。大東亜戦争という名は靖國神社の英霊を始め第一次、第二次の大東亜戦争を戦った多くのアジア人にとって、大義に殉じた誇りと名誉がある戦争の呼び名ではありませんか。

しかし、実は日本の得たものがなかった訳ではなく、戦争を通じてアジアに確固と独立した多くの友好国を得ました（ただし日中友好は、日本は朝貢せよが真の意味で、言葉の意味が逆転していますので要注意です）。その他に自由貿易体制が確立したことも大きな利益です。さらに清《きよ》く明《あか》き直《なお》き心をよしとする日本文化の根源、八百万の神々に背《そむ》かなかったと云う、穢れのない清明感、スッキリ感を得たのです。大東亜戦争は八紘一宇の大義に殉じた行動でした。神前に掲げても鏡が曇ることはないと自負出来る戦《いくさ》です。

江戸中期に芽を出した日本式資本主義は八紘一宇の表現であり、云い換えれば相互等量幸福資本主義でしょう。相互幸福を望む日本人は、乱暴に我欲を解放することを称賛する文化を穢れていると感じてしまいます。これに従って世界一古い我が国は神話から一筋に継続して来た文化を今でも持続させています。八紘一宇の精神は、大東亜共栄圏だけでなく、世界各国に対するＯＤＡに姿を変えて続いています。原爆でも滅亡しなかった日本が本当に敗戦国でしょうか、歴史の真の姿を考えるならば、全ての植民地から追い出された白人帝国主義の敗北ではありませんか。

ピラミッドを作った文化は断絶し遺跡として観光資源になっています。メソポタミア文化も、インダス文化も、南米に於いても多くの文化が滅亡させられたため、今日では意味のわからなくなった文字と建造物が残されています。支那大陸に勃興した黄河文化も同様で秦の始皇帝は眼の色が青かったと云われるように、また元も清も漢民族ではなくモンゴル民族、満洲民族であったと云われるように、民族も言語も風習も異なるたくさんの王朝が、支那大陸に勃興と滅亡を繰返しました。支那の大地に、世界の各地に、個別異質の文化を持つ王朝が次々と興亡した訳です。

一方、縄文文化は世界で一番長く続いて来た文化で、一万六千年ほど前から途絶せずに続いてきました。縄文時代の三内丸山集落は千五百年ほども継続しました。地球温暖期で四季のある良い環境にも支えられたのでしょうが、同じ場所に千五百年も続く社会を作り上げたのは平和維持能力が優れていたと云えましょう。我欲を抑え、敵対や争いごとを嫌う、相互等量幸福文化があったのでしょう。このように考えると古事記の伝える高天原は縄文時代の暮らしの記憶に違いありません。この記憶が江戸時代に「世間良し」を考える相互等量幸福資本主義を生みました。

日本の文化は縄文時代から断絶したことがなく生きたまま継続され、現代の日本は縄文時代の継続発展型と云ってよいでしょう。そして天然に従い自然を崇《あが》めつつ、自然の恵みによって生きる縄文の心は、今日の日本国民に伝わって普段に表われています。

イザナキノミコト、イザナミノミコトを祭っている神社を始め、天照大神を祭っている伊勢の神宮、大国主命の出雲大社、その他の古い神話上の神を祀る神社がたくさんあり、それが発展継続したものとして明治以降、靖國神社、明治神宮、乃木神社、東郷神社など新しく誕生さえしています。しかもそれは異文化の神ではなく、何千年も昔から続く日本人の作法通りのカミです。祭りは先祖とつながるための方法で、正月や縁日などにはたくさんの国民が参拝し、日本人は祭りで神輿をかついで先祖とともに生きるのが大好きです。

このように思い至ると、我々は八紘一宇の社会をいまだに維持し、古来の神話と先祖達にずっと抱えられたまま生きていることに気付きます。大きな和の文化を実践して来た先祖に感謝する以外にありません。千三百年前の世界最古最大の歌集『万葉集』は四千五百首の歌が、天皇陛下から庶民、遊女、乞食など差別もなく歌が採用されています。これの現在形が宮中歌会始めで、毎年二万首以上の応募があります。「お題」を詠み込んだ和歌の定形で、半紙に毛筆書きすれば、世界中から誰でも応募できます。海外からの応募では紙と筆記具も自由、また自筆できなければ代筆も許されます。平成三十年のお題は「語」です。この語が詠まれていれば良い訳です。

万葉集に歌を残した防人《さきもり》と少しも変わらず、自分の命と引き換えても子孫の幸福を護らんとして、今は靖國神社に鎮座まします数多《あまた》の防人、英霊から与《あず》かった命をただ有難いことと深く感謝申し上げ、この駄文が先輩諸氏には感謝の、若者には勇気と幸福の縁になれば幸いです。

あしびきの山鳥の尾のしだり尾の長々し駄文に最後まで付き合って下さいました貴方《あなた》のお暇と、寛容な御心と勇気に感謝申し上げ、言霊の幸合うよう永遠に祈ります。
不遜乍ら文中の御名前の敬称を省略しましたこと、ご容赦頂きたく願上げます。
紀元二六七八年、平成三十年二月十一日　（キリスト教暦二〇一八年）

参考図書等（順不同　文中に示したものもあり）

『大東亜戦争への道』中村粲　展転社
『昭和史研究所会報』一二三号、一二五号の慰安婦に関する記憶証言　平成十九年七月十日発行他
中村粲編集
『共同研究　パル判決書』上巻・下巻　東京裁判研究会　講談社
『極東国際軍事裁判速記録』一巻～十巻　雄松堂書店
『東京裁判却下・未提出弁護側資料』一巻～七巻　国書刊行会
『アメリカの鏡・日本』ヘレン・ミアーズ著　メディアファクトリー
『大東亜戦争ここに甦る』小室直樹著　クレスト社
『読む年表　中国の歴史』岡田英弘著　ワック㈱
『真実の中国史　１８４０―１９４９』宮脇淳子　監修岡田英弘著　李白社
『戦後日本を狂わせたＯＳＳ「日本計画」　二段階革命理論と憲法』田中英道著　展転社
『ヴェノナ　解読されたソ連の暗号とスパイ活動』中西輝政（監訳）ＰＨＰ研究所
『ひと目でわかる　日韓・日中歴史の真実』水間政憲著　ＰＨＰ研究所
『証言でつづるアジア現代史　自由と独立への道』終戦五十周年国民委員会
『世界が語る大東亜戦争と東京裁判』吉本貞昭著　ハート出版

『F機関』藤原岩市著　バジリコ㈱
『昭和二十一年一月一日の詔書』官報号外、国会図書館蔵書ネット公開より
『二宮翁夜話』福住正兄原著　佐々井典比古訳注　報徳文庫
天智天皇の御製『百人一首』中の解説は『二宮翁夜話』(下)より
『米中新冷戦、どうする日本』藤井厳喜著　平成二十五年、㈱PHP研究所
『国民の修身』渡部昇一著　産経新聞出版
『蔣介石の密使　辻政信』渡辺望著　祥伝社
『革命家　チャンドラ・ボース』稲垣武著　㈱潮書房光人社NF文庫
『明日への選択』平成二十六年三月号及びその他の号　日本政策研究センター発行
『英霊の言乃葉』靖國神社
『国会会議録平成七年十月十二日』二十四ページ、ネットで公開されているもの。
『東京裁判日本の弁明』小堀桂一郎著　講談社学術文庫
『三田学会雑誌』八十三巻三号一九九〇平成二年十月、『朝鮮人強制連行、強制労働』松村高夫著
『歴史の書き換えが始まった！~コミンテルンと昭和史の真相』対談
小堀桂一郎・中西輝政著　明成社
『秘録・ビルマ独立と日本人参謀　野田毅ビルマ陣中日記』溝口郁夫編　国書刊行会
『大東亜会議演説集』大東亜省　昭和十八年十一月発行の翻刻版　大東亜会議七〇周年記念大会事務

局出版　共同代表加瀬英明・頭山興助
『朝鮮で聖者と呼ばれた日本人　重松髜修《まさなお》物語』田中秀雄著　草思社
『日本の朝鮮統治を検証する　１９１０―１９４５』
ジョージ・アキタ、ブランドン・パーマー著　塩谷紘 翻訳　草思社
『ルーズベルトの開戦責任　大統領が最も恐れた男の証言』
ハミルトン・フィッシュ著　渡辺惣樹訳　草思社
『イズムから見た日本の戦争　モンロー主義・共産主義・アジア主義』
平間洋一著　錦正社
『東京裁判とその後』Ｂ・Ｖ・Ａ・レーリンク　Ａ・カッセーゼ編／序
小菅信子訳　中央公論新社（中公文庫）
『朝鮮雑記』本間九介著　クリス・スピルマン監修、祥伝社、
※原本は一八九四明治二十七年、日清戦争の始まった年の出版、百二十年後の再刊
当時の朝鮮の見たままの実状を活写
『真珠湾　日米開戦の真相とルーズベルトの責任』ジョージ・モーゲンスターン著
渡邉 明訳　錦正社
『日本はいかにして中国との戦争に引きずりこまれたか』　田中秀雄著　㈱草思社
『図説 日本国憲法の誕生』西 修著、川出書房新社、

『慟哭の通州　昭和十二年夏の虐殺事件』加藤康男著　飛鳥新社
『日中戦争は中国の侵略で始まった』阿羅健一著　悟空出版
『昭和天皇の悲劇　日本人は何を失ったか』小室直樹著　光文社カッパブックス
『リベラルたちの背信』アン・コールター著　草思社
『潜行三千里』辻政信著　毎日ワンズ（再刊新書版）
『正論』二〇一六年六月号、産経新聞社『正論』は別冊を含め多くの号を参照
『ＧＨＱ作成の情報操作書『真相箱』の呪縛を解く　戦後日本人の歴史観はこうして歪められた』
櫻井よしこ著　小学館文庫
『コミンテルンとルーズヴェルトの時限爆弾　迫り来る反日包囲網の正体を暴く』
江崎道朗著、展転社
『太平洋戦争　アメリカに嵌められた日本』マックス・フォン・シュラー著
ＷＡＣ文庫
『日本が戦ってくれて感謝しています』井上和彦著、産経新聞出版

本文中もしくは資料に記した著作から貴重な成果を引用また参考にさせて頂きました。その他にも多くの先輩先達諸氏の著作、論考を参考にさせて頂きました。衷心より感謝し、御礼申し上げます。

亀谷正志（かめがい　まさし）

昭和 23 年生まれ。岐阜県可児郡出身。
建設業界で働く傍ら、富士信夫先生の講演、中村粲先生の「昭和史研究会」の活動に蒙を啓かれ、東京裁判と大東亜戦争の意味を探る。

東京裁判速記録から読む大東亜戦争

三つの戦争

平成三十年二月十七日　第一刷発行

著　者　亀谷　正志
発行人　藤本　隆之
発　行　展　転　社

〒101-0051 東京都千代田区神田神保町2-46-402
TEL　〇三（五三一四）九四七〇
FAX　〇三（五三一四）九四八〇
振替〇〇一四〇―六―七九九九二

印刷　中央精版印刷

定価［本体＋税］はカバーに表示してあります。
ISBN978-4-88656-454-2

てんでんBOOKS

[表示価格は本体価格（税抜）です]

大東亜戦争の開戦目的は植民地解放だった　安濃豊
●大日本帝国は開戦時に「政府声明」を発表し、開戦目的の一つがアジアの植民地解放であることを明確に謳っていた！　1400円

絆抱くペリリュー・日本を愛する島　永野聖
●戦場は凄惨を極め、絶望と飢餓が支配するなか、無数の照明弾は闇夜を青白い炎に変え、最後の遊撃隊が吶喊して突撃。　1600円

改訂増補版 大東亜戦争はルーズベルトの錯覚から始まった　杉本幹夫
●アメリカは戦争に勝ってシナ大陸の権益を失い中国市場から追放された。大東亜戦争の背景とその真相。　1000円

自虐史観から脱却して誇り高き日本へ　桑木崇秀
●軍医としてインパール作戦に参加した著者が若き友らにどうしても書き残して置きたいこと。　1200円

野田日記　野田毅
●無実の罪（百人斬り）で雨花台の露と消えた一将校が、戦陣にありながら日々克明に綴り続けた野田ノート。　3600円

東京裁判の亡霊を撃て　原子昭三
●戦後日本を呪縛し弱体化させた「東京裁判史観」＝「日本侵略論」を一掃。大東亜戦争はアジアにどう寄与したのか。　1800円

祖父母たちの大東亜戦争　科野文洋
●戦後教育の迷妄から目覚めた二十六歳の青年が、先人の汚名を晴らさんと挑んだ「日本の正しい歴史」。　2000円

大東亜戦争への道　中村粲
●自虐史観を排して開戦に至る道程を明治の始めから巨視的かつ克明に辿り歴史の真相を解明する大東亜戦争論の決定版。　3800円